— 读历史 正衣冠 —

政道

高 路 著

中国青年出版社

前言

政道，为政之道。"道"是传统文化中分量最重的一个范畴，本意是没有岔路的大道，一通到底，坦荡光明；引申为根本道理、基本原则。具体到为政上，董仲舒在回答汉武帝的策问中这样说："道者，所繇（yóu）适于治之路也。"意即"道"就是由此而达到治理的道路。

那么，这条道路是什么样的呢？总结古人成果，为政之道可以分出两个层面，一个是指导思想，解决的是为政的根本道理；一个是治政模式，解决的是治政的基本规则。先看指导思想。我们都知道，儒家思想的核心是仁爱，以仁爱统摄为政便形成了指导思想，即爱民，落实到为政基础和治政核心上，就是"以人为本"，也叫"以民为本"。这一条最重要，是治政的出发点和归宿，套用今天的语言，叫宗旨。再看治政模式。治政模式属于具体操作，本书概括出10种，即仁政、德政、法政、善政、廉政、简政、宽政、信政、勤政、和政，它们都是爱民意识的运用和体现，因此它们之间是相互贯通、协调一致的。按照现在说法，治政是一个系统工程，其中各项要素彼此制约，一项不给力，其他各项也上不去，系统的整体水平也就提高不了。这10种模式，既是规律，也是价值观：就运行、实践而言，我们叫它治政规律；就设计、选择而言，我们叫它治政价值观。

上下五千年，如此悠长广阔的历史定然造就博大精深的传统，为政之道即是其中最具现实意义的一环。我们今天的理政，不仅要与世界对接，也要与历史对接。不与世界对接，不能发展；不与历史对接，根基不牢。这不只是应然问题，也是实然问题，正如祖先的血脉和基因在子孙身上延续一样，历史的文脉和基因也一定要在今天的实践中体现出来。譬如，新一届中共中央政治局关于改进工作作风、密切联系群众的八项规定，核心就是一个"简"字；与此相联系的倡导"短、实、新"的文风，贯彻的也是简的精神，可以说是简政传统在新时期的弘扬。再如和平发展道路，此前主要是从国家利益角度强调和平的重要性和必要性，习近平总书记在论述这一问题时加大了人民的分量，说和平是近代以后中国人民最迫切、最深厚的愿望，走和平发展道路，是中华民族优秀文化传统的传承和发展，也是中国人民从近代以后苦难遭遇中得出的必然结论。不只在这一问题上，几乎在总书记所有的讲话中，我们都能明显感受到强烈的人民性和亲民情怀。这种情怀源远流长，可以一直追溯到"以民为本"的为政宗旨。媒体喜欢把新一届领导集体的施政称为"新政"，其实，新并不一定就是从无到有，许多时候，复兴优良传统使之成为发展的动力也是新。

这也告诉我们，向历史学习非常必要，也非常重要。学习出效益，向历史学习就是向历史要观念、要经验、要成果。本书写作的目的就是为官员向历史学习提供现成资料，相信会给读者带来收益。

目
录

一、仁政

一、仁政

　　儒家主张仁政。仁政是仁爱观念和感情用于政治生活而形成的一种为政模式，始终代表政治实践的正统和历史主流。仁政有广义和狭义之分。广义的仁政包括儒家所有的为政主张和实践；狭义的仁政集中表现在治政者与民众的关系上，主要是两个方面，一个是民本，一个是民生。

（一）民本

要义

儒家的为政主张，核心是以人为本，也叫以民为本，可以用两句话概括。一句是孟子说的："民为贵，社稷次之，君为轻。"（《孟子·尽心下》）意思是，国家高于君主，民众高于国家，也就是人民第一。另一句还是孟子说的："得天下有道：得其民，斯得天下矣。得其民有道：得其心，斯得民矣。得其心有道：所欲与之聚之，所恶勿施尔也。"（《孟子·离娄上》）是说，获得天下的真理是：得民众者得天下；获得民众的真理是：得民心者得天下；获得民心的真理是：做民众所要求的，不做民众所厌恶的，也就是民意第一。

故事

⊙ 民众是神主

楚国准备袭击随国，先裁减军队，以麻痹对手。

随国是当时汉水以东仅次于楚国的强国，其执政大夫见状，主张趁机进攻楚军。国君打算采纳他的意见。大夫季梁识破了楚国阴谋，劝阻道："我听说，小国之所以能够抵抗大国，是因为小国治理有道，而大国陷于混乱。什么是道？所谓道，就是忠于民众而取信于神灵。什么叫忠？统治者所想所为对民众有利就是忠。什么是信？代表国家向神灵祷告的人说真话就是信。现在我们随国是什么情况呢？百姓连饭都吃不饱而国君却放纵私欲，祷告的官员向神灵虚报功德，我不知道随国凭什么能战胜楚国。"

国君说："我献给神灵的牺畜都是纯色的，也很肥壮，贡献的谷物也很齐备丰盛，怎么就不能取信于神？"

季梁说："神灵享受的祭品来自百姓，他们才是神灵的主人。因此先王首先团结百姓，然后才去侍奉神灵。在祭祀时报告：'牺畜肥又大。'实际上是向神灵表明，百姓很富庶，所以牺畜才能长得这么好。还报告说：'粮食干净又齐全。'意思是，没有发生灾害，百姓的收获很好。接着报告说：'美酒清澈又香甜。'是说国家上上下下都遵守道德，没有邪念。如此神灵才能降下福分，做事才会成功。现在不是这样，百姓各怀异心，神灵没有主人，只是国君一个人忙活，祭祀再丰盛，又能求到什么呢？"

国君听了季梁的话，赶紧修明政事，楚国也没敢行动。(《左传·桓公六年》)

⊙ **老百姓是上天**

齐桓公问管仲："成就王业的人以什么最为尊贵？"

回答是"上天"。

桓公仰视苍天。

管仲道："我说的上天，并不是您现在看到的无边无际的天空，而是老百姓。治政者尊百姓为上天，这是因为，百姓亲近他，社会就安定；百姓辅佐他，国家就强盛；百姓非难他，统治就危险；

百姓背离他，政权就灭亡。（君人者以百姓为天，百姓与之则安，辅之则强，非之则危，背之则亡。）《诗》云：'做人缺少好品德，一方百姓怨恨他。'遭到民众怨恨的统治者，最终不败亡的还从来没有过。"（《说苑卷三·建本》）

⊙ 臣民不可得罪

齐桓公狩猎，来到麦丘，遇见一个老人，问："您是何人？"老人答："当地人。"桓公又问："多大年纪了？"答："83岁。"桓公说："高寿啊，有福气！以您的高寿为我祈福吧。"

老人说："祝愿主君万寿无疆，轻贱金玉，以人为宝。"桓公说："好啊！大福不单，吉言成双，请接着为我祈福。"

老人说："祝愿主君学无止境，不耻下问，以贤者为伴，能够听到劝谏。"桓公说："好啊！大福不单，吉言成三，请接着为我祈福。"

老人说："祝愿主君不得罪臣下和百姓。"桓公拂然变色，道："我听说过儿子得罪父亲，人臣得罪君主，从来没听说过君主得罪人臣的。这句祈福跟上两句不搭配，您换一句。"

老人行了个礼，说："这句话是上两句的统领。儿子得罪了父亲，可以通过姑姑、妈妈、叔叔出面调解，获得父亲的原谅。人臣得罪了君主，可以通过君主的近臣说情谢罪，得到君主的赦免。然而君主得罪臣民，情况就不同了。从前夏桀得罪商汤，商纣得罪周武王，就是君主得罪臣属的例证，是没有谁可以进行斡旋的，结果时至今日，夏桀和商纣的罪行也得不到谅解。"

桓公道："说得好，国家有福，社稷有灵，使我今天在这里遇到了您。"说罢搀扶老人上车，亲自驾驶返回，给老人很高的礼遇，

并把麦丘封给他，让他参与国政。（《新序·杂事第四》）

⊙ 民众的利益就是我的利益

邾国君主邾文公打算迁移到绎地（今山东省邹城市东南）去居住，为这件事举行占卜。

主持占卜的史官报告说："迁徙对民众有利而对国君不利。"邾文公说："民众的利益就是我的利益。上天生育百姓并且为他们设置君主，就是为了实现他们的利益。民众得到了利益，我的利益也就在其中了。"

身边的人对邾文公说："现在您的生命明明可以延长，为什么非要放弃这个机会呢？不迁居不是对您更好吗？"邾文公说："我活着就是为了使百姓过得更好。是早一点死亡还是晚一些死亡，不由我，有天命管着。如果对民众有利，那就迁居，没有比这更吉利的了。"

就这样，邾国迁到了绎地。几个月后，邾文公就去世了。

君子说："邾文公知道自己的使命。"（《左传·文公十三年》）

⊙ 民众有权选择君主

春秋时期，卫国君主卫献公不拿他的臣民当回事，动了众怒，在卫国待不下去了，匆忙逃离，投奔齐国。

晋国君主晋悼公听说了这件事，评论道："卫国人驱逐自己的国君，这也做得太过分了吧？"晋国的乐师叫师旷，正好在旁边，接过话茬说："怕是他们的国君做得太过分了吧。"

"这话怎么说？"晋悼公瞪起眼睛问。师旷眼盲，自顾自地说下去："贤明的君主亲近好人，远离坏人，他们对待民众就像是对待自己的孩子一样，如同上天那样覆盖他们，如同大地那样包容他们。民众也以亲人的态度回报他，像孩子对父母一样地侍奉君主，如敬仰日月那般敬仰他，如崇拜神明那般崇拜他，如畏惧雷霆那般畏惧他。这样的君主，臣民会赶他走吗？拥护还来不及呢。"

"照你这么说，昏庸君主就应该被赶走了？"晋悼公说。"是的。"师旷答道，"君主是主持祭祀神明的人，民众是祭祀神明的人；君主是国家的主持人，是民众的希望。民众生计陷于窘困，无力祭祀神明，神明会高兴吗？君主昏庸，等于国家没有主持人，民众还有希望吗？这样的君主还有什么用！不驱逐他干吗！上天关爱百姓，难道会眼睁睁地看着一个人骑在民众头上作威作福，背弃天地本性而肆意妄为吗？肯定不会的。"（《左传·襄公十四年》）

战国时期，齐宣王与孟子讨论君主能否被侵犯的问题。

齐宣王问："殷商族的汤流放夏朝的天子桀（jié），周族的武王讨伐商朝的天子纣，有这样的事情吗？"桀是夏朝最后一位君主，暴虐百姓，还把殷商族的领袖汤关押起来。汤获释后，实施仁政，诸侯都来投奔他，汤起兵讨伐桀，桀逃跑了，在放逐中死去。周武王讨伐纣，是汤讨伐桀的历史重演，主要情节几乎一模一样。

孟子听了齐宣王的问话，说："这两件事情文献上有记载。"

"然而——"齐宣王接着问，"臣民杀掉他们的君主，这难道可以吗？"

孟子盯着齐宣王看了片刻，答道："我只知道，违背仁爱的叫做'贼'，破坏义理的叫做'残'，而残贼之人叫做'独夫'。我只是听说周武王诛灭了独夫民贼纣，没有听说过他除掉了他的君主。"《孟子·梁惠王下》

⊙ 皮之不存，毛将焉附

战国时期，魏国君主魏文侯出游，在路上遇见一个人，背上背着一捆草。这人穿着挺奇怪，当时人们穿皮衣都是毛朝外，他却毛朝里。文侯问："你怎么反穿皮衣背草？"那人答："小民心痛皮衣上面的毛。"文侯说："你难道不晓得要是皮子磨穿了，上面的毛也就没地方依附了吗？"

第二年，东阳上交的税款比往年多出 10 倍，大夫们向文侯祝贺。文侯说："你们不该祝贺。就像那位反穿皮衣的背草人一样，他只晓得心痛皮衣上面的毛，不晓得皮子磨穿了毛也就掉了道理。如今我的田土没有扩展，人口没有增加，而税款却多出了 10 倍，一定是从下面多收上来的。我听说，下面不安定，上面坐不住，所以我说你们不该向我祝贺。"（《新序·杂事第二》）

⊙ 猎获善言

魏国君主打猎，发现一群白雁，赶紧下车，张弓搭箭准备发射。这时过来一个行路人，魏君叫他别动，他不听，白雁受到惊扰飞走了。魏君大怒，将箭对准行人，要射杀他。

驾车人公孙袭跳下车，伸手按住弦上的箭，说："国君不要射。"魏君气得脸都变色了，厉声道："公孙袭你这家伙不向着你的主君反而站在旁人一边，像话吗？"

公孙袭说："从前齐景公的时候，一连三年大旱，占卜说必须以活人祭祀才能降下雨水。景公走下殿堂，对上天叩头说：'我之所以求雨，为的是我的民众，如果一定要以活人祭祀才能降雨，那么就用我来祭天吧。'话音未落，天降大雨，覆盖方圆千里。为什么如此灵验？因为顺应天意造福于民啊。现在主君您为了一只白雁就要杀人，公孙袭以为您的做法跟虎狼没有区别。"

魏君拉着公孙袭的手登上车子返回，一进宗庙大门就高呼万岁。说："幸运啊！今天狩猎，别人带着射杀的野兽回来，而我猎获的则是有益的教导。"（《新序·杂事第二》）

⊙ 以民众意志为转移

燕国发生内乱，齐国趁机攻打燕国，大获全胜。

齐宣王请教孟子："有人劝我不要占领燕国，又有人劝我占领它。我觉得以一个拥有万辆兵车的大国去攻打一个同样拥有万辆兵车的大国，只用 50 天就成功了，光凭人力是做不到的。如果我们不去占领燕国，上天一定会降祸怪罪。如果我把燕国并入齐国，您看如何？"

孟子回答："占领燕国而燕国民众高兴，那就占领它；类似的做法古已有之，周武王便是。占领燕国而燕国民众不高兴，那就不要占领它；类似的做法古已有之，周文王便是。以齐国这样一个拥有万辆兵车的大国去攻打燕国这样一个同样拥有万辆兵车的大国，燕的民众却用饭筐装着饭，用酒壶盛着酒来欢迎大王您的军队，难道有别的什么原因吗？不过是想摆脱他们水深火热的日子罢了。如果在您的统治下，水更深，火更热，民众必将转而去寻找其他的出路。"

齐国吞并了燕国，引起各国不满，诸侯们策划救助燕国。齐王有点慌，向孟子讨主意。

孟子说："我听说过凭借方圆七十里国土就能够统一天下的，商王汤就是，却没有听说过拥有千里国土来使天下畏惧的。《尚书》说：'商汤的征伐，从葛国开始。'天下人都信任他。当他向东面征讨时，西面各族民众便抱怨；当他向南面进军时，北边各族民众便抱怨，都说：'为什么把我们放到后头？'民众盼望他，就像久旱盼望乌云虹霓一样。为什么呢？因为商汤的征伐一点也不扰民。商人照常做买卖，农人照常下地耕作，商汤只是给暴君战争，而给民众带来的则是抚慰，就像天上下了及时雨一样，老百姓非常高兴。《尚书》说：'等待我们的王，他来了，我们就有活路了。'

"如今燕国虐待它的百姓，大王前去征讨，燕国民众认为是从水深火热中拯救他们，箪食壶浆迎接您的大军。不想您却杀害他们的父兄，捆绑他们的子弟，毁坏他们的祖庙，掠夺他们的宝器，这怎么可以？天下本来就畏惧齐国的强大，现在齐国土地增加了一倍，却不实施仁政，所以引来各国跟您作对。大王您应该立即下令，释放被捕的百姓，停止掠夺财宝，与燕国民众协商推举新国君，然后撤出燕国，这样做还来得及平息燕国民众和各国诸侯的愤怒。"（《孟子·梁惠王下》）

齐国没有听从孟子的劝告，后来招致燕国为首的各国联军的讨伐，差点亡国。

孟子

⊙ 民众的选择

孟子有个学生叫万章。这天，师生一起讨论君主的地位问题。

万章问："尧把天下交给了舜，是这样的吗？"尧是最高统治者，所谓的天子。

这是历史事实，谁都知道。不想孟子摇摇头，说："不是，天子不能把天下交给什么人。"

万章睁大了眼睛，问："可是舜毕竟拥有了天下呀，那么是谁给他的呢？"

"上天给他的。"孟子静静地说。

"是命令他接受吗？"万章满是疑问。

"不，上天并不说话，只是通过事实决定这件事。"孟子答道。

万章越发糊涂了："怎样决定呢？"

孟子说："安排舜主持祭祀而顺利完成，表明上天接受了他；安排舜主持政务而有条不紊，表明民众接受了他。所以说，舜得到天下，是上天给他的，是民众给他的。天子并不能决定这些，因此天子不能把天下交给谁。"

万章望着老师，还是不大明白。

孟子解释道："舜一直顺利地辅佐了尧28年，这不是哪一个人的意志所能够决定的，是天意；尧去世后，舜避开尧的儿子，离开都城跑到南边去，可是诸侯不去朝见尧的儿子，偏偏去到南边朝见舜，打官司的也不去尧的儿子那里评理，而是去找舜，这也不是哪一个人的意志所能够决定的，是天意。这样，舜才回来做天子。上天通过民众来表达它的意志，正如书里面说的那样：'天用我们百姓的眼睛来看，天用我们百姓的耳朵来听。'"

接着，两人又谈到禹。

万章的意见是，到了禹的时代道德衰落了，禹把天子的位子不是传给贤人而是传给自己的儿子启。

看来万章还是没明白，孟子继续开导他，说："禹像舜推荐自己一样，也把自己的助手益推荐给了上天。禹去世后，他的儿子启躲到了山里，然而朝见的人和打官司的人也跟着追到山里，而不到益那里去。为什么？因为启继承了禹的作风。"

孟子的意思是，民众并不因为启是禹的儿子而放弃他，他们选择的是贤明的人。天又一次通过民众的行动表达了自己的意志。

（《孟子·万章上》）

⊙ 民无怨而天不怒

西汉时，谏大夫鲍宣上书哀帝说："君主应该把上天当做父亲来侍奉，把大地当做母亲来对待，把人民当做儿女来抚养。然而陛下即位以来，上天缺少光明，大地发生震动，百姓流传讹言，互相惊扰，实在令人畏惧。希望陛下反躬自问，举荐直言之士，征求批评，罢黜斥退外戚以及身边白吃饭不干事的人，启用贤能之士。天人同心，民心舒畅了，天心的愤怒自然也就化解了。（天人同心，人心说则天意解矣。）" 《资治通鉴》卷35

⊙ 国以民为本

东汉末年，曹操统帅大军进攻荆州，刘琮投降。当时刘备驻军樊城，刘琮不敢把投降的事情告诉刘备。刘备过了很久才知道，于是率众撤离。跟随的人有十几万，还有辎重车几千辆，每天只能走十多里地。有人劝刘备说："您应当火速行动，退守江陵。如今人数虽然众多，但披甲士兵却很少，如果曹军追到，怎么抵挡！"刘备说："成就大业的人，一定把人作为根本。（夫济大事必以人为本。）如今百姓追随我，怎么忍心抛弃他们而去？"

东晋学者习凿齿评论道："刘备虽然颠沛流离于危难险境中，却越发重信义，尽管形势逼人，事态严重，说出的话却不失道义。他追念刘表当年的旧恩，以情义感动三军，吸引那些追求道义的士人心甘情愿地与他共赴患难。刘备终于能建成大业，不是应该的吗！"（《资治通鉴》卷65）

隋朝末年，天下反叛，李轨自称河西大凉王。黄河以西发生饥荒，出现人吃人的惨剧，李轨用尽全部家当救济饥民，仍然不够，打算分发府库中的粮食，为此召集官员们商议。曹珍等人说："国家以人民为根本（国以民为本），怎么可以舍不得仓库中的粮食而眼睁睁地看着老百姓饿死呢！"隋朝官员谢统师不以为然，斥责曹珍说："百姓饿死，是因为他自己体质弱，健壮的人怎么也饿不死。国家仓库里的粮食是用来防备意外的，怎么可以用来喂养那些赢弱者！你们讨好民众，不把国家放在第一位，不是朝廷忠臣。"李轨深以为然，结果引起士人与百姓的强烈不满，离心离德，最后遭到民众的抛弃，以失败而告终。（《资治通鉴》卷186）

唐朝宪宗时，天灾频发。宪宗问宰相们："你们屡屡提到淮南和浙江发生水旱灾害，然而近来有一个御史从那里回来，报告说情况没那么严重，尚不至于形成灾害。真相到底如何呢？"李绛答："我仔细研究了淮南、浙西、浙东的奏报，都说发生了水旱灾害，人民流离失所，恳请朝廷设法安抚。官员最怕的就是朝廷追究责任，难道肯在没有灾害的情形下胡乱编造灾情吗！至于尚未形成灾害的说法，不过是御史出于逢迎，以期讨得陛下的欢心罢了。我希望得知此人姓名，给予审查，依法制裁。"宪宗说："你讲得对啊！国家以人为根本（国以人为本），一旦听说灾情发生，应该全力赈济灾民才是，怎么可以纠缠于是否够得上灾情这一问题而犹豫迟疑呢！我刚才说的话有欠深思，是我失言了。"

⊙ 天下是全体民众的天下

　　三国时，魏明帝曹睿大肆建造宫室，为此连年征调劳役，农桑之事几乎停顿。侍中领太史令高堂隆上书说："如今人们传言'宫中开销与国家的行政和军事费用几乎相等'，民众难以承受，生出怨恨愤懑情绪。《尚书》说：'上天耳聪目明，其实是人民耳聪目明，上天显示威力，实际是人民显示威力。'（天聪明自我民聪明，天明畏自我民明畏。）这是说上天的奖赏和惩罚，随民意、顺民心啊。"

　　魏明帝下诏强征民女。高堂隆病危，口授奏书说："上天不特别亲近谁，只辅佐护佑有德之人。民众颂扬德政，政权存续的时间自然长久；下面怨声载道，上天就会选择新的贤能取而代之。由此看来，天下乃是天下人的天下，而不只是陛下您的天下。"（《资治通鉴》卷73）

⊙ 水所以载舟，亦所以覆舟

　　唐太宗很是注意对继承人的教育，曾对身边大臣说："自从我立李治为太子，一有机会便亲自加以教诲。看见他用餐，便说：'你知道耕种的艰难，就能够长久有饭吃。'看见他骑马，便说：'你知道张弛有度，从而体恤马力，就能够经常有马骑。'看见他坐船，便说：'水能够载船，也能够翻船，百姓如同水，君主如同船。'（水所以载舟，亦所以覆舟；民犹水也，君犹舟也。）见到他在树下休息便说：'木材经过墨线规划才能够正直，君主只有采纳

谏言才能够圣明。'"（《资治通鉴》卷197）

唐朝德宗时，政局动荡。德宗就当前为政要务咨询翰林学士陆贽。陆贽上奏说："今之要务在于审察大众的情绪。群情最为希望的，陛下先去施行它，群情最为厌恶的，陛下先去除掉它。君主的好恶与天下人相一致而天下人却不肯归向，这样的事情自古至今从未有过。治与乱的根本在于人心，何况如今正逢政局动荡之时，思想混乱之际，人心所向，政权就会稳固，人心所背，政权则会倾覆。"

奏章呈上十天，德宗没有采取任何措施。陆贽再次上书说："船就是为君之道，水就是众人之情。船顺从水性才能浮起，违背了水性就会沉没；君主掌握了众人的情绪，地位才能巩固，反之，处境就会危险。（舟即君道，水即人情。舟顺水之道乃浮，违则没；君得人之情乃固，失则危。）所以古代圣明君主虽然位居众人之上，但一定要让自己的欲念顺从天下人心，而不敢使天下人依从自己的欲念。"（《资治通鉴》卷229）

陆贽一直坚持用这个理念影响德宗，在后来的上书中继续说："我听说立国的根本在于得众，得众的关键在于掌握民众情绪（立国之本，在乎得众，得众之要，在乎见情）。所以孔子以为人情是圣王的田地，是说治理国家的办法以人情为基础。"（《资治通鉴》卷229）

⊙ 历史教训

唐朝时，太宗与大臣议论周朝和秦朝的政治得失，萧瑀说："商纣王无道，周武王讨伐他；周朝及六国没有罪过，秦始皇分别灭掉它们。取得天下的方式虽然相同，人心向背却不一样。"

太宗说："你只知其一，不知其二。周朝取得天下，更加修行仁义；秦朝取得天下，却更加崇尚欺诈和暴力，这就是长短得失的不同。所以说夺取天下或许可以凭借武力，治天下则不可以不顺应民心。（盖取之或可以逆得，守之不可以不顺故也。）"萧瑀钦服不已。（《资治通鉴》卷192）

⊙ 愿相公无权

唐宣宗时，周墀被任命为宰相。他问老部属韦澳："我的能力小而任务重，你将怎样帮助我？"

韦澳回答："希望相公您没有权力。"

周墀愕然，不知道韦澳什么意思。

韦澳解释道："对于官员的赏赐和刑罚，天下人赞成的，您也应该赞成，天下人反对的，您也应该反对，千万不要以自己的爱憎喜怒为转移，这样天下自然就会得到治理，要权力干什么呢！"

周墀听后深表赞同。（《资治通鉴》卷248）

小结

故事中齐桓公的问题，管仲回答的原话是"君人者以百姓为天"。相似的说法还有"王者以民为天"，是楚汉相争时期郦食其对汉王刘邦说的，告诉他成就王业的人奉民众为上天。古人观念中，上天最伟大，是最高权威，正如孔子所说"唯天为大"（《论语·泰伯》）。这里，管仲把民众看成上天，足见民众地位之高。

上天是可以置换成民众的，儒家经典《尚书》这样说："民之所欲，天必从之。"（《泰誓上》）民众的要求，上天一定遵从。又说："天视自我民视，天听自我民听。"（《尚书·泰誓中》）上天所见来自民众所见，上天所听来自民众所听，民众的眼睛就是上天的眼睛，民众的耳朵就是上天的耳朵。民众与上天是一回事，尊天意就是顺民心，反之亦然。

把民众等同于上天，目的是贯彻治国理政必须以人（民）为本的理念，换成现代语言，就叫宗旨。共产党人也把人民视为上天，坚持人民的主体地位，毛泽东在《愚公移山》一文中，曾把人民大众称作上帝。上帝在信众心中是什么？是源头，是灵魂，是依靠，是希望，是未来。共产党在建党之初，便把人民的解放事业确立为自己的目的，没有不同于民众的私自的东西，民众的利益就是党的利益，民众的愿望就是党的愿望，民众的困难就是党的困难，民众的幸福就是党的幸福。正因为始终坚持这一理念并付诸实践，中国人民才把共产党抬上执政地位，也正因为始终坚持这一信念并付诸实践，共产党才能在人民的拥护下继续执政。国家一切权力属于人民，为人民服务、以人为本、执政为民，是检验党一切执政活动的最高标准，可以说也是党执政的最根本的合法性依据。

（二）民生

要义

民生，古代叫惠民。惠民是衡量统治者是否仁爱的一个指标。孔子说郑国的执政大夫子产够得上君子，其中一个理由是"其养民也惠"（《论语·公冶长》)，也就是实行惠民政策。

孔子提醒治政者，"惠则足以使人"（《论语·阳货》)。民众只有得到实惠，感情上亲近了，才会听从安排。唐太宗李世民曾对公卿们说：从前大禹凿山治水，那么苦重的劳役，百姓没有不满言论，是因为他的作为事关民众福祉；秦始皇营造宫室招致百姓怨恨反叛，是因为他损人利己。西汉大儒刘向这样记载大禹的话：不给民众吃食，我就不能使用他们，不给民众造福，我就不能让他们出力。（《说苑·卷一·君道》)

惠民也叫恩德。治政者谋民生，带来恩惠，民众会念他的好，不仅这辈子念，后世几代人都拥护他，这就叫恩德。唐太宗时，一个叫马周的官员上书论政，谈到历史教训，说汉朝能够延续 400 年，其中的原因就在于"良以恩结人心，人不能忘故也"，而汉朝之后的王朝，时间长的不过 60 年，短的只有 20 多年，原因是"皆无恩于人，本根不固故也"（《资治通鉴》卷195)。意思是汉朝能够做到以恩惠凝聚人心，百姓不能忘怀，而其他王朝对人民没有恩德，基础不牢靠。

民生是一个政治问题，关系到政权的稳定和延续。

故事

⊙ 为政的根本规则

周文王问姜子牙（吕望）："怎样治理天下？"

姜太公回答："致力于王业的国家使民众富足，致力于霸业的国家使武士富足，仅仅寻求自保的国家使大夫富足，走向衰亡的国家使国君富足。情况越糟的国家富足的人越少，穷困的人越多。"

文王道："说得好！"

太公提醒说："听到好建议却不实行，不吉祥。"

当天文王便开仓放赈，接济失去家室的鳏夫、寡妇以及没有儿女的人和孤儿。

周文王去世，他的儿子周武王继位。

武王问姜子牙："治理国家的根本原则是什么？"

太公答："爱民而已。"

武王接着问："怎样做才是爱民呢？"

太公说："有利于民众而不是去侵害，成就民众而不是去败坏，保护民众而不是去杀戮，给予民众而不是去掠夺，提高民众的欢乐而不是去制造痛苦，助长民众的高兴而不是去触发怨恨，这就是治理国家的根本原则，也是使用百姓的根本原则，其实不过是首先爱护他们罢了。什么是侵害？民众失去生业就是侵害。

什么是败坏？干扰农时就是败坏。什么是杀戮？严刑酷法就是杀戮。什么是掠夺？横征暴敛就是掠夺。什么是制造痛苦？没完没了的征发劳役就是制造痛苦。什么是触发怨恨？劳民扰民就是触发怨恨。所以善于治国的人对待民众，就像父母爱儿女，哥哥爱弟弟，听说他们挨饿受冻便难过，看见他们劳累受苦便悲伤。"（《说苑·卷七·政理》）

（明刻）姜太公

⊙ 宁人负我，无我负人

春秋时期，晋国公子夷吾请求秦国的帮助，承诺如果秦国支持他当上国君，便以五座城池答谢。夷吾如愿以偿，但绝口不再提那五座城池的事。不久，晋国发生天灾，向秦国求助买粮。有人劝秦国君主秦穆公不要答应，理由是夷吾不守信用，晋国出现饥荒正是上天的惩罚，应该借这个机会出兵征讨。

秦穆公说："不错，夷吾是让我厌恶，可是他的人民有什么罪过呢？天灾流行，会在各国交替出现。急人所难、救人所困乃是道义，是绝不可以违背的。"于是秦国调动船队，将一船船的粮食运过黄河，送到对面的晋国。（《国语·晋语三》）

唐朝德宗时，河南、河北、江淮、荆襄、

陈许等四十余州洪水泛滥，淹死了两万多人，兵部侍郎陆贽请求派遣使者赈济抚慰。德宗说："听说损失很少，如果进行赈济，恐怕会助长奸诈欺骗。"陆贽上奏说："赈济灾民，消耗的是钱财，得到的是人心，只要不失去百姓，还会为缺少用度而发愁吗！"德宗答应了，但把淮西地区排除在外，因为这里在藩镇的控制下不向朝廷缴纳赋税。陆贽再次上奏说："从前秦国和晋国不和，互相敌视，但当晋国遭受饥荒后，秦穆公仍然出手援救。帝王怀柔万邦，眼里只有恩德与道义，宁可让人辜负我，不能让我辜负人（宁人负我，无我负人）。"德宗接受了陆贽的意见。（《资治通鉴》卷234）

⊙ 分肉不如分地

晋文公问大夫咎犯怎样为政，咎犯说："分熟肉不如分生肉，分生肉不如分土地。割出君主的土地分给民众，提高他们的地位和收益，那么，君主的疆界扩大从而国土增加了，民众就知道自己的收益要增长了；君主的疆界缩小从而国土减少，民众就知道自己的收益要降低了。古时候说的驾驶一辆战车单独冲入敌阵，车上的武士生死与共，互相策应各司其职，指的就是这个意思。"

（《说苑·卷七·政理》）

⊙ 一日不稼，百日不食

晋文公前往大夫咎季家，望见他家的宗庙靠着西边的院墙而建，便问："你家西面的宅子住的是何人？"

咎季答："是晋国的一位老臣。"

文公吩咐道："往西面扩建你家的房子。"

咎季说："我做事已经很尽力了，但比不上那位老臣的功劳，可是他家的院墙坍毁了却没有再建。"

文公问什么原因。咎季答："一天不耕种，一百天都没得吃。"

文公出来把这句话说给他的车夫听。车夫叩头祝贺道："《吕刑》上说：'君主一人有喜庆，亿万民众齐沾光。'国君的英明是臣民的福分。"

于是文公下达命令，发布全国，说："不准大造楼台馆所，以防侵扰民宅；进行土木工程要选择合适时间，以防侵害农时。"

（《说苑·卷三·建本》）

⊙ 关注弱势群体

齐景公出游，看见年纪大的人身背柴火面带饥色，心中不忍，长叹一声说："安排官吏负责供养他们。"

晏子道："我听说，尊敬贤人同时怜悯弱势的人，是国家得以保存的根本；如今国君您能够体恤老人并且恩泽四方，可以说抓住治国的根本了。"

景公很高兴，面现喜色。

晏子接着说："圣明的君王见到贤人便喜欢他们，见到弱势的人便同情他们。现在我请求对于那些老弱而没有人供养的人，对于那些失去妻子的鳏夫、失去丈夫的寡妇，分出不同档次解决他们的生活困难。"

景公同意晏子的建议。于是老弱病残者由国家负责供养，鳏夫寡妇由国家进行安置。（《说苑·卷五·贵德》）

⊙ 驾车高手

颜无父的儿子叫颜沧，颜沧的儿子叫颜夷，祖孙三代都是驾车高手。

对于颜无父，孔子赞叹道："颜无父的驾车技艺简直太高超了！在他的策动下，马匹知道身后拖着车子，跑起来虽然很快，但步履轻松，因为车上载着它敬爱的人。马匹不仅亲近自己的主人，而且还热爱自己的工作。如果它能够说话，一定会说：'今天高兴吗？驾车的人。'"

对于颜沧，孔子的评价就差一些了。他这样说："在他的策动下，马匹知道身后拖着车子，跑起来虽然很快，但步履平稳，因为车上载着它敬畏的人。马匹接近自己的主人，也敬重自己的工作。如果它能够说话，一定会说：'驾车的人来了，他就知道使唤我！'"

对于颜夷，孔子的评价更差。他说："在他的策动下，马匹知道身后拖着车子，跑起来步履沉重，因为车上载着它害怕的人。虽然马匹依赖自己的主人，但是厌恶自己的工作。如果它能够说话，一定会说：'驾车的人来了！驾车的人来了！你要是不买力气，他会打死你！'"

由此孔子总结道："正如驾驭马匹有一定的方法，治理民众也有一定的规则。驾驭马匹的方法对路，马匹就会快乐地配合；治理民众的规则对头，民众就会自觉地集合在统治者周围。"（《孔子集语·卷十·论政》）

⊙ 哪个是急务

赵简子在自己的封国邯郸建造一座台。时值春天，雨下个不停。

赵简子对左右说："应该督促农人播种了吧？"

家臣尹铎说："公事多，又都是急事，顾了这头顾不上那头，想要督促播种，心里又牵挂着筑台，所以还来不及安排农事。"

赵简子猛地醒悟过来，下令停止筑台，遣散劳役，说："我以筑台为急务，民众以播种为急务，我停下自己的急务而依从民众的急务，民众会因此体会到我的仁爱。"（《说苑卷五·贵德》）

⊙ 民以食为天

楚汉相争，汉处于劣势。汉王刘邦想放弃成皋以东地区，将兵力集中到巩县、洛阳一带，抵挡楚军西进。

郦食其劝道："我听说，'懂得天上之天道理的人，帝王的事业可以成功。'"

"天上之天"？听得让人费劲儿。

"成就王业的人把民众当做天，而民众则把粮食当做天。"（王者以民为天，而民以食为天。）郦食其解释道，然后接着说："敖仓是天下粮食集散地，那里储存的粮食非常多。楚军攻下荥阳，竟然不坚守敖仓，掉头东去，只派些罪卒守成皋，这真是上天对我们的帮助啊。面对这么好的机会，大王您却退出，我敢说这是一个大错误！楚汉两雄相持的局面不可能长久继续下去，它造成海内动荡，农夫不耕作，织女不织布，民心惶惶不知所归。所以我希望您立即进兵，收复荥阳，占领敖仓，扼制成皋的险要，阻断太行的通道，设防蜚狐隘口，坚守白马津，向四方诸侯显示我汉军已经抢占有利地势，从而造成夺取天下的大势。由此一来，天下人便知道自己应该归向何处了。"

刘邦接受了郦食其的建议，夺取了敖仓。（《资治通鉴》卷10）

三国时，魏明帝伐蜀，诸葛亮出兵拒敌。双方对峙，正逢阴雨绵绵，接连下了三十多天，将士苦不堪言。魏国太尉华歆主张退兵，上书魏明帝说："陛下坚持为政以德，如今国家正处在成康之治那样的盛世，希望您把精力集中在国内治理上，把征伐之事放在后面。执掌国家政权的人以民众为基础，而民众则以衣食为根本。（为国者以民为基，民以衣食为本。）如果我们魏国能够消除饥饿寒冷，百姓对上边就不会离心离德，对外我们又采取观望态度，吴国与蜀国之间一定会发生争斗，那时我们就可以坐收渔利。"

　　魏明帝接受了这个建议，下诏回军。（《资治通鉴》卷71）

　　十六国时，前燕王慕容皝把牛借给贫民，让他们在苑园中佃耕，收取赋税达到十分之八。

　　记室参军封裕上书规谏说："按十分之一的比例收税的古制，是天下最公正的税法。如今天下动荡，汉族和夷族的民众不远万里投奔燕国，如同幼儿归附父母，以致户口增长十倍，无地者达到十分之三四。一人不耕作，就会有人挨饿，何况游民已有数万之众呢。殿下您应该将苑园分给无地农户，由官府赐给耕牛，少收一些税，这样才能赢得民众的真心拥戴。届时大王战旗所到之处，谁不箪食壶浆以迎王师呢？天下又有谁能与大王争锋呢？"

　　慕容皝接受了劝谏，下令："听了封裕的话，我实在恐惧。国家以民众为根本，民众以粮食为命根。（国以民为本，民以谷为命。）现在全部废除苑园，分给没有田地的人耕种。实在贫穷的，官府借给耕牛；财力有余又想得到官府耕牛的，依照魏、晋旧法收税。"（《资治通鉴》卷97）

⊙ 天下最大的根本

西汉时，贾谊针对国家和个人储粮不足的问题，建议汉文帝强化农业生产。汉文帝下诏说："农业，是天下最大的根本，是民众赖以生存的依靠（农，天下之大本也，民所恃以生也）；然而却有百姓离弃农耕这一本业，去从事工商这些末业，以致造成了生业的困顿。朕对此深为忧虑，因此现在亲自率领群臣进行农耕，以劝导人们重视农业；同时减免天下百姓的税收，今年只征收田租的一半。"（《资治通鉴》卷13）

⊙ 土崩和瓦解

西汉时，徐乐上书汉武帝，说自己曾经听说，天下最大祸害，在于土崩而不在于瓦解，自古以来，莫不如此。

什么叫"土崩"？ 徐乐以前朝为例，说秦朝末年的天下局面就是土崩。那时陈胜举起长戟，袒露出一条臂膀大呼，天下响应。为什么会这样呢？徐乐总结道："是因为民众困苦而君王却不加体恤，臣民怨恨而君主却毫不知情，社会风俗败坏而国家却不进行整治。这三条，构成了陈胜起事的资本。"这种局面就像房屋的地基崩裂，墙倒屋塌，结果秦朝政权崩溃了，根本无法挽救。

什么叫"瓦解"？ 徐乐以本朝为例，说文帝时吴、楚、齐、赵各诸侯国举兵叛乱所造成的局面就是瓦解。这些诸侯王号称拥有万辆战车，他们率领数十万军队，其威力足以控制封地全境，其财力足以奖励所属的官吏和百姓，但他们却始终无法夺取国家一尺一寸的土地，反而成了朝廷的俘虏。为什么会这样呢？徐乐总结道："是因为先帝的德政影响还没有衰减，百姓安居乐业，诸侯得不到民众的响应。"他们对朝廷的分离不过像是屋顶上的瓦片掉下来，造不成墙倒屋塌。

徐乐说，这两个问题是国家安危的关键，应该引起君主的特别重视。近来，函谷关以东地区粮食连年歉收，没有恢复正常年景，百姓大多穷困，再加上还要承受边境战争的沉重负担，按照常规推断，百姓中应该出现不安分的人了。不安分就容易酿成动乱，而动乱则导致土崩。贤明君主善于把握事物变化的根本原因，明了安危的关键，其要旨就是把土崩消除于未成之时。

武帝十分欣赏徐乐的见解，任命他为郎中。（《资治通鉴》卷18）

⊙ 廉范不禁夜火

东汉章帝时，廉范调任蜀郡太守。成都富有，物产丰盛，人口众多，住房十分拥挤。为了防止火灾，法令禁止民众夜间劳作，然而人们却避开官府，偷偷用火，导致火灾连续不断。

廉范到任后，撤销原来的禁令，只是加强了储存防火用水的规定。由此带来的便利使民众非常高兴，他们编了歌谣颂扬廉范："廉叔度，来太晚！官府不禁夜火，民众安心劳作。从前没有短上衣，今有五条裤子穿。"（《资治通鉴》卷46）

⊙ 靠什么生存

东晋时，王濛几个名士去找骠骑将军何充喝酒闲聊。何充正在看公文，没工夫答理他们。王濛打断何充，说："我们今天特意来你这儿，打算跟你好好谈谈玄学。你可好，人都进门了，你却仍旧舍不得撇开俗务，闷着头看这些劳什子！"

何充答："我不看这些劳什子，你们这些清谈家靠什么生存！"时人都认为这句话说得好。（《世说新语·政事》）

⊙ 狩猎

南北朝时，宋国衡阳王刘义季春天外出打猎，有个在田间耕作的老农不肯回避，遭到刘义季随从的斥责。老农说："游猎取乐，古人深以为戒。时令不等人，迟一天耕种，就会错过农时，你们怎么可以为了狩猎的快乐而驱赶勤劳耕作的农人呢？"刘义季听罢，勒住马缰说："这是贤人。"命令左右赐给老农食物。老农拒绝了，说："只要大王您不侵夺农时，境内的百姓就可以吃饱了，我老汉怎么敢独自领受您的赏赐！"（《资治通鉴》卷123）

唐朝时，太宗皇帝将要去同州狩猎。刘仁轨上书说："现在正值秋粮成熟，百姓刚刚收割了十分之一二，如果命他们承担狩猎事务，筑路修桥，需耗费一两万个工力，必将大大妨碍农事。希望陛下推迟十天半个月，等粮食收割完毕后再去狩猎，这样做于公于私都有好处。"太宗接受了劝谏，不久提升刘仁轨为新安县令。（《资治通鉴》卷195）

五代时，后唐明宗李嗣源下令把内廷五坊豢养的鹰隼全部放回山林，禁止今后各地再进献这类东西。大臣冯道说："陛下这样做可以称得上将仁爱扩及禽兽了。"明宗说："不是这样的。我从前曾经跟随武皇帝打猎，那时正进入秋季，庄稼刚刚成熟，有的野兽逃入田中，人们便策马追杀。猎物到手了，庄稼却所剩无几。想起这些，我心里就不是滋味，因此才发布这道诏令啊。"

（《资治通鉴》卷277）

⊙ 让民众乐业

唐玄宗发布敕令："以前朝廷曾下令清查流失的户口，朕担心此举会搅扰百姓。当今天下大同，应当让百姓从事自己喜欢做的事，今后所在州县应当对流民加以安抚，使他们各有谋生的职业。"

玄宗还发布制命，允许没有户籍的民户自动申报，辟出各地闲置土地供他们耕种，由官府根据具体情况征收赋税，但不得征派徭役，租庸也一律免除。玄宗任命兵部员外郎兼侍御史宇文融为劝农使，到各州县巡视，与当地官吏和民众商定赋税徭役的具体数额。

玄宗又颁布敕令，规定将所征得的客户税金一律充作所在州县的平仓本钱；指派朝廷的劝农使与各州县协商筹建劝农社，协调百姓之间贫富相济，督促按时耕种田地。（《资治通鉴》卷212）

⊙ 财利是人的核心

唐德宗即位时，藩镇割据日益严重。翰林学士陆贽上奏，认为如果不解决藩镇割据带来的乱局，可能会造成更坏的后果，说："人是国家的根本，财利是人的核心。（人者，邦之本也。财者，人之心也。）核心受到伤害，根本也就会受到损坏；根本受到伤害，枝干也就会枯萎死亡。"（《资治通鉴》卷228）

⊙ 一首好诗

五代时，后唐明宗李嗣源与大臣冯道闲聊，李嗣源说："今年收成好，百姓的生活一定好过了吧？"冯道说："农民遇上灾年常常在流浪中饿死，遇上丰年又因粮价过低而遭受损失，无论是丰年还是灾年都摆脱不了困苦，只有农民是这样的啊。臣记得进士聂夷中的一首诗，是这样写的：'二月卖新丝，五月粜新谷；医得眼下疮，剜却心头肉。'话有点糙，但确实道出了庄稼人的苦楚。农民是士、农、工、商四种人中最勤苦的，陛下不可以不了解这

些情况啊！"李嗣源听了很受感动，命令身边的人把这首诗抄下来，经常朗读背诵它。（《资治通鉴》卷276）

☉ 都是百姓

五代时，后周与南唐隔淮河相对峙。周太祖郭威下令说：我朝与南唐没有怨仇，沿淮河各军镇只要守住自己的疆域就可以了，不得放纵士兵和百姓进入南唐地界，不得阻止商人旅客自由往来。有州镇上报：南唐饥民渡过淮河到我境内买粮，没有禁止。周太祖下诏说：这就对了，那边百姓与这边百姓没有什么不同，应明确通告各州、县渡口不得禁止，粮铺要一视同仁。

南唐大旱，井水、泉水干涸，淮河可以徒步走过，北上的饥民接连不断。南唐濠州、寿州派兵阻止，根本挡不住。周太祖闻讯，说：对方百姓与我方百姓是一样的，任由他们过河买粮。于是南唐修筑仓库，大量购粮供应军队。周太祖下令：凡是购买粮食后以人背和畜驮来运输的可以供给，而以船运和车拉的则不允许。

北边契丹的瀛州、莫州、幽州发大水，数十万流民涌到边界，契丹开关放人。周太祖下诏书命有关州、县救济接待流民，从前被契丹抢掠的中原百姓得以返归的达十之五六。

周太祖去世，柴荣继位，为周世宗。南唐在与后周的对峙中失去了包括盐产地在内的江北所有土地，由于江南地区没有盐卤田，吃盐成了大问题，财政收入锐减。南唐向后周称臣后，向周世宗提出，希望将海陵监划归南唐。世宗说：海陵在长江北岸，如果划归南唐，将造成南北官吏职权交错，容易引发矛盾，应当想另外的法子。于是诏令每年拨出30万斛盐给南唐。（《资治通鉴》卷290～292）

⊙ 解除倒悬之苦

五代时，淮南闹饥荒，后周世宗柴荣命令把粮食借贷给百姓。有人担心百姓贫困，到时候无力偿还。柴荣说："百姓是我的子女啊，哪有子女头朝下吊在那里而父亲不为他解脱的道理呢！哪个又要求百姓一定偿还借贷呢！"（《资治通鉴》卷294）

小结

故事中郦食其劝告刘邦的话一连用了两个天，一个天是民众，另一个天是粮食；前一个天体现的是民本，后一个天体现的是民生。由此可以得出这样一个结论，民本最后要落实在民生上。就是说，不解决民生问题，民本就是空的。所以看治政者是否坚持民本，就看他最终是否注重民生。只有致力于民生，振兴百业，繁荣经济，解决民众的实际困难，改善和提高生活水平，把自己的事业与百姓的福祉连为一体，才能一呼百应，民众才会心甘情愿地追随治政者。用故事中姜子牙的话说，这叫"使用百姓的根本原则"（使民之谊），也就是孔子说的"惠则足以使人"。可以说这是一条为政的基本规律。

这条规律在今天同样适用。我们常说的让包括弱势群体在内的广大民众公正地、充分地、普遍地享受改革开放的红利就包含这层意思。非如此，不能全面地调动社会各阶层的积极性，不能完全激发社会生产各环节的创造性，不能坚定社会全体成员走中国特色社会主义道路的自觉性，不能保证改革开放的各项部署、举措和政策的贯彻落实。

民生关系国民幸福，是头等大事，绝大多数民众的"中国梦"都属于民生范围，就是习近平同志总结的十个更好："我们的人民热爱生活，期盼有更好的教育、更稳定的工作、更满意的收入、更可靠的社会保障、更高水平的医疗卫生服务、更舒适的居住条件、更优美的环境，期盼着孩子们能成长得更好、工作得更好、生活得更好。"作为代表人民根本利益的执政党，必须担当起为人民谋幸福的职责。为此习近平同志这样说："人民对美好生活的向往，就是我们的奋斗目标。"

　　中国共产党领导人民全面建设小康社会、进行改革开放和社会主义现代化建设的根本目的，就是要通过发展社会生产力，不断提高人民的物质文化生活水平，促进人的全面发展。检验党和政府一切工作的成效，最终都要落实在民众是否真正得到了实惠和人民生活是否真正得到了改善上面。着力保障和改善民生，是坚持立党为公、执政为民的本质要求，为人民的幸福努力工作，是党保持同群众血肉联系的重要方式，是党和人民事业走向成功的重要保证。

二、德政

德政，即孔子说的"为政以德"（《论语·为政》)，通俗地说就是以德行来统领政治。对于这种关系，孔子打过一个比方，说德行作为施政主体，就像北极星一样处在中心，法治、政令等其他措施就像小星星一样环绕四周（《论语·为政》)。

德政是治国安邦的根本方略。西汉时贾谊向文帝上书，把国家政权比喻成大器物，说要想使它牢固，必须放置在可靠的地基上，地基选不好，政权稳定不了。贾谊举了两个例子，正面的是商朝的汤王和周朝的武王，说他们用来安放器物的地基是仁、义、礼、乐，也就是德政，结果政权传续了几十代。反面的是秦始皇，他选的地基是苛政酷法，政权只存在了两代（《资治通鉴》卷14)。

德政的实施主要从两个方面进行，一个是教化，通过以主流价值观为核心的文化来教育人，改变人；一个是表率，通过以官员为主的榜样的示范作用来引导民众。德政的基本精神可以概括为一个"好"字，是通过好的目标、好的内容、好的标准、好的施政者、好的榜样培养好国民。

（一）教化

要义

孔子周游列国来到卫国，发现这里人力资源丰富，是实现政治抱负的理想之地。学生冉求问，有了这么好的条件，下一步应该做什么？孔子答："富之。"使民众富裕。冉求又问，如果民众富起来了，再下一步应该做什么？孔子答："教之。"教育他们（《论语·子路》）。

对于政治，刘向曾分出三种方式，即王者、霸者、强者。王者以仁德教化民众，霸者以势力威慑民众，强者以暴力胁迫民众。三种方式各有自己的对象，其中王者为大，适用于绝大多数人，是治政首要的和根本的方式；霸者其次，对象是那些经过教化而没有多少改变的人，对他们必须以势力进行威慑；再不管用，就只能交给强者了，用暴力进行惩办，处以刑罚（《说苑·卷七·理政》）。

教化的基本思路是治世先治人，治人先治心；人心摆正了，政治自然清明了。

故事

⊙ 攻心为上

重耳结束流亡生涯回到晋国继任国君，是为晋文公。

仅一年，按捺不住雄心，打算动员民众征伐诸侯。

大夫子犯认为条件不成熟，说："不行。晋国民众还不懂得什么是道义，为什么不借着安定周天子的王位来昭示道义，以教育民众呢？"这一年，天子周襄王的弟弟叔带作乱，周襄王逃到邻近的郑国避难。晋文公接受了子犯的意见，出兵帮助周襄王在成周（今河南省洛阳市）恢复王位。

事情结束后，晋文公问："这下可以动员民众征伐诸侯了吧？"子犯摇摇头："不行。晋国民众还不懂得什么是信用，为什么不借着讨伐原邑来表示信用，以教育民众呢？"原邑是一座城市，不服从晋国管辖。晋文公决定出兵原邑，以3天为攻城期限。结果没有攻下来，晋文公下令撤兵。原邑人被对方的信用所感动，开城投降。

回来后，晋文公问："这下可以动员民众征伐诸侯了吧？"子犯仍旧摇摇头："不行。晋国民众还不懂得什么是礼制，为什么不借着阅兵来展示礼制，以教育民众呢？"于是晋文公举行盛大阅兵仪式，建立上、中、下三个军，中军为全军主体。任命郤縠（xì hú）为中军元帅，同时担任执政大夫，统领军政大权，命令郤溱（zhēn）辅佐他。

一切都安排好了后，晋文公问："这下可以动员民众征伐诸侯了吧？"子犯点点头："行了。可以动员民众了。"晋文公倾全国之力，亲自统率大军讨伐曹国、卫国；威逼楚国，迫使它撤出驻扎在齐国边境的驻军，撤回围困宋国的军队，最后在城濮（今河南省范县南）决战中击败了强大的楚军。

晋文公终于称霸天下。（《国语·晋语四》）

⊙ 治国的两手

学生冉雍问孔子："我听说，如果刑罚运用到极致，势必排斥政令；如果政令运用到极致，势必排斥刑罚，二者必居其一。夏朝桀帝和商朝纣帝统治的时候，就是只靠刑罚而不使用政令；周朝成王和康王统治的时候，就是只靠政令不使用刑罚。是这样的吗？"

孔子道："不能这么说。在圣人那里，政令和刑罚并不相互排斥，而是并用的。"

"噢，是这样。"冉雍自语道。

"不过，"孔子说，"最上乘的做法不是你所说的政令和刑罚，而是教化。具体说，就是以仁德来感化民众心灵，以礼制来统一民众行为，然后再以政令来要求大家，再然后才是用刑罚来禁止人们犯罪。为什么这么排列呢？就是为了尽量不使用刑罚。"

"既然如此，为什么还要制定刑罚呢？"冉雍不解地问。

"因为总有一些冥顽不化之徒，不服教化。"孔子说，"讲道理，他们不听；发布命令，他们不从。这些伤风败俗的人无可救药，没有办法，只好采用刑罚进行处置。刑罚用在人身上，是大事，一定要符合天道，同时也要坚决，不能手软。刑就是侀（xíng），侀乃定型之意。所以罪名一经确定，便不能更改，必须坚决执行。"

（《孔子家语·卷七·刑政》）

⊙ 孔子的裁决

孔子 52 岁那年，受命为鲁国大司寇，掌管全国的刑法和治安。

有一对父子闹矛盾，父亲找孔子告状，孔子下令把父子俩关押在同一间牢房里，3 个月没有判决。直到父亲主动撤去诉讼，孔子才做出决定，放他们回家。

执政大夫季桓子很不高兴，说："大司寇欺骗我。从前他一再告诫我，治理国家必须首先推行孝道。这倒好，父亲状告逆子，我正打算杀掉这个不孝的东西以贯彻他的主张，可是大司寇却把逆子放了。这是为什么呢？"

孔子的学生冉求在季桓子那里当家臣，把这话传给老师。孔子叹了口气，说："唉！身居高位的统治者，不去履行教育民众的职责，只是一门心思想着惩罚下面，这种做法毫无道理。不进行孝道教育，出了逆子，便施之以刑，等于滥杀无辜。难道罪责在百姓身上吗？不跟百姓讲明道理，却追究他们的罪责，是暴虐的表现。"

冉求问："怎么做才对呢？"

孔子说："最根本的是教育，讲述道理使民众信服。民众没有了迷惑，知道应该做什么，不应该做什么，就用不着刑法了。但现在不是这样，统治者放弃了教育，一味地依赖惩罚，刑法名目日益繁杂，怎么样？解决问题了吗？没有！盗贼越来越多。3尺高的陡坡，即使是4匹马拉的空车也上不去，因为坡度直上直下。百丈山峦，即使是一匹马拉的货车也能上去，因为上山的道路很平缓。如今道德衰败已经很久了，尽管刑法很完备、很严厉，又怎么能够保证民众不触犯呢？"

（《孔子家语·卷一·始诛》）

孔子

⊙ 孔子的政绩

鲁国有个羊贩子，人称沈犹氏，羊出售之前先让它饮水，喝得饱饱的，再拉到市场上去。市场上风气也不好，牛马贩子大多不诚实，谎话张口就来。

社会风气也有问题。有一位公慎氏，妻子淫荡，他一点办法也没有，只好睁只眼闭只眼。还有一位慎溃氏，生活奢侈不说，还蛮横不讲理，谁也惹不起。

这时，孔子出任掌管国家刑狱的大司寇，消息传来，沈犹氏停止了给羊注水；牛马贩子明码标价，诚实地对待卖主；公慎氏休了他老婆；慎溃氏不敢在鲁国继续居住，迁到别的国家去了。

从前，鲁国的大贵族季孙氏和孟孙氏两家的城邑很大，几乎可以跟国家的都城媲美，而按照礼制，大夫城邑的城墙不能超过国都的三分之一。在孔子担任大司寇期间，这两家拆除了自己封地上的城墙，齐国也归还了所侵占的鲁国土地。

孔子任大司寇不到两年，社会风气大变。道路上没有人把别人丢失的东西拿回家里；市场上没有人报虚价；在打猎和捕鱼这样的活动中，长者得到优先；看不到头发花白的人背着沉重的东西走路。

这些都是实行教化的结果，单靠法律是办不来的。（《孔子集语·卷十二·事谱上》）

⊙ 子贱治单

孔子有个学生叫宓子贱，被鲁国君主任命为单（shàn）父（今山东省单县南）的县长。他到任时间不长，就获得了当地民众的拥护。

孔子问宓子贱："告诉我，你是怎样使单父得到治理的？"宓子贱答："我时不时地开仓赈济，救助贫穷百姓，补助困难百姓。"

孔子摇了摇头，说："这只能使一部分民众亲近你，所以还不是最根本的。"宓子贱又说："我奖励有本事的人，聘用有道德的人，辞退不称职的人。"

孔子仍然摇摇头，说："这只能使士人亲近你，所以也不是最根本的。"宓子贱说："我到了单父，侍奉如同父亲一般的人，有3位；侍奉如同兄长一般的人，有5位；像朋友一样对待的人，有12位；像师长一样尊敬的人，有1位。"

孔子点点头，说："侍奉如同父亲一般的人有3位，足以作为孝道来教化民众了；侍奉如同兄长一般的人有5位，足以作为友道来教化民众了；像朋友一样对待的人有12位，足以能够避免被蒙蔽了；像师长一样尊敬的人有1位，足以能够做到心思清明，算无失策，行无败绩了。哎——"孔子望着自己的学生说，"可惜了！你宓子贱如果能够担当大任，说不定能够建立尧帝和舜帝那样的功绩呢。"（《孔子集语·卷十论政》）

齐国与鲁国交战，大军路过单父，正赶上小麦成熟，民众慌作一团。几位父老提出，不如让百姓出城抢收麦子，谁抢到手就是谁的，这样既可以增加鲁国民众的收入，又可以避免粮食落到敌人手里。

宓子贱没有答应。父老们提了几次，宓子贱就是不松口。

结果麦子被齐军收走了。

鲁国执政大夫季孙知道了这件事，非常生气。派使者去见宓子贱，责备道："鲁国的农人辛勤劳作，不畏寒暑，好不容易等到麦子成熟，却眼睁睁地看着粮食落到他人手里，这不是太惨了些吗？如果你事先不知情也就罢了，然而事实却不是这样，父老们一再提醒你，你却置若罔闻，你的做法真让人费解，难道这能说是为国家着想吗！"

"怎么不是？"宓子贱答道，"麦子年年长，今年遭到损失，明年还可以再种。但风气就不一样了。如果允许人们去抢收麦子，混乱之中，就会出现趁机收割别人麦子的情况。这无疑会助长不劳而获的思想，到时候还有谁肯去老老实实地耕作呢？更可怕的是，有人会因此而离心离德，对敌人产生好感，巴不得齐军入侵，因为这可以为他们提供发财的机会。这就是我不同意抢收麦子的原因。这样做，虽然损失了一年的收成，但却保住了人心。只要人心在，往后年年都会有收获。请考虑一下，哪种做法更好呢？"

使者把宓子贱的话转达给了季孙。季孙羞愧得脸都红了，说："如果地面裂开道缝，我真想钻进去，哪有脸见宓子贱呢？"（《孔子家语·卷八·屈节解》）

☉ 什么官职最重要

春秋时期，卫国君主卫灵公问大夫史鱼："治政以哪一种官职最为重要？"回答是："刑狱官最重要。办理案件如果出现差错，处死的人不能活过来，砍断的肢体不能再接上，所以说刑狱官最重要。"

没多久，子路进见卫灵公。灵公把史鱼的话说给子路听。子路认为史鱼说得不对，道："军政官最重要。国家之间发生战争，两军对垒，军政官播鼓指挥战斗，一招不当，死者数万。致人死命是大过错，而害命如此之众，所以说军政官最重要。"

没多久，子贡进见卫灵公。灵公把史鱼和子路的话说给子贡听。子贡说："太没见识了！从前大禹跟有扈氏部族作战，对垒三场，有扈氏就是不服。于是大禹回军，实施教化，只过一年，有扈氏便请求归降。试问，消除了引发民众争斗的原因，刑狱官还办什么案？不摆设武器铠甲，军政官还擂什么鼓？所以说推行教化的官最重要。"（《说苑卷七·政理》）

⊙ 一比一万

晋国卿大夫中行寅（荀寅）将要出逃，把为他主持祭祀祷告的人叫来，打算加个罪名惩罚他。

中行寅说："你为我做祷告时，用于祭祀的牲畜不够肥大吧？祷告之前你的斋戒不够恭敬吧？正是你的缘故，我国破家亡，你怎么说？"

那人答："过去先君中行穆子只有简陋的战车10乘，却不因为实力单薄而发愁，担忧的是德行和道义的不足。如今您有漂亮的兵车100乘，从来不担忧德行和道义的欠缺，唯恐实力不够。于是便加紧修造车船，修造车船就要加重税赋，税赋加重了，民众就会不满，或公开指责，或私下诅咒。既然祷告可以使您的封国受益，那么诅咒也可以使您的封国受损，我一个人祷告，全国人诅咒，一个人敌不过一万个人，国家不灭亡才怪！"

中行寅满面惭愧。（《新序·杂事第一》）

⊙ 柔和之道

陆贾时时在汉高帝刘邦面前称道《诗经》《尚书》。刘邦听着心烦，骂道："狗屁！你老子是在马上打下的天下，哪里用得着《诗经》《尚书》！"陆贾争辩道："在马上得到天下，难道也可以在马上治理天下吗？商朝汤王、周朝武王都是逆上造反取天下，然而却顺势怀柔守天下。文武并用，才是长治久安的方法。当年吴王夫差、晋国执政大夫智伯瑶、秦始皇，都是因为穷兵黩武最后招致灭顶之灾。假如秦国吞并天下后，推行仁义，效法圣王，陛下今天哪能拥坐天下！"

刘邦面现愧色，说："请你试着帮我总结秦国所以丧失天下，而我所以得到天下，以及古代国家成败的道理。"于是陆贾大略阐述了国家存亡的征兆，共成文12篇。每奏上一篇，刘邦都称赞叫好，左右齐呼万岁。该书被称为《新语》。（《资治通鉴》卷12）

后来西汉天下被王莽葬送，刘邦后人刘秀南征北战，建立东汉政权。刘秀回到故乡南阳修茸先人墓园祭庙，设宴款待宗族。他的女性长辈们很是高兴，说刘秀打小就谨慎守信，与人交往不善应酬，只是一味遵守柔和罢了，不想今天竟能如此辉煌！刘秀听后大笑着说："我治理天下，也要推行柔和之道。"（《资治通鉴》卷43）

⊙ 推行教化的组织保证

东汉顺帝时，尚书令左雄上书说："郡太守、封国相和县令等官员中，政绩显著的人，可以就地增加官秩，不要调动；不是为父母守丧，不许离职。不遵守法令，不服从王命的人，应实行终身禁锢，永远不许为官，即使遇到赦令，也没有他们的份儿。对于受到弹劾而弃官逃亡不接受法办的人，应该将其全家流放到边郡，以惩戒其他官员。对于直接和民众接触的官吏，一定要选用家世清白、有从政能力的儒生来担任，减免他们的赋税，增加他们的俸禄。任期满后，丞相和州郡才可以征召保举。如果能这样做，就可以从途径上堵塞作威作福，从开端上断绝弄虚作假，从事务上减少迎来送往，从根源上止息横征暴敛，走正路的官吏就能够推行教化，全国各地的民众就能够各得其所。"（《资治通鉴》卷51）

⊙ 教化以人情为前提

东汉末年，丞相掾和洽对曹操说：人跟人不一样，各有各的才干，各有各的品德，所以不能只用一个标准来衡量人才。以过分的俭朴来约束自己是可以的，但用来要求别人，兴许就会造成失误。如今朝廷上的舆论是，官吏中凡是穿新衣乘好车的人就被指责为不清廉；而不修饰边幅身着破旧衣服的人，则被誉为清廉高洁之士。结果士大夫们收藏起车子，去掉装饰，故意弄脏自己的衣裳，有的高官甚至自己携带饭罐去府衙上班。

和洽说："树立榜样以供众人仿效，最好遵循中庸之道，这样才能坚持下去。如今一概提倡这些令人难以忍受的行为，用它来约束各个阶层人士，虽然可以勉为其难，实行于一时，但定然造成疲惫，绝不会长久坚持下去。传承教化，务必通达人情；凡是过分怪异的行为，一定包藏着虚伪。"

曹操认为他的见解很好。（《资治通鉴》卷66）

⊙ 曹操为什么不敢当皇帝

东汉末年，孙权上书向魏王曹操称臣，劝曹操顺应天命，即位称帝。曹操把孙权的信给大家看，说："这小子是要把我放在炉火上烤啊！"侍中陈群等人都说，曹操应该登基称帝。曹操答：

"如果上天要我做皇帝，我还是当周文王吧。"

司马光评论道："教化，乃是国家的紧急要务，而俗吏却不给与重视；风俗，乃是天下的大事，而庸君却放在一边。只有明智的君子，经过深思熟虑，才知道它们的益处之大，功效之深远。"

司马光从东汉光武帝刘秀说起，经过明帝、章帝，认为他们始终坚持以教化为政，广施恩德。到了和帝，开始出现乱政，但刘氏政权仍然能够延续，其原因就在于前代遗留的教化和德政已经深入人心。到了桓帝和灵帝，国政进一步恶化，董卓乘机夺权，袁绍等人借机向朝廷发难，逼得皇帝流亡，宗庙荒废，王室倾覆，百姓遭殃，汉朝的生命便结束了，无可挽救。然而就是到了这一步，那些手握重兵、割据一方的人，仍以尊崇汉朝为号召。司马光最后说："以魏王曹操的粗暴强横，加上所建立的巨大功业，尽管想当皇帝的野心一再膨胀，但直到去世，也不敢废掉汉朝皇帝，取而代之。难道是他做皇帝的欲望不够强烈吗？不是，是因为畏惧名义而不得不克制自己罢了。由此看来，教化怎么可以轻视，风俗又怎么可以忽略呢！"（《资治通鉴》卷68）

⊙ 一个都不少

隋文帝时，齐州行参军王伽押送犯人李参等70余人前往京师。走到荥阳，王伽见犯人实在辛苦，心生怜悯，便对他们说："你们这些人触犯了国法，披枷戴锁，固然是你们应得的惩处，但是牵累押送你们的人一块受罪，你们心里不惭愧吗？"李参等纷纷谢罪。于是王伽把犯人的枷锁全都卸掉，遣散押送犯人的士卒，与李参等人约好到达京师的日期，说如果你们延误或者逃跑，我只好代你们受死。说罢便离开犯人独自去了。

犯人们十分高兴，也非常感动，全都如期到达京师，一个都不少。

隋文帝听到这件事，非常惊讶，召见王伽谈话，不断地称赞他。接着又召见犯人，命令他们带着妻子儿女一起进宫，在殿堂赐宴，并赦免了所有罪犯。

文帝因此下诏说："凡世上之人，都有灵悟的禀性，都懂得善恶，明白是非。如果以至诚之心关怀他们，加以劝导，那么恶俗必定改变，人人都会走上善良的道路。以前由于海内动乱流离，德教废弛湮没，官吏没有慈爱之心，百姓存有奸诈之意。针对这种情况，朕打算遵循先圣的办法，用道义来感化子民。王伽非常理解朕的用意，诚心诚意地加以宣传教化；而李参等人感化醒悟，自己前往官府报到。这说明四海之内的百姓并不难以教化。要是让官吏都成为王伽一类的人物，庶民都向李参等人学习，摈弃刑律的日子不会远了！"于是提拔王伽为雍县令。（《资治通鉴》卷179）

☉ 动乱过后更需教化

经过隋末战乱，唐朝统一了天下。唐太宗李世民即位，与群臣商讨治国大计。太宗说：如今承接的是大乱之后的烂摊子，我担心百姓不容易教化啊。魏徵回答：不然。长久安定的百姓容易骄逸，骄逸则难以教化；经过动乱的百姓心怀愁苦，愁苦则容易教化。这如同饥饿的人急需食物，渴的人急需饮料一样。

封德彝不同意魏徵的看法，说：夏商周三代以来，人心逐渐走向浅薄奸诈，所以秦朝诉诸严刑酷法，汉朝以王道和霸道双管齐下，其实是想行教化而不能，哪里是能够推行而偏偏不去推行呢！魏徵一介书生，不识时务，空谈误国。

魏徵驳道：从前五帝、三王实施教化，对象没有改变，仍旧是原来的民众。黄帝征伐蚩尤，颛顼诛灭九黎，商汤放逐夏桀，武王讨伐商纣，都能恢复先前的太平盛世，难道承接的不都是大动乱之后的烂摊子吗！如果说古人淳朴，后代日益浅薄奸诈，那么到了今天，人们应当已经变为鬼魅了，君主还怎么能够继续进行统治呢！太宗最后听从了魏徵的意见。

贞观元年，关中地区闹饥荒，一斗米值一匹绢；贞观二年，全国出现蝗灾；贞观三年发大水。太宗勤于政事，安抚民众，百姓虽然东乞西讨，但没有多大抱怨。之后终于迎来大丰收，背井离乡的人们纷纷回归故里，一斗米不过三四钱，一年下来，犯死罪的只有 29 个人。东到大海，南至五岭，夜不闭户，旅人不带粮食，沿途自然有人供给。太宗对宰相长孙无忌说：贞观初年，大臣们上书都主张耀武扬威，讨伐四方。只有魏徵劝朕放弃武力勤修文教，认为中原安定之后，四方自然顺服。朕采纳了他的意见。如今突厥的颉利可汗成了朝廷俘虏，他的酋长们担任朕的带刀宿卫，民众受到中原文化的熏染，这都是魏徵的功劳啊，只是遗憾封德彝见不到了！（《资治通鉴·》卷193）

小结

教化看似教育，实则政治。故事中司马光对曹操不敢取代汉室的评论，透彻地说明了这一点。教化制造懂道理、知荣辱、守规矩的国民，这是社会稳定和政权稳定的最大要素。

教化把教育贯彻于政治之中，中国之所以能够传国久远，绵绵不绝，一个重大原因就在于始终将二者合而为一。教化投入少产出大，不需要多少物质手段便可以实施，是最省钱最经济的事业。

道通"导"，具有引导意义，教化起导向作用。这就涉及儒家学说的主旨，即成人。成人是一个人类学、社会学、哲学概念，这里的人是人之所以为人的那个人，也就是理念的人、本质的人、人格的人、理想的人，孔子把这样的人称为君子。儒家抱负很大，目标很远，所说的一切所做的一切，就是为了把个体人打造成君子。为政就是这样一个平台，如果比作铁砧的话，那么教化就是打铁的巨锤。正是通过一代又一代人的锻造锤炼，才有了体现于我们每一个人身上的中华民族的性格。中国历史是中国人的生成史，人类历史是人类的生成史，中国史是人类史的一部分。成人其实也是马克思的观点，他把历史进程看成是人向着人的本质生成的过程，是人类脱离动物界达到人的高度的过程，而共产主义就是这一过程的完成。

由此可以说，我们今天的工作仍旧是这个过程的一个片段，是中华民族的性格塑造的继续，是人的生成的继续。这不是一个是否如此的问题，而是自觉还是不自觉的问题，因为历史的逻辑就是这样的。认识到这一点，可以加深对当前实践意义的认识，增强自信，提高思想境界和工作境界。

我们必须看到，经济发展、技术进步、物质富足可以强壮我们的体魄，增进我们的智力，振兴我们的自信，但要达到丰满我们的灵魂，提升我们的精神，还必须诉诸思想文化。民族的复兴一定伴随着文化的复兴，硬件再好软件上不去也仍旧不能跻身先进行列。文化是民族的血脉，是人民的精神家园，是凝聚人心的力量，借鉴教化治政的历史经验，推进社会主义文化强国建设是非常必要的。其中社会主义核心价值体系建设是重中之重，正如党的十八大报告指出的那样，社会主义核心价值体系是兴国之魂。这是一项背靠历史、面向世界和未来的工程，它的实施必定焕发出巨大的正能量。

（二）示范

要义

　　关于为政的"政"，孔子有一个界定，即"政者，正也。"（《论语·颜渊》）政就是正的意思。教化体现的就是"正"。这就对各级官员提出了一个根本性要求，即作为教化的实施主体，自身必须"正"，以榜样的示范引导民众，所谓"其身正，不令而行；其身不正，虽令不从。"（《论语·子路》）官员自己行为端正，即使不下命令，民众也会自觉跟着走；官员行为不端正，即便喊破了嗓子也没人听。鲁国执政大夫季康子跟孔子商量：假如我通过杀掉那些不讲道义的家伙来端正社会风气，您看怎么样？孔子说：您治理国家，为什么一定非要用杀人的办法呢？您有心为善，百姓就会跟着做好事。执政者的言行举止就像是风，老百姓的表现就像是草，风吹过来，草一定顺着倒下去（《论语·颜渊》）。

　　这说的是官员给百姓作示范，同时官员也给官员作示范。北宋大儒程颢这样回答学生有关官吏的管理问题："正己以格物"（《近思录·处事之方》）。意思是端正自己来纠正别人。这大致分为两个方面，一个是一级给一级做榜样，上梁正了下梁自然正，这样一级一级地追上去，最后追到君主那里，归结为君主的思想意识，君主的心正了，天下就正了（《近思录·治国平天下之道》）；另一个是以

官吏中的君子做榜样，树立楷模，教育同仁（《近

思录·治国平天下之道》）。

故事

（汉画像石）禹

⊙ 大禹的眼泪

禹在苍梧山下遇到一个被绳索紧紧绑着的罪犯，禹抚摸着他的脊背，哭了。

禹有个助手名叫益，不解地问：这人犯了法，理应受到惩处，你却为他流泪，为什么呢？

禹说："社会治理得法，民众就不会犯罪；社会治理不得法，那些原本善良的人就会走上邪路，触犯刑律而遭受惩罚。我肩负着安顿天下的重任，现在竟然出现这样的事，说明我德行不够，不能感化民众，所以我才为这个人伤心落泪啊。"

《吴越春秋卷第六·越王无余外传》

⊙ 姬昌的裁决

商朝末年，虞国人和芮国人因为地界发生矛盾，双方争执不下，便派使者到周国请君主姬昌（后来的周文王）裁决。

两国使者进入周国疆界，见到人们相互推让，一问，原来是因为士大夫的职位。进入周国都城的城墙，又见到士大夫们相互推让，一问，原来

是因为公卿的职位。

两国使者互相看看，说："这里的百姓相互推让士大夫职位，这里的士大夫相互推让公卿职位，那么这里的君主也一定会与其他国家推让土地了。"就这样，他们还没有见到姬昌，已经就土地争端开始让步，重新划定地界，然后返回了各自国家。

对于这件事，孔子这样说："周文王的治国之道太伟大了！简直不可超越。用不着亲自行动就可以使事物发生改变，用不着做什么便大功告成，用自己的恭敬、谨慎和谦让来影响虞国和芮国，使它们自己化解争端。《尚书·康诰》中说的'要遵从文王的扬善抑恶'，讲的就是这件事。"（《孔子集语·卷六·主德》）

⊙ 紫衣服

齐国君主齐桓公喜欢穿紫色衣服，全国的人争先效仿，都以穿紫色衣服为时尚。结果搞得紫色布匹价格飞涨，5匹白布还不顶不上1匹紫布。

齐桓公为此深表忧虑，对管仲说："这么下去还了得，怎么办好呢？"

管仲说："您想制止这种情况，为什么不试着不穿紫色服装呢？您可以向人们表示对紫色的反感。如果有身着紫服的人进见，您就对他们说：'往后站一点，我讨厌紫衣的味道。'"紫布是用紫色染料染的，这种染料有特殊的气味。

齐桓公说："就这么办。"结果，当天齐桓公身边的人就没有穿紫衣的人了；第二天都城临淄就没有穿紫衣的人了；到了第三天头上，齐国境内就没有穿紫衣的人了。（《韩非子·外储说左上》）

⊙ 楚王问鼎

楚庄王率领大军讨伐戎人，到达洛水边上，就地举行阅兵仪式，炫耀武力。这里属于周王室领地，周天子定王没有办法，只好打发大夫王孙满前去慰问楚庄王。

楚庄王眼里根本没有周王室的权威，竟然问起了"九鼎"的大小轻重。九鼎是九只鼎，每只鼎代表一个州，九只鼎代表华夏九州。楚庄王询问九鼎，有取代周朝而占有天下的意思。

王孙满说："能否拥有天下，在德不在鼎。从前夏朝的君王有德行，远方诸国把各地的山川风物绘成图献给他，九州的长官也把金属献出来，夏王用它们铸造了九只鼎，把各地风物图案也铸在了上面，用来协调上下和睦以求上天的保佑。后来，夏朝的桀王失德于天下，被商朝的汤王推翻，夺去了九鼎，占有它600年之久。商纣王暴虐无道，被周武王推翻，九鼎归属周朝。这表明，只要具备德行，即使鼎很小，分量也很重；如果失去德行，即使鼎很大，分量也很轻。上天保佑有德行的王朝，但也不是没有限度的。现在周朝的德行虽然已经衰微，但上天的命令还没有最后收回。所以关于九鼎的轻重，您就不必询问了。"（《左传·宣公三年》）

⊙ 臧孙纥论盗

鲁国的盗贼越来越多。执政大夫季武子很是着急。

他找来司寇臧孙纥，责备道："您为什么制止不住盗贼？"臧孙纥说："盗贼根本制止不了，再说我也没这个能力。"

"怎么制止不了？"季武子不满地瞧了臧孙纥一眼，"鲁国四面边境守得严严实实，还对付不了几个盗贼？您的职责就是搞好治安，为什么说没有能力？"

"这应该问您。"臧孙纥说，"您是执政大夫，您把外边的盗贼放进来，给予很好的礼遇，我这个司寇能怎么办？"

季武子问："这话怎么说？"

臧孙纥答："邾国的庶其窃取了城邑，投奔您这里，您不仅容留他，还把国君的姑母嫁给他，又给他封地。就连他的随从都得到了奖赏，好一点的得到了车马，最不济的也是衣服和佩剑，这不是给盗贼以丰厚的礼遇吗？我听说，处于上位的人应该洗涤他的心，然后才能治理民众。上面不做的事，下面百姓做了，只要加以惩罚就没人敢再去做；上面做了的事，百姓也一定会照着做，要想禁止，办得到吗？"（《左传·襄公二十一年》）

⊙ 死而不朽

鲁国国君派叔孙豹出使晋国。

晋国执政卿大夫范匄（gài）问他："古人有句话'死而不朽'，应该怎么理解？"叔孙豹还没来得及张口，范匄就说："过去我的祖先就很伟大，在舜帝之前封地在唐，后来在陶，称陶唐氏。到了夏朝，因为善于驯龙，称御龙氏。商朝时被封在豕韦（今河南省滑县），称豕韦氏。周朝时在杜（今西安市东南）建立国家，后代称唐杜氏。在周朝衰落、晋国成为天下霸主的今天，我的封地在范（今河南范县），称范氏。所谓的'死而不朽'说的就是这种情况吧。"

叔孙豹笑了笑，回答说："就我所知道的，大夫您说的这些只能叫做俸禄在世代延续，谈不上不朽。我们鲁国先大夫臧文仲，人死了以后，生前言论一直在世间流传，这才叫做'死而不朽'呢。"

见对方不太明白，叔孙豹进一步解释道："我听说，顶好的是树立品德，其次是树立功业，再次是树立言论。如果一个人的德、功、言能够经受住时间考验，经久不衰，就可以说是达到了不朽。至于维护祖先姓氏，延续血脉，使家族宗庙香火不绝，什么地方都有，即便俸禄再高，也不能说是不朽。"（《左传·襄公二十四年》）

⊙ 身教的作用

齐国人特别喜欢驾车互相撞击轮毂取乐，屡禁不止，大夫晏子深为忧虑。

一天，他找了一辆崭新的马车上街跟人对撞，突然发话："撞击轮毂不吉利，我怎么做这种事？难道是由于我祭祀的时候缺乏恭顺，平常起居不恭敬，所以受到责罚吗？"说罢，丢下马车走了。自此以后，齐国再也没有人以互相撞击轮毂取乐了。

所以说：以法令制度加以禁止，要是自己不首先执行，民众是不会遵守的，要想转变人心，不如进行身教。（《说苑卷七·政理》）

⊙ 这是您的问题

赵简子率军攻打卫国。他在离敌城很远的地方指挥战斗，那里箭弩射不到，为防万一，还立起屏障和盾牌作保护。他手持鼓槌亲自击鼓，命令士兵前进，但鼓声响了半天，士兵却磨磨蹭蹭，没人奋发上前。赵简子失望地将鼓槌往地上一丢，仰天叹道："唉，晋国的士兵竟然糟糕到如此地步吗？"

外交官烛过听到了这句话，手执长矛走到赵简子面前，摘下头盔，说："这是您没能耐，士兵又有什么过错呢？"赵简子顿时变了脸色，说："我不委派别人指挥战斗，而是亲自上阵，你却说我无能，你现在必须给我讲清楚，否则砍掉你的脑袋！"

烛过说："先国君晋献公过去用的就是这些士兵，他即位才5年，就征服了19个国家。后来晋惠公即位，他沉溺于美色，秦国军队打过来，晋惠公出逃，跑到离国都70里的地方，用的也是这些士兵。晋文公即位的第二年，用勇敢来鼓励士兵，与楚军在城濮决战，五战五胜，包围卫国攻取曹国，威震天下，用的还是这些士兵。所以说，不是士兵做不到，而是君主做不到啊。"

于是，赵简子拾起鼓槌，从屏障和盾牌的后面走出来，挺身站在箭弩能够射到的地方，只敲了一通鼓，士兵就登上了城墙。(《吕氏春秋·贵直》)

⊙ 高赦为什么名列第一

春秋末期，晋国的权臣互相开战，智伯瑶率军将赵襄子（赵简子的儿子）围困在晋阳城中。

围困解除后，赵襄子论功行赏，奖励了五个家臣，高赦名列第一。张孟谈不服，问："晋阳的战事，高赦并没有大功，却名列赏赐的头一个，这是为什么？"

赵襄子说："晋阳之战，我的封国告急，社稷危在旦夕，我深为忧虑。此时，我的家臣中没有不对我傲然轻慢的，只有高赦没有忽视君臣之间的礼仪，所以他应该首先获得奖赏。"

孔子听说了这件事，评论道："赵襄子可以说是善于运用赏赐的人了。他奖励了一个人，天下那些当臣子的就不敢对君主失礼了。"(《吕氏春秋·义赏》)

⊙ 在德不在险

战国时期，魏国君主魏武侯乘船顺黄河而下，对吴起说："稳固的山河太美了，这是魏国的国宝啊！"

吴起答："国宝在于恩德而不在于险要（在德不在险）。当初三苗氏部落，东面有洞庭湖，西面有彭蠡湖，但他们不修德义，被禹灭亡了。夏朝君主桀所居住的地方，东边是黄河、济水，西边是泰华山，南面是伊阙山，北面是羊肠坂，但由于不实行仁政，被商朝的汤王驱逐了。商朝纣王的都城，东边是孟门，西边是太行山，北面是常山，南面是黄河，同样因为不施德政，被周武王杀了。可见，国宝在于恩德而不在于地利。如果国君您不修仁义，恐怕就是这条船上的人，也将成为您的敌人。"

魏武侯道："说得对。" （《资治通鉴》卷1）

⊙ 朝廷是天下的模板

西汉元帝年年进行大赦，然而效果并不好，为此咨询给事中匡衡。

匡衡认为，关键在于改变风俗。他说："朝廷对于天下，就像筑墙时使用的模板。"（夫朝廷者，天下之桢干也。）朝廷中出现恶言相向，下面就会产生争斗现象；上面有专横跋扈之士，下面就会有不谦让的人；上面有争强好胜之徒，下面就会产生伤害之心；上面有追求利益之臣，下面就会有盗窃之民；这是因为墙体是按照模板的样子造出来的。治理天下的诀窍，不过在于理顺这层关系罢了。教化的实施，用不着挨家拜访，也用不着见人就去劝说，只要贤良的人在位，能干的人尽职，朝廷尊崇礼制，文武百官互敬互让，大家共同推动道德发展，由内心到行动，从最近的人开始，使民众知道效法什么，善德就会在不知不觉中日益增进。《诗经》说：'商朝都邑很壮美，诸侯以它为楷模。'

而今我朝都城长安，天子亲自推行圣王的教化，然而风俗却跟远方没有多少差别，各郡和各封国的人来到长安，都不知道效仿什么，最后却学会了骄奢淫逸。这说明，上面是推行教化的根本，是改变风俗的枢机，恰恰是应该最先端正的。"（《资治通鉴》卷28）

⊙ 说容易也容易，说难也难

南北朝时，北魏高阳王拓跋雍受命前往相州任刺史。行前魏孝文帝告诫他说："作好一州之长，说容易也容易，说难也难。就是孔子说的，'自身行为端正，即使不下命令，民众也会走上正途'，所以说容易；还是孔子说的：'自身行为不端正，即使下令强迫，别人也不会听从'，所以说难。"（《资治通鉴》卷140）

⊙ 不孝子是怎样变成大孝子的

南北朝北魏孝明帝时，房景伯担任东清河郡太守。房景伯的母亲崔氏，通晓经学，明白事理。贝丘有一个妇人诉说自己儿子不孝，房景伯告诉了母亲。母亲道："我听说闻名不如见面，山民不懂得礼义，哪里值得深加责难呢！"于是找来这个妇人，同她对坐进食，命这个妇人的儿子侍立堂下，让他观看房景伯如何侍奉母亲吃饭。不到十天，这个儿子知错了，请求回去。崔氏说："他虽然在面子上觉得惭愧，但心里未必如此，还是继续留在这里吧。"又过了二十多天，这个儿子叩头要求回去，头都磕破了，他母亲也流着泪水乞求回家，这才放他们离去。后来这个儿子成了远近闻名的大孝子。（《资治通鉴》卷151）

⊙ 辛公义以身作则

隋文帝时，辛公义被任命为岷州刺史。岷州地区风俗不好，人们特别害怕疫病，一人患病，全家都躲得远远的，病人大多死亡。

辛公义下令将病人都抬到自己衙署的大堂内，当时正值夏日炎炎，送来的病人有好几百号，厅堂里和走廊上都躺满了。辛公义就在厅堂内铺设床榻，昼夜守候在病人中间，用自己的俸禄请医买药，亲自查问抚慰。每当有病人痊愈，就叫来他的家人亲戚，教育他们说："生死有命，哪里能互相传染！要是真的会传染，我早就死了。"病人亲属很是惭愧，拜谢而去。打这以后，凡是有人患病，都争着来到辛公义身边，他们的亲属也都要留下来看护他们，于是人们的关系开始变得和睦慈爱起来，一时风俗大变。

辛公义后来调任并州刺史。他到任刚一下车，便到监狱中坐在院子里，亲自一个个地审核询问囚犯。用了十多天，对犯人全部作出判决，遣送完毕后才回到衙署受理新案件。辛公义审案遵循当天判决的原则，如果没有处理完，而当事人必须暂时拘禁的，他就留宿厅堂，办不完事绝不回家。

有人劝道："处理公事都有一定程序，使君您何必如此劳苦自己！"辛公义说："作为刺史，我没有德行，不能使民众和睦相处而没有诉讼，又怎能把人关进大牢而自己在家睡大觉！"犯罪的人听到辛公义的话，无不深受感动，痛快地认罪。后来再有要打官司的人，乡里的父老便赶紧劝解道："这等小事，怎么能忍心再去烦劳使君呢！"于是人们大多以和解收场。（《资治通鉴》卷177）

⊙ 官员的样板

隋文帝时，雍州新丰县令房恭懿的政绩在三辅地区是最好的，文帝赏赐给他米和帛。每逢雍州官员前来朝拜，文帝见到房恭懿，一定把他叫到坐榻前，咨询治理民众的方略。文帝还对各州官员们说："房恭懿心系国家，爱护养育黎民百姓，这实在是上天和祖先保佑我朝。如果我无动于衷，没有表示，那么上天和祖先必定责备我。你们大家都应该以他为榜样。"于是提升房恭懿为海州刺史。

平乡县令刘旷坚持教化，以义理开导打官司的人，启发他们的羞耻心。监狱中因为没有犯人而长满了荒草，厅堂中因为没有人打官司而可以张网捕雀。尚书左仆射高颎荐举刘旷，说他的清名善政无人能比。文帝召见刘旷，给予慰问和鼓励，对侍臣说："如果不特别奖赏，拿什么劝勉广大官吏呢！"随即下诏提升刘旷为莒州刺史。

相州刺史樊叔略，因为政绩特别突出，文帝颁布玺书通告全国予以表彰，并召他入朝拜授司农卿。汴州刺史令狐熙政绩天下第一，文帝赐给他绢帛三百匹，将他的事迹布告天下。由于清官能吏的示范作用，当时的州县官员大多称职，百姓生活富庶。

即便对敌朝优秀官员，隋文帝也予以尊敬和重用。文帝攻灭南陈，陈国旧臣许善心伏在殿下哭泣，悲痛得不能起身。文帝看着左右的大臣们说："此人不忘故主，便是我的忠臣。"任命许善心以散骑常侍的官衔署理门下省。得到任用的还有陈朝原尚书令江总、尚书仆射袁宪、骠骑将军萧摩诃、领军将军任忠、吏部尚书姚察等。文帝称赞袁宪具有高尚正直的品德操行，在诏书中说他是江南士大夫的表率，任命他为昌州刺史。（《资治通鉴》卷 175 ~ 178）

⊙ 榜样的力量

唐代宗任命太常卿杨绾为中书侍郎（宰相）。杨绾生性清廉简朴，任命颁布之日，朝野相互庆贺。

总领天下兵马的重臣郭子仪正在宴请宾客，听说此事，当即将在座助兴的乐队减去五分之四。

京兆尹黎干喜欢排场，出行时前呼后拥，当日便动手裁撤，只留下侍从十骑。

中承崔宽的宅第宏伟奢侈，也赶紧拆除。（《资治通鉴》卷225）

小结

民本要由人来体现，民生要由人来实施，教化要由人来推行，榜样要由人来演示，这一切最后都要落实在治政者身上，所以人是为政的关键。在这里，君主也要修德，走德政道路，否则就是无道昏君，人民有权推翻他、抛弃他，就像古书上津津乐道的"汤武革命"一样——商汤王取代夏桀，周武王取代商纣，从而恢复德政。不仅德政的关键在于人，其他为政方式也是这样。理由很简单，制度、政令、法规是由人制定的，由人来执行，也由人来改变，人是万物的尺度，人不过硬，再好的制度也要打折扣。

由此可以说，有什么样的人就有什么样的政治。古人强调用人，注重把好选人关，突出德行的优先地位，根本原因就在于此。今天，干部仍然是为政的关键，思想上去了，作风上去了，能力上去了，就会造就清正廉洁高效的政治局面，推动各项事业的全面发展，做好坚持和发展中国特色社会主义这篇大文章。为此必须抓好党的自身建设，切实解决自身存在的突出问题，习近平同志通俗地称之为"打铁还须自身硬"。

打铁是一个寓意深刻的宏伟形象。老子曾用鼓动熔炉的风箱比喻天地万物创造的原动力，庄子干脆把造物主看成是一位捶打万物的铁匠。打铁具有造作的意味，用在政治上，就是打造中国的前途和人民的幸福。

"打铁还须自身硬"的"硬"最重要的是作风，包括思想作风和工作作风，脱离人民另搞一套，甚至贪污腐败，就会失去群众的拥护，举不起锤子打不动铁，作风决定着打铁的力量。没有打铁的力量，还当什么铁匠？所以"硬"看起来是个能力问题，其实是个身份问题、资格问题。群众就是这样认为的，在他们看来，那些搞腐败、搞形式主义和官僚主义、漠视人民疾苦的人，根本不配掌握公权。这些人当然不代表主流，但影响面极大，冲击着人们对党的执政地位的信念。上世纪五六十年代，没人怀疑共产党的执政党地位，因为党员干部始终与人民同呼吸共命运，他们来自老百姓，就是人民中的一员，身份很硬。由此可以说，人民性是资格认证的根本标准，放在这里，首先必须解决的是价值观，提高爱民意识，增强对群众的感情，树立以人为本的为政主旨。

三、法政

　　法在古代又叫刑。以法治政是为政的一种方式，简称法政，与德政一起构成治国理政的两大基本原则。用刘向的话说，这叫治国的"二机"。（《说苑·卷七·理政》）机，机枢、关键，意为治政的两大要害。对于二者的分工，孔子这样概括："道之以政，齐之以刑，民免而无耻。道之以德，齐之以礼，有耻且格。"（《论语·为政》）道，引导；齐，一致。是说，以政令来左右，以刑罚来管束，可以威慑民众不敢犯罪，但是不能使他们产生羞耻心。以道德进行教化，通过礼制来约束，可以使民众建立羞耻心，从而引导他们走上正路。

（一）效用

　　法政的地位问题，历来存在着儒法两种观点，简单地说，儒家认为法政附属于德政，而法家则反过来，认为法政优先。双方的分歧从哲学上说源自不同的人性论。儒家相信人性善，而且相信可以通过教育确保人性在善的轨道上发展，所以主张德政第一。法家坚持人性恶，认为任何手段都不能根本改变它，因此诉诸法政。尽管双方存在着种种分歧，但在最重要的一点上是一致的，就是都认为法政不可或缺。

1. 法政与德政

要义

　　在儒家看来，德政治的是本，法政治的是标；德政是事先预防，法政是事后惩办；德政主要用于太平社会，法政则是混乱时代的主角；德政造就的是自律，法政实行的是他律；德政的对象是好人，法政针对的是小人。总体上说，法政只有纳入德政的大盘子才有意义，它是仁爱的一种特殊表达，通过惩罚使人洗心革面，教育大众。所以刘向说："夫刑德者，化之所由兴也。"（《说苑·卷七·理政》）法政和德政都是教化的必然要求。这不只是学者的看法，当权者也常常这样理解。唐宪宗在敕书中就说："德与法两项，都是实行教化的重大举措。"（礼、法二事，皆王教之大端。）

故事

⊙ 法律也要贯彻仁爱

孔子有个学生叫高柴，字子羔，身材矮小，相貌丑陋。他在卫国当法官时，曾经判决过一个犯人，砍掉了他的脚。不久卫国发生动乱，有人来捉拿高柴，他仓皇出逃。跑到城门口，有兵把守，根本出不去。

正在四处踅摸，一扭脸，瞧见了那个犯人。那人指给高柴："那边城墙有一个缺口。"高柴说："君子不跳墙。"那人说："那边城墙有一个洞口。"高柴说："君子不钻洞。"那人叹了口气，说："这里有一间屋子。"高柴躲了进去。

追捕者没有发现高柴，走了。

高柴问那个人："我下令砍掉您的脚，因为我是法官，不能违反国家法令。现在我身处险境，正是您报仇的好时候，您不仅没有告发我，反而给了我3次逃跑机会，您为什么这样做呢？"

那人说："我被砍掉脚是罪有应得，没有什么好讲的。审判的时候，您把别人放在前面，把我排在后面，我以为您是偏向我。轮到判我的罪，定了砍脚的刑罚，您的眉头皱得老高，心情很是沉重。看见您的这副神情，我知道了您的心思，哪里是偏爱我？完全是出于君子的仁人之心啊。因为您具有君子的德行，我一定要帮助你逃跑。"

孔子听到这件事，说："这个官做得好！掌握了为官之道。心怀仁爱和宽恕就能够树立起恩德，而一味加强刑罚、迷信暴力，就会结怨于人。执行职务立足于公正，说的就是子羔吧。"（《孔子家语·卷二·致思》）

⊙ 德先法后

战国时期，魏文侯问李克："刑罚产生的根源是什么？"

李克这样回答："刑罚之所以产生，就在于人的不正当而过分的行为。凡是邪恶不正的心思都是由饥饿和寒冷引发的，凡是过分的追求都是由奢华造成的。人们一旦迷恋精美的食品，就会妨碍农事；一旦醉心于华丽的服饰，就会伤害织业。农事受到妨碍，大家就吃不上饭；织业受到伤害，大家就没衣穿。饥寒交迫而不产生邪恶心思的，从来没有过；互相攀比服饰的华美而不造成过分追求的，也从来没有过。"

李克望望魏文侯，继续说："如果君上不禁止诡诈技巧，就会导致国家贫困、民众奢侈。而国家贫困、民众奢侈则会使穷人产生邪恶之心，使富人产生过分追求，这等于驱赶民众走上邪路。而民众一旦走上邪路，国家便使用刑法去对付，惩罚而不给予宽赦，这等于设置陷阱。这就是刑罚起始的源头。然而可悲的是，君主不在根本上下工夫，却把力量用在法令这些细枝末节上，实行的不正是伤害国家的法子吗？"

魏文侯点头称是，把李克的意见作为治国的原则。（《说苑·卷二十·反质》）

⊙ 法律与人情

西汉哀帝和平帝两朝，卓茂在密县当县令。他把民众当做儿女，一心推行教化。曾有人上告一个亭长，揭发他接受了自己送去的米和肉。

卓茂问是不是亭长伸手要的？那人说是自己主动送的。卓茂问，那为什么还要上告？那人说，因为我害怕官吏，不得不送东西给他。卓茂说，你是个刁民！人之所以能够与禽兽相区别，在于遵循仁爱礼义，懂得互相尊重。而你眼里根本就没有这些。这位亭长我了解，一向善良，每年按时送他一点东西，是符合礼制的。

那人问，既如此，法律为什么禁止官吏收受东西呢？卓茂笑着说："法律规定的是准绳，礼制顺应的是人情。现在如果我用道理来教育你，你一定没有抵触情绪；如果我用法律惩办你，你一定手足无措！同一个县衙，就轻可以说理，从重可以杀头，你自己回去好好想想吧！"

卓茂上任之初，官吏民众都嘲笑他，邻县的人听说了他的所作所为也瞧不起他，上司也不信任他，还特地派人前去协助，加强工作。卓茂一点也不在意，仍旧按照他那一套办。几年下来，教化盛行，道不拾遗。朝廷上调卓茂为京部丞，密县民众无论老少全都流着眼泪跟随相送。（《资治通鉴》卷40）

卓茂
（清）张菊如 绘

⊙ 法律以情理为参照

东汉桓帝和灵帝两朝，几次以打击党人的名义清除异己，殃及他们的家人和族人。和海上书灵帝说："根据礼制，同曾祖而不同祖父的兄弟，已经分开居住，各有各的财产，恩惠情义已然很轻，即便从丧服上划分，也属于较远的宗亲。如今禁锢党人却扩大到这类亲属，这既不符合典章制度，也不符合正常法度。"灵帝看到奏章后猛然醒悟，解除了对党人这类亲属的株连。（《资治通鉴》卷57）

⊙ 法律的实施在于人

三国时，魏明帝厌恶华而不实之士，下诏强调一定要选拔有真才实学的人。朝廷官员就官吏考核发表意见。司隶校尉崔林说："《周官》作为考核官吏的法规，条例已经相当完备了。然而从周朝康王以后，就逐渐废弛，这说明考核官吏的法规能否发挥作用，完全取决于人。网上的孔目不张开，就要拉住它的纲绳；皮衣上的毛绒不整齐，就要抖动它的衣领。皋陶在舜帝的手下做事，伊尹在商朝供职，无德无能之辈便离得远远的。如果大臣们能尽到自己的职责，成为百官效法的榜样，那么谁还敢玩忽职守？不必一定依赖考核之法才能做到。"（《资治通鉴》卷73）

西晋时，武帝命令河南尹杜预依制考核官吏，决定其进退升降。杜预上奏说："在古代，官吏的进退升降并不不拘泥于法规，到了衰亡的时代，才诉诸详细周密的考核条文。尽管这些条文无所遗漏，然而却因为苛求细枝末节而违背了主旨，所以在各朝各代都行不通。现在还不如重申唐尧时期的旧制度，取其大而舍其小，去其细而从其简，使之易于遵循。要想说透事物的道理，彰明精神实质，全在于人本身；抛开人而诉诸法，就会以条文损害道理。"

（《资治通鉴》卷 79）

唐太宗时，一个叫李好德的人精神出了问题，对朝政胡言乱语，太宗下诏查办。大理承张蕴古以此人精神失常为由判处无罪。有人举报张蕴古徇私，太宗一怒之下杀了他。从此法官们便倾向于重判严判。过了一段时间，太宗觉得不大对劲，问大理寺卿刘德威："近来被判刑的人怎么比以前多了？"刘德威答："这里的关键在皇上您，而不在臣下。君主喜欢宽大，刑罚就会宽大；君主喜欢急办，案子会就会急办。" （《资治通鉴》卷 193～194）

⊙ 诸葛亮为什么不运用大赦

三国时期，蜀汉丞相诸葛亮去世，大将军费祎接替他主持政务，实行大赦。大司农孟光当众责备费祎说：大赦是一种偏颇的政策，就像是树木一半茂盛另一半枯槁一样，不是圣明之世适于实行的。只有到了社会极其衰败无路可走，实在迫不得已的情况下，才可暂且变通利用一下。如今主上仁德贤明，百官也都称职，并没有什么迫切之急需要施救而动用非常的恩典，以加惠那些为非作歹的奸恶之徒。

当初诸葛亮做丞相时，有人责难他舍不得运用大赦。诸葛亮回答说："治理国家靠的是大的德政，而不实施小恩小惠，所以汉朝的贤臣匡衡、吴汉不愿意实行大赦。先帝（指刘备）也曾说过：'我与陈元方、郑康成在一起时，常常听他们给我讲述治国之道，但是不曾提到过大赦。不同的是荆州刘表、刘琮父子，他们每年都实行赦免，然而对于国家的治理没有带来一点好处！'"由此蜀人称赞诸葛亮的贤明，知道费祎比不上他。 （《资治通鉴》卷 75）

⊙ 法律、道德各有各的对象

三国时，魏国的晋公司马昭杀掉了钟会。钟会的功曹向雄为钟会收尸。司马昭很不高兴，把他叫来，斥责道："从前王经死的时候，你哭于东市，我没有责问。如今你又给身为叛逆的钟会收葬，如果再容忍你，不是没有王法了吗？"

向雄辩解道："过去先王掩埋枯骨腐尸，仁爱施于遗骨，这样做的时候，难道是先确定其功罪然后再去收葬吗！现在作为王者的您，诛戮已经施加于钟会，从法度上说已经完成了，我有感于道义而收葬他，那么教化也就没有缺憾了。法度立于上，教化弘扬于下，以此来作为万物的法则，不是正合适吗。"司马昭听了很高兴，留向雄吃饭，聊了一会儿才送他走。（《资治通鉴》卷78）

南北朝时，北魏齐州刺史韩麒麟，为政推崇宽和。从事刘普庆劝说道："明公您身为封疆大吏，从来不肯杀人，凭借什么来显示威势呢！"韩麒麟说："刑罚是用来制止犯罪的，仁者在不得已的情况下才使用它。现今民众又没有犯法，为什么杀人呢？如果一定要杀人才可以显示威势，那就先拿你开刀！"刘普庆又羞又怕，赶紧起身走开。（《资治通鉴》卷135）

五代时，有人向后汉高祖刘知远报告说，幽州兵在大梁将发动兵变。刘知远进城，将1500名幽州兵全部杀死。后来，张琏率2000名幽州兵帮助叛臣杜重威。刘知远派人招降张琏，承诺不杀他。但在他投降后，还是被刘知远杀掉了，一同遇害的还有几十名将领和军校。再后来，杜重威又归降后汉，任太傅兼中书令，封楚国公。人们瞧不起这种反复小人，杜重威每次出入，路上的人常常朝他扔砖头，骂声不断。

司马光评论道：后汉高祖杀害无辜的幽州兵1500人，是不仁；

引诱张琏投降而又杀掉，是不信；杜重威罪大恶极却被赦免，是不法。仁用以团结大众，信用以执行命令，法用以惩罚奸恶，失掉这三者，拿什么守卫国家！他的皇位不能延续，完全是应该的！

（《资治通鉴》卷287）

⊙ 法政的价值在法律之外

东晋重臣、长沙桓公陶侃领军41年。他明智，坚毅，善于决断，见识高明，有洞察力，思维细致缜密，别人很难欺骗他。陶侃去世后，尚书梅陶在信中说："陶公神机妙算、明察秋毫如同魏武帝曹操，忠诚顺从、辛勤劳作如同蜀汉丞相诸葛亮，江南名臣陆抗等人根本比不上他。"太傅谢安经常说："陶公虽然强调运用刑法，但常常能够领会到刑法之外的意义。" （《资治通鉴》卷95）

⊙ 从根源上解决犯法

唐太宗与群臣商讨制止盗窃问题。有人提出只有加重刑罚方能奏效。太宗微笑着说："民众之所以沦落为盗，是由于赋税繁杂，徭役沉重，官吏贪婪索要，百姓饥寒交迫，所以便不顾廉耻了。我的主张是，应当去除奢移，节省耗费，减轻徭役，降低赋税，选拔任用廉洁官吏，使民众吃穿有余，自然就不去做盗贼了，何必诉诸严刑重法呢！"此后不过数年，天下太平，路不拾遗，夜不闭户，商人旅客可在野外露宿。 （《资治通鉴》卷192）

小结

古代的法政，不是就法论法，而是在德政的平台上设计法、实践法。之所以如此，根本的考虑依旧在于以人为本。主要有两点，一是法政必须为"成人"这个大目标服务，通过惩治来促进失足者转化，通过推行来教育广大国民，在这个意义上，它是教化的一部分或者说是教化的一种特殊形式；一是法政必须以道义为主旨，包括政令在内的举措一定要体现天理人情，否则就有可能沦为秦始皇式的苛政酷法。

这种人本主义法政是传统法政思想中最有价值的内容，体现着中国特色。如果说由于历史的局限，人本主义法政在古代不可能得到真正实施的话，那么在今天完全有条件成为现实，因为现在是人民当家做主的时代。我们的每一项决定和措施，不管是法律的还是行政的，都一定要贯彻以人为本，非如此不能取得民众的理解和支持。

2. 以法治理

要义

法政的必要性除了表现在它具有配合德政的效用外，还在于它的治理功能，社会的正常运转离不开法律。法家集大成者韩非总结历史经验，认为以往的成功在于奉行"以法为本"（《韩非子·饰邪》）。法家对法律的评价很高，认为它是"天下之程式也，万事之仪表也"

（《管子·明法解》）。法律是天下所有人都必须遵循的规则，是衡量人们所作所为的准绳。西汉文帝也这样看，说"法律是治理天下的标准"（法者，治之正也）。所以只有按照法律办事，社会才有秩序，为政才有依据；也只有遵循法治，才能避免落入人治的陷阱，始终坚持"任数不任人"（《韩非子·制分》）。

故事

⊙ 法政是怎样产生的

随着天地的形成，人类也跟着产生了。最初，人们只知道自己的母亲，不知道父亲是谁。那时通行的原则是热爱自己的亲人，追求私人利益。偏爱自己的亲人，人与人之间就会形成亲疏；追求私利，人就会心生邪恶。关系疏远而又心存不良，社会一定陷于混乱，人人都要想方设法地制服对方，竭尽全力地占有财富。

要制服对方就会发生争斗，要占有财富就会发生争执。发生了争执又没有一个正确的准则进行裁决，民众就不能正常地生活下去。这种情况下，贤人站出来了，为大家建立公正的准则，倡导无私，民众接受了这些。结果只是关爱自己亲人的意识被改变了，服从贤人的思想确立起来。凡是主张仁德的人，都把关爱别人作为自己的本分，而贤人也把举荐德才兼备的人来管理大家作为惯例。

然而问题又出来了。由于人口增加而财富有限，再加上缺少必要的制度，长期依靠贤人管理，社会再次陷入混乱。这时圣人站出来了，他顺应社会发展要求，明确了有关土地、财物、男女的归属权。但光有名分还不够，必须有相应的制度来保证，由此便制定了法令。但光有法令还不够，必须有执行法令的人来进行管理，由此便设置了官吏。但光有官吏还不够，必须有人来统一领导，由此便设立了君主。（《商君书·开塞第七》）

东汉末年，天下大乱。骑都尉田畴率领族人及追随者数百人躲进故乡幽州的徐无山中，在深山老林里找到一块平地，安营扎寨。他亲身耕作，奉养父母。不断有民众前来投靠，没几年便增加到5000多家。田畴对大家说："如今我们聚到一处，已形成村镇，但各自为政，没有法律约束，这样下去是不行的，不能保证长治久安。我有一个办法，愿意与诸位父老一起实施，可以吗？"大家回答："可以！"

于是田畴制定法律十余条，规定凡是杀人、伤人、偷盗以及恶意告状的，按照情节轻重给予惩罚，最重的处以死刑；接着又制定了婚姻嫁娶的礼仪和学校的授课内容，然后公布实行。人人都乐于遵守法律和礼仪，小天地井然有序，路不拾遗。北方边塞地区的人们都很敬服田畴的威望，乌桓、鲜卑部落也派人前来向田畴表示友好。（《资治通鉴》卷60）

⊙ 法政的高效率

古时候，历山一带的人相互侵占田界，舜到那里去耕田，结果一年后田界就恢复正常了。黄河边上的打鱼人相互争夺水中的高地，舜到那里去打鱼，一年后大家就谦让年长的人了。东方的夷人制造出的陶器不结实，舜到那里去制造陶器，一年后制出的陶器就耐用了。

孔子对此赞叹道："种地、打鱼、制造陶器本来不是舜的职责，但他却亲自去做，是为了拯救败坏了的风气，舜确实是真正的仁厚啊！以亲身示范而为民众作出榜样。所以说：圣人的品德能够感化人啊！"

风气不好，舜亲自去纠正，一年纠正一个错误，三年纠正了三个错误。然而，像舜那样品德高尚的人是有限的，同时人的寿命也是有限的，但天下很大，错误又时常出现，以有数的贤人以及有限的生命去应对不断发生的错误，纠正得过来吗？

赏罚才能收到雷厉风行的效果。如果颁布法令说：按照法律规定去做的给予奖赏，违背法律规定的遭受刑罚，那么法令早晨下达，到了傍晚错误就能够被纠正；法令傍晚下达，到了第二天早晨错误就能够被纠正；到了 10 天头上，全国范围内都会随之改变，哪里用得着等上一年？舜不是用法令使天下人顺从自己，而是亲自操劳，不是缺少治理智慧吗？况且，以自身受苦来感化民众，就是尧和舜那样的君主也难以坚持下来；而以法纠正民众，就是平庸的君主也很容易做到。现在却放弃平庸的君主都能够成功的方法，偏偏采用尧和舜都难以实行的方法，是不能治理好国家的。

(《韩非子·难一》)

鲁国有人焚烧草木，天起北风，火借风势，向南边蔓延过来，过不了多久就会烧到都城。国君鲁哀公很是害怕，打算亲自带人前往督促救火，但就是找不到人。大家都去追逐逃生的野兽去了，没人顾得上救火。哀公急得不行，向孔子求救。

孔子说："那些追逐野兽的人享受着乐趣却不受到惩罚，救火的人忍受着辛苦却没有奖赏，这就是大火不能扑灭的原因。"
鲁哀公说："不错，是这么回事。"孔子说："事情紧急，来不及进行奖赏，再说国家也赏不起那么多人。请同意只用刑罚。"

鲁哀公说："好。"

于是孔子发布命令："不去救火的人，按照投降逃跑的罪名治罪；追逐野兽的人，按照擅自闯入禁地的罪名治罪。"

命令发出后还没有传达到四方，大火就被扑灭了。（《韩非子》内储说上）

⊙ 刑罚也是一种善政

商朝的法律规定，凡是把灰烬倒在大街上的人要受到刑罚。子贡认为这条法令太重，前去问孔子。

孔子说："这才是懂得治理民众的道理呀。"

子贡不理解。老师一向主张仁爱，为什么反倒赞成严刑峻法。

（汉画像石）舜

孔子解释道："灰烬倒在街上，一定会四处飞扬，弄得别人灰头土脸。人无缘无故地蒙受灰尘，一定会心生怒气。人一生气就免不了要跟对方论理，搞不好就会发生争斗。一旦争斗起来，双方的亲人就会参加进来。所以往街上倒灰，危害的不是一个人，而是一群人，受到刑罚的惩处是应该的。再说，重刑是人们厌恶的，而不往街上倒灰是容易做到的。让人们去做容易办到的事，而不去遭受他们所厌恶的刑罚，这是治理民众的道理。"（《韩非子·内储说上·七术》）

东晋时，殷仲堪被任命为荆州刺史，东亭侯

王珣问他："德政以教化为要，仁政以爱人为要。如今您执掌国家重地，手握生杀予夺大权，免不了用刑杀人，恐怕有违于您一向坚持的主旨吧？"殷仲堪回答说："舜帝的法官皋陶制定刑律，不算不贤德；孔子担任大司寇，也不算不仁爱。"（《世说新语·政事》）

⊙ 孔子为什么诛杀少正卯

孔子代理鲁国宰相，上任 7 天就杀掉了大夫少正卯。

有学生问老师："少正卯这个人在鲁国很有些名气，先生您刚刚掌权就杀了他，该不会做错了吧？"

孔子说："坐下，我来说明杀他的道理。人的罪恶有 5 种，而盗窃不在其中，相比之下根本算不上什么。第一种罪恶，心智通达而用心险恶；第二种罪恶，行为怪僻而坚决果敢；第三种罪恶，话语虚假而能言善辩；第四种罪恶，深谙恶术而无所不用；第五种罪恶，同情邪恶而为虎作伥。一个人只要具备这 5 种罪恶中的一种，就无法逃避君子的讨伐。而少正卯不是只有一种罪恶，而是五毒俱全。他走出家门足以招降纳叛而聚众成党，他的言谈足以粉饰邪恶而煽动民众，他的能量足以形成逆流而独树一帜，这样的人是小人中的枭雄，不可以不诛杀。所以，商汤王诛杀了潘止，周公诛杀了管叔，姜太公诛杀了华仕，管仲诛杀了付里乙，子产诛杀了邓析和史付。这 7 个人虽然不处在同一个时代，但邪念恶心是相同的，绝不可以放过。《诗经》中唱道：'满腹忧虑多郁闷，小人作恶恨难平。'我不能眼睁睁地看着小人得志，一旦形成气候就更加难以治理了。"（《孔子集语·卷十二·事谱上》）

⊙ 一座城邑和一个逃犯

卫国有一个囚犯逃到了邻近的魏国，这人颇通医术，因为给魏国的王后治病，便被收留下来。

卫国君主卫嗣君知道了这件事，派人带着50金到魏国，请求赎回这个逃犯，一连协商了5次，魏国的国君魏襄王就是不同意。

卫嗣君增加了价码，将赎金提高到一座城，用一个叫左氏的城邑去交换逃犯。群臣和亲信都认为不值，说："用一座城邑去换一个囚犯，合适吗？"

卫嗣君说："这你们就不懂了，国政无小事。法令的权威不能确立，刑罚不能贯彻，即便有10个左氏城又有什么用？法令的权威得以树立，刑罚得到坚决贯彻，即便失去10个左氏城又有什么关系？"

魏襄王听到后，说："卫嗣君是真想把国家治理好，我要是再坚持下去，说不定会带来灾祸的。"就派车子把逃犯送了回去，而且没有收取赎金和城邑。（《韩非子·内储说上·七术》）

⊙ 以法令为师

西汉成帝时，薛宣曾经在多个郡担任过长官，留下了不少名声事迹。薛宣的儿子薛惠任彭城令，薛宣路经彭城，知道儿子没有什么能力，便不跟他谈政事。有人问薛宣："你为何不点拨儿子做官的道理呢？"薛宣笑着说："为官之道，以法令为师。怎样做官，学习法令便可以知道。至于能力如何，取决于天分，哪里是能教会的！"他的话很快传播开来，被认为很有见地。（《资治通鉴》卷30）

⊙ 法令的厉害

三国时，掌握魏国政权的司马师东征，任用李喜为从事中郎，李喜遵命到任。司马师问他："当年先父召您任事，您不肯到任；现在我召您来，为什么肯来呢？"李喜答："令尊大人以礼节对待我，所以我按照礼节来决定进退；现在您用法令来约束我，我害怕犯法，不敢不来。"（《世说新语·言语》）

东晋简文帝时，殷浩任扬州刺史。一天丹阳尹刘惔到外地去，太阳将要落山，便叫随从拿出行李准备住下。问他什么原因，回答说："刺史严厉，我不敢晚上赶路。"（《世说新语·政事》）

⊙ 两个梁彦光

隋朝时，岐州刺史梁彦光颇有政绩。隋文帝下诏书表扬他，还赏赐给他一束绢帛和一把伞，以勉励天下官吏；之后又调他任相州刺史。

梁彦光从前任职的岐州，民风淳朴，他走的是无为之治的路子。到了相州，他依然故我，结果把政务搞得一团糟。相州与岐州不同，民风险诈刻薄，人们喜欢争斗，热衷于打官司，见梁彦光好说话，便送他一个外号——"戴官帽的饴糖"。话传到文帝耳朵里，文帝便罢了梁彦光的官；一年后又想起了他，让他去赵州当刺史。梁彦光要求回相州，文帝答应了。相州的地痞和小吏听说好好先生又回来了，当笑话传，没人当真。

不想梁彦光到任后，雷厉风行，严格执法，审理案件，料事如神。地痞小吏纷纷逃窜，不是躲藏起来就是远走他乡。相州秩序大为好转。梁彦光趁热打铁，招揽人才，推行教化，相州风气大变，打官司的人几乎绝迹。（《资治通鉴》卷175）

小结

　　德政虽好，总有达不到的地方，总有解决不了的问题，这就需要法政，以惩治的手段强制人们遵从，所以即便是极力主张德治的孔子在从政实践中也离不开刑罚。不能说古人不重视法治，但重视得不够，所以法政始终是古代治理的一个薄弱环节。这种现象一直延续到近代，影响到现代，改革开放后才有了根本扭转。

　　中国是法治国家，实行依法治国，明确提出法治是治国理政的基本方式。然而由于缺乏法治传统和法律精神，在依法行政、守法经营等方面做得还很不够。生态环境、食品药品安全、安全生产、社会治安、执法司法等领域，违法现象时有发生，严重侵害民众权益。这与现代经济社会的发展要求不相适应，必须加以改变。这当然不是一朝一夕就能做到的，也不是个人和单个部门能够完成的，而是要通过建设社会主义法治国家来统筹解决。但对于公职人员来说，管好自己则是完全可以做到的，落实在工作上，首先要保证的就是依法行政。

（二）要求

1. 特点

要义

总结古人的认识，法律的特点可以概括为三个，即公共性、稳定性、平等性。关于公共性，韩非这样说："法者，宪令著于官府，刑罚必于民心"（《韩非子·定法》）。意思是法律出自国家，为民众所牢记。关于稳定性，韩非引用老子的"治理大国的道理如同煎小鱼"的比喻，主张"不重变法"（《韩非子·解老》)，也就是不推重经常变换法令。关于平等性，韩非说："法不阿贵，绳不挠曲。"（《韩非子·有度》)法律不偏袒地位高贵的人，墨线不迁就弯曲的东西。

故事

⊙ 三个人一样坏

这件事发生在春秋时期。一个叫叔鱼（羊舌鲋）的人担任晋国司理官的助理。司理官是负责刑法的官员。

大夫邢侯的封地紧挨着另一个大夫雍子的封地，两个人因为地界发生争执，官司打到叔鱼那里。叔鱼认定过错在雍子。雍子把女儿嫁给叔鱼，叔鱼立即改口，判决责任在邢侯。

邢侯大怒，在公堂上把叔鱼和雍子杀掉了。

执政大夫韩起（韩宣子）很是恼火，问大夫叔向［羊舌肸（xī）］怎么办？叔向是叔鱼的哥哥。

叔向说："这三个人都一样坏，应该同罪处理。杀掉活着的那一个，死了的那两个也不能放过，把他们的尸首摆在大街上示众。"

韩起有些拿不准，觉得似乎应该有所区别。

见对方犹豫，叔向解释道："雍子明知理不在自己一边，便用女儿去贿赂法官；叔鱼拿了人家好处，便徇私枉法；邢侯不是司法官，却擅自杀人，所以说他们的罪行是一样的。雍子那样的人，有罪却想获胜，叫做'昏'；叔鱼那样的人，贪婪而败坏自己名声，叫做'墨'；邢侯那样的人，凶残而随便杀人，叫做'贼'。夏朝皋陶制定的刑法规定，凡属'昏''墨''贼'的都应该处死。"

于是韩起下令杀掉邢侯，将雍子和叔鱼的尸体放在闹市上示众。

孔子听到了这件事，说："叔向的身上有着古人正直的遗风啊！处理国事、面对法律，不包庇自己的亲人，多次指责叔鱼的罪过，从不轻描淡写，完全合乎义的要求。虽然惩处了自己的亲人，但名声反而更好，这是遵从义的结果啊。"（《孔子家语·卷九·正论解》）

⊙ 法律是天下公器

西汉文帝时，张释之担任廷尉。文帝出行路过中渭桥，一个人突然从桥下跑出来，惊扰了驾车的马，文帝命令侍卫抓住他，送交廷尉治罪。张释之奏报说："此人违犯了清道戒严的规定，应当判处缴纳罚金。"文帝发怒说："这个人惊了我的驾，多亏马匹性子温和，要是换了别的马，我能不受伤害吗！可你却判他只交罚金！"张释之说："法，是天下人共有的。（法者，天下公共也。）按照刑律，这个案子就应该这样定罪；要是重判，法律就不能取信于民了。况且，当初发生这件事时，如果皇上命人将此人杀死也就罢了，但现在已经把他交给廷尉，而廷尉是掌握天下衡器的人，稍有倾斜，天下用法便会出现偏差，民众还怎样安放自己的手脚呢！请陛下深思！"文帝良久才开口道："你判得对。"

文帝的舅舅将军薄昭杀了朝廷的使者，按照法律，应该处死。文帝不忍心杀他，派公卿找他喝酒，想让他自杀，薄昭不肯。文帝便派群臣穿着丧服，到他家中大哭，薄昭这才自杀。司马光评论道：唐人李德裕认为，汉文帝杀薄昭，确实挺果断，却有损道义。春秋时期秦康公送晋文公返国，曾经发出这样的感叹：见到舅父，好比母亲仍然活在世上。何况当时文帝的母亲薄太后还健在，她只有这一个弟弟，文帝杀薄昭毫不留情，不是孝顺母亲的做法。我却以为，法是天下的公器（法者天下之公器），只有坚持法律，不分亲疏远近，没有回避遗漏，才能使所有人都不敢有恃无恐而触犯刑律。（《资治通鉴》卷14）

唐朝刚刚建立时，有一个不够判处死罪的人，唐高祖特别下令杀掉他。监察御史李素立劝谏道："法律条文写出来虽然只有三尺长，却是君王与天下人共同遵守的东西。法律一旦动摇，人们便会无所适从。陛下大业初创，怎么可以弃法而不顾！臣下我愧为司职法律的官员，不敢接受诏命。"高祖依从了他。（《资治通鉴》卷186）

唐太宗时，刑部尚书张亮被告发谋反，定为死罪。太宗派长孙无忌和房玄龄到狱中与张亮诀别，并传达太宗的话说："法，是天下的衡器（法者天下之平），我与你共同遵守。如今你自己不谨慎，与恶人交往，在违法中陷得太深了，如今还有什么办法！你好好地去吧。"（《资治通鉴》卷198）

五代时，后唐潞王李从珂起兵清君侧，朝廷派楚匡祚处置他的家人。楚匡祚杀了李从珂的儿子，还杀了他已经出家为尼的女儿。李从珂坐上帝位后，要把楚匡祚连同他的族人一起杀掉。韩昭胤说："陛下是天下人之父，天下人都是陛下的儿子，运用法律应该遵循至公无私的原则（用法宜存至公）。楚匡祚遵照朝廷指派，不得不那样做。现在要诛灭楚匡祚一族，不仅对死者没有益处，恐怕还会引起大家的反感。"于是李从珂把楚匡祚长期流放到登州。（《资治通鉴》卷279）

⊙ 歪曲法律罪大恶及

汉宣帝时，一些官吏任意办案。宣帝颁布诏书说："刑狱关系着万民的生命。只有能够做到生者不抱怨，死者不怀恨，才可以称得上是合格的官吏。如今却不是这样，有的官吏用诈使巧，玩弄法令，断章取义，随意解释条文，判决案件忽轻忽重，又不如实上奏，连我也无法了解真相，四方百姓还有什么仰仗、指望！二千石官员要严格管好各自属下吏员，不得任用这样的人。"（《资

张亮
（清）刘源 绘

唐朝穆宗时，柳公绰被任命为山南东道节度使，途经邓县，发现有两个官吏犯法，一个贪污，一个随意解释法律。大家都以为柳公绰要杀掉贪官，不想被处死的却是曲解法律的那个人。柳公绰宣判说："贪官虽然犯法，但法律仍在；而舞文弄墨曲解法律，则法律等于灭亡。"（《资治通鉴》卷243）

⊙ 刑罚的关键在于得当

刘秀建立东汉政权，太中大夫梁统上书，说西汉自元帝起，开始给死罪犯人减刑，形成惯例，结果搞得大家不尊重法律，百姓动不动就触犯刑律，官吏也把杀人案不当回事。梁统强调：我听说为君之道是以仁义为主旨，仁是爱人，义是坚持原则。爱人就要以除暴安良为目的，坚持原则就要以消除祸乱为中心。设置刑罚在于适中，不能偏轻。汉高祖承受天命，制订法令，确实都很恰当。文帝只取消了肉刑和连坐法，其余全都遵循旧制。到哀帝、平帝继位，丞相王嘉穿凿附会，肆意删减先帝的法律规章。希望陛下命令主管部门，仔细选择好的律令，制订一部不容更改的法典。刘秀把梁统的奏章交给公卿讨论。

光禄勋杜林上奏说：汉朝初兴时，废除苛政，四海之内欢欣鼓舞。等到以后，法令逐渐增多，连果桃、菜蔬之类的馈赠，都收集起来成为赃物，有些小问题尽管不妨害大义，也要判处死刑。结果发展到后来，上下互相掩护逃避，弄得有法不禁，有令不止。这才有了后来的删繁就简。

虽然大臣们的具体看法不一致，但都反对法律过宽或过严，主张以适中为宜。（《资治通鉴》卷43）

南北朝时，中书侍郎韩显宗上书北魏孝文帝，说："刑罚的要害，在于运用得当，而不在于加重。如果不让罪犯漏网，虽然施刑很轻，人们也不敢再犯；如果给罪犯留下侥幸逃脱的余地，虽然有夷灭三族的严刑，也不足以通过惩罚止住犯罪。"（《资治通鉴》卷139）

⊙ 法律不可轻易变更

东汉顺帝时，名臣李固上书说："先朝圣王制订的法令制度，后代君主应该坚决遵守，不管政事还是教化，一旦遭到破坏，一百年都难以恢复。《诗经》说：'上帝反反复复，百姓受尽劳苦。'用以讽刺周厉王擅自改变前人法令制度，致使下民深受其害。"（《资治通鉴》卷51）

隋朝建国，颁布新律令。纳言苏威屡次想修改其中一些条款，内史令李德林说："当初制定律令时，您为什么不说话？如今律令已然颁布实行，就应该严格遵守，如果不是严重侵害民众的条款，就不能更改。"（《资治通鉴》卷175）

唐太宗说："法令不可多次变更，多变则法令繁琐，官员不能都记全；同时又容易造成前后不一致，使官吏有空子可钻，以售其奸。今后变更法令，一定要谨慎从事。"（《资治通鉴》卷194）

⊙ 法律不徇私情

隋文帝的儿子秦王杨俊担任并州总管后，奢侈腐化，越制修建宫殿府第，被文帝免职。左武卫将军刘升认为杨俊不过是耗费了国家的钱财而已，应该得到宽恕。文帝说："国家的法律不可违背。"尚书右仆射杨素也认为对杨俊的处理过重。文帝说："我难道只是太子杨勇、晋王杨广、秦王杨俊、蜀王杨秀、汉王杨谅五个儿子的父亲，而不是天下百姓的君父吗？如果像你说的那样，为什么不专门制定用于皇子的法令呢？以周公姬旦的才能施政，尚且诛杀举兵造反的兄弟管叔、蔡叔，我比周公差得很远，又怎么敢徇私枉法呢！"后来，杨秀、杨谅也触犯刑律，先后死于刀下和狱中。（《资治通鉴》卷178～180）

唐太宗想用儿子李恪取代李治为太子，被长孙无忌劝住。事后太宗告诫李恪说："父子之间虽然属于至亲，然而一旦犯罪，那么天下的法令是不能偏私的。从前汉朝已立刘弗陵为帝（西汉昭帝），燕王刘旦不服，图谋不轨，大将军霍光一封便笺就要了他的命。做臣子的怎能不深以为诫！"（《资治通鉴》卷197）

唐高宗时，出身皇室的魏州刺史郇公李孝协贪赃枉法，被赐死。负责宗室事务的陇西王李博义上奏，说李孝协的父亲李叔良为朝廷而死，孝协没有兄弟，这一家恐怕要绝后了。唐高宗说："法律整齐划一，不以亲疏而不同，如果伤害百姓，就是皇太子也不能赦免。李孝协有一个儿子，何必担心没有人祭祀祖先呢！"李孝协在宅邸自尽。（《资治通鉴》卷201）

唐代宗时，四镇、北庭行营节度使马璘的部下有一个士兵，能拉开240斤的弓。他犯了盗窃罪，应当处死，马璘想免其死罪。三使都虞候段秀实对马璘说："将领有爱憎之情，就会执法不一，即使是古代良将韩信、彭越也不能够治理好军队。"马璘认为段秀实说得好，杀掉了那个士兵。（《资治通鉴》卷224）

小结

法律的三个特点可以归结为一个字：公。强调法律的公共性，是为了避免个人或一部分人对法律的占有；强调法律的稳定性，是为了避免利益集团对法律的操纵；强调法律的平等性，是为了避免特权对法律的欺凌。总之，法律是公器，不代表任何个人、阶层、组织、部门，属于全体民众，绝不允许以言代法、以权压法、徇私枉法；法律是最高权威，任何组织和个人都必须遵法守法，在法律范围内活动。

2. 执法

要义

法律能否起作用，最终要看执法，有法不依，再好的法律也是摆设。在执法环节上，最重要的是严明。韩非就是这样认识的，他说："夫凡国博君尊者，未尝非法重而可以至乎令行禁止于天下者也。"（《韩非子·制分》）意思是，凡是领土广阔、君主有权威的国家，一定是法律执行力强大的国家，能够做到有令必行，有禁必止。

故事

⊙ 君主犯法也要受罚

楚文王得到一种名叫茹黄的猎狗和系着丝绳的短箭，便跑到云梦一带去打猎，三个月不归；得到丹阳的女子，便沉溺于美色，一年不上朝听政。

当时的太保姓申，人们叫他太保申。他去见楚文王说："先王曾经占卜，任用臣为太保将会带来吉利。如今大王得到猎狗和短箭，到外面去打猎三个月不回来；得到了丹阳女子，纵情美色，一年都不上朝。大王的罪名应该受到笞（chī）刑的惩罚。"笞刑就是用鞭子或者棍子击打。

文王说："我从离开襁褓就列位于诸侯，请您换一种刑罚吧，不要让我受笞刑。"太保申说："臣继承先王的法令不敢违背。大王如果不受到笞刑，就是改变先王法令。臣宁可得罪大王，也不敢得罪先王。"楚王只好同意。

于是，太保申把席子拉过来，请文王趴在上面。他把五十根荆条捆成一束，跪下身子，把荆条放到文王的背上，接着又重复了一次，然后说："起来吧！"文王说："既然我已经背上了笞刑的名声，你就动手打吧！"

太保申说："臣听说，对君子要让他感到心灵的耻辱，对小人要让他感到皮肉的疼痛。如果耻辱仍旧不能使他改正，疼痛又能带来什么益处？"说完，就快步出宫，把自己流放到深渊之畔，并请楚王治他的死罪。

文王说："这本是我的过错，太保申何罪之有？"于是，楚王改正了错误，召回太保申，杀了猎狗，折断短箭，放还丹阳之女。

后来楚国兼并了三十九个小国,迅速发展成一流强国。(《吕氏春秋·直谏》)

☉ 他们为什么能够成为霸主

晋文公和楚庄王是春秋时期的两位霸主,有着相似的一段经历。

先看晋文公。文公重耳问大夫狐偃:"怎样才能让民众为我打仗呢?"狐偃回答:"使他们不得不去打仗。""怎样才能使他们不得不去打仗呢?"文公接着问。狐偃说:"有功必赏,有罪必罚。做到了这八个字,民众就一定会去为您打仗了。"文公点了点头,他明白了,这是要他运用法治手段。想了想又问:"实现刑罚的最高原则是什么呢?"狐偃答道:"刑罚不回避亲近和显贵的人,法律实施到所宠爱的人。"文公说:"好。"于是下令第二天去围猎,规定以日中为限,迟到的人按军法从事。

有一个大臣过了日中才到,这个人叫颠颉(jié),曾追随重耳出逃19年,忠心耿耿,重耳回到晋国继任国君后封他为大夫。执法官请求治颠颉的罪。文公难过得掉下了眼泪。执法官催促道:"请用刑。"文公摆了摆手。执法官斩断了颠颉的脊梁,并昭告民众,申明法律的信用。大家都说:"国君如此宠爱颠颉,还对他施加刑罚,对我们难道还能手下留情吗?"

文公见状,便发兵讨伐诸侯国,先后攻克了原国等国,在成濮大败强大的楚军,一下子建立了八项功绩。

再看楚庄王。楚国制定茅门之法,按照当时的规制,诸侯官室的大门分为三道,即库门、雉门、路门。雉门也叫茅门,以此门为界,门外为外朝,君主办公的地方;门内为内廷,君主居住的地方。茅门之法是关于外朝的规定,其中一条是:"群臣、大夫、诸公子进入官门，如果马蹄踏到屋檐下滴水的地方，执法官砍断他的车辕，杀掉他的车夫。"

太子入朝，车子驶得飞快，马蹄踏到了屋檐下滴水的地方。执法官二话不说，上前砍断了他的车辕，接着又一刀杀了他的车夫。太子大怒，进入宫殿见到楚庄王，哭诉一番，要求道："请杀了执法官。"庄王皱起眉，看着他说："法令，是用来敬守宗庙、尊崇国家的东西。因此，那些制定法令、遵从法令、尊敬国家的人，是朝廷重要的臣子，怎么可以杀害呢？那些违背法律、废弃命令、藐视国家的人，做的是臣子侵犯君主的事情。臣子侵犯君主，君主就会主失去威严；处于下位的与处于上位的较劲，上位就会受到威胁，一旦威严失去，君位遭到威胁，国家也就守不住了，到时候我拿什么留给子孙？"

于是，太子转身跑掉了，离开居住的房屋在外面露宿 3 天，面朝北方拜了又拜，请求庄王处以自己死罪。（《韩非子·外储说右上》）

⊙ 李离伏剑

李离是晋国掌管刑狱的官员，因为听信下属的一面之词而错杀了人，便判决自己拘禁并定为死罪。

国君晋文公对他说："官吏有上下级之分，惩罚有轻重之别。这个过错是你下面的官吏造成的，责任不在于你。"

李离说："管刑狱的官员中数我最大，不曾把权位让给下属；拿的俸禄数我最多，不曾把钱财分给大家。如今偏听偏信杀错了人，就把罪过推给下面，这样的事情我还没听说过。"不肯接受国君的命令。

文公说："照你这么讲，在这件事上我岂不是也要担当罪名吗？"

李离摇摇头，说："不然。刑狱官有法律管着，判错了案必须受到法律的追究，错杀了人必须以生命来抵偿。国君您因为我能够明察秋毫，断决疑案，才任命我掌管刑狱，如今错杀了人，按照法律，罪该当死。"

于是，李离伏剑自尽了。（《史记·循吏列传》）

⊙ 两个评价

鲁国法律规定：鲁国有人在其他诸侯国给人当奴仆。凡是出钱将他们赎回来的人，可以从国库里领取费用。

孔子的学生子贡是个巨商，走的地方多，而且很富有，他从别国赎回了鲁国人，但却再三辞让，不肯从国库中取钱。孔子听说了这件事，叫着子贡的名字发表意见说："赐的做法有过失，从今往后，鲁国不会再有人去赎人了。接受国库的钱，对人的品行并无损害；不接受国库的钱，反倒造成了没有人去赎人的后果。"

孔子的另一个学生子路，勇敢而仗义，他跳到水里救起一个落水的人。那个人送给他一头牛报答救命之恩，子路收下了。孔子听说了这件事，评论道："鲁国人一定会去解救落水的人。"

孔子的见解之所以如此透彻，是因为他的目光远大。（《吕氏春秋·察微》）

⊙ 王子犯法与庶民同罪

战国时期，商鞅在秦国实行变法。新法颁布一年，前往国都对新法表示不满的民众数以千计。在这种情况下，太子触犯了法律。商鞅说："法令不能顺利实施，就在于上面违犯。"由于太子是君位继承人，不能施以刑罚，商鞅便对他的老师公子虔行刑，在另一个老师公孙贾脸上刺字。第二天，秦国人无不遵从法令。新法施行10年，秦国路不拾遗、山无盗贼，民众勇于为国作战，不敢进行私斗，乡村和城镇秩序井然。（《资治通鉴·卷2》）

十六国时，后燕国主慕容盛下诏书说："法令规定，公侯如果犯罪，可以用金钱、布帛赎罪，这显然不能达到惩治罪恶的目的，完全是为贵族着想，于治国理政没有一点好处。从现在起，犯罪的人必须立功才能赎罪，不允许以金钱、布帛顶替。"（《资治通鉴》卷111）

⊙ 以其人之道治其人之身

韩国的国君韩昭侯对相国申不害说："法度实行起来实在是不容易啊。"

申不害说："也没什么难的。法度这种东西，其实不过是对有功劳的人给予奖赏，对有能力的人授予官职罢了。现在法度之所以难以实行，是因为您设立了法度，但又听从身边的人的请求，不能论功行赏，因能授职。"

韩昭侯点头说："好。现在我知道如何实施法令了，知道如何听取意见了。"

一天，申不害来见韩昭侯，请求委任他的堂兄一个官职。

韩昭侯看了他一会儿，开口道："这可不是您教给我的做法啊。我是听从您现在的请求，从而败坏您主张的治国原则呢？还是坚持您的主张，从而拒绝您现在的请求呢？"

申不害回去后，不敢住在正房里，请求国君处罚自己。（《韩非子·外储说左上》）

⊙ 圣王的境界

汉武帝遇事有决断，执法严厉，毫不留情。他妹妹隆虑公主的儿子被封为昭平君，娶武帝的女儿为妻，所以昭平君既是武帝的外甥又是武帝的女婿。

隆虑公主病危，进献黄金千斤、钱千万，请求以此为儿子赎一次死罪，武帝答应了。公主去世后，昭平君日益骄纵，醉后杀人，被逮捕入狱。廷尉请示武帝，侍臣们都为昭平君说话，提醒武帝遵守诺言。武帝说："我妹妹年纪很大了才生下一个儿子，临终前又将他托付于我。"说着，泪流满面，连连叹息。良久又说："法令是先帝制定的，如果因为这件事破坏法律，我还有什么脸面进入高祖皇帝的祭庙！又怎么对得起天下百姓！"他批准了廷尉的判决，处死昭平君。作了这个决定，武帝悲痛难忍，周围的人也悲伤不已。

（明刻）东方朔

这时待诏官东方朔上前表示祝贺，道："我听说圣明的君王治理国政，奖赏不回避仇人，惩罚不区分骨肉。《尚书》说：'不偏向，不结党，君王的大道平又直。'这两项原则，古代的五帝做到了，而夏禹、商汤、周文王这三王却没有做到。如今陛下您做到了三王做不到的事，天下幸甚！我东方朔捧杯，冒死连拜两拜为陛下祝贺！"武帝最初很恼火，听完东方朔的话，又觉得他说得对，遂提升他为中郎。（《资治通鉴》卷22）

⊙ 奉法不避

刘秀在更始帝手下做大司马时，一个年轻家仆犯了法，被军市令祭遵活活打死了。刘秀大怒，逮捕了祭遵。主簿陈副劝道："明公您时常要求各军纪律严整，现在祭遵执法而不回避，这是您的教导和命令得到了执行呀！"于是刘秀放过祭遵，让他担任刺奸将军。刘秀对众将说："你们应该小心祭遵！我的家仆犯法尚且被他杀了，他也一定不会偏袒你们。"（《资治通鉴》卷39）

东汉桓帝时，李膺任司隶校尉。当时宦官弄权，势力极大。大宦官张让的弟弟张朔担任野王县的县令，贪污残暴，害怕李膺找他的麻烦，逃回京都洛阳，躲在张让家的合柱中。李膺率领捕吏破开柱，逮住张朔，审后立即处决。张让向桓帝哭诉，桓帝急召李膺，责问他为什么不请旨就杀人。李膺回答："从前孔子担任鲁国大司寇，上任7天就杀了少正卯。我到职已经10天，常常担心因时日过久没有动作而无法交代，想不到竟会因为行动太快而获罪。请陛下再给我5天时间，等拿获元凶归案后再处罚我。"桓帝扭头对张让说："这都是你弟弟的罪过，司隶校尉有什么不是？"自此，所有宦官都规规矩矩的，连迈过宫门的门槛都不敢。

（《资治通鉴》卷55）

十六国时，前秦君主苻坚任命王猛为侍中、中书令，兼领京兆尹。强太后的弟弟、光禄大夫强德，骄纵蛮横，强抢他人的财物子女，危害百姓。王猛一上任就拘捕了他，没等奏章回复，便杀了强德，陈尸街市。苻坚见到奏章后连忙派使者前来赦免强德，但已经来不及了。接着，王猛与邓羌联手，数旬之内，杀死和罢免豪强权贵达20多人，朝廷震动战栗，奸猾之人连大气都不敢出，境内路不拾遗。苻坚叹道："我从今天开始才知道天下有法律了！"

（《资治通鉴》卷 100）

⊙ 法律是大信

唐太宗时，官吏中多有受贿者，十分令人忧虑，于是太宗便秘密安排身边的人去试探他们。刑部一个司门令史上了当，收受绢帛一匹，太宗要杀掉他。民部尚书裴矩劝道："官员接受贿赂，按罪固然应当处死；然而陛下指使人送上门去让其接受，这是陷害他人犯法啊，恐怕不符合孔子所说的'用道德加以引导，用礼教统一民心'的古训。"太宗高兴地接受了。

太宗提升戴胄为大理寺少卿。当时候选官员中不少人假造资历和出身，太宗令他们自首，否则处死。不久有人被揭露出来，太宗要杀掉这个造假者。戴胄上奏道："根据法律应当流放。"太宗发怒说："你倒遵守了法律，可却害我于失信！"戴胄答道："随口命令是出于一时的喜怒，而法律则是国家得以最大限度取信于天下的东西。陛下气愤于候选官员多有欺诈，所以声言杀掉他们，但是现在既然已经知道了这么做不合适，那么回到法律上进行裁决，就是忍住小气愤而保全大信用啊！"太宗回过劲儿来，说："你能够如此执法，我还有什么可忧虑的！" （《资治通鉴》卷 192）

⊙ 道德给法律让路

唐玄宗时，殿中侍御史杨汪处死张审素，把他的两个儿子以连坐罪流放岭南。他俩后来逃回长安，亲手杀死杨汪，在河南被捕获。人们大多同情他俩，认为父亲罪不当死，儿子年龄幼小便遭流放，他们有孝心，意志刚烈，能报杀父之仇，应该给予宽恕。中书令张九龄也想保住兄弟二人的性命。玄宗对张九龄说："出于孝子之情，为了道义而将自己生命置之度外，是值得赞扬的，然而不能因此而赦免杀人者，这个门不能开。"于是下敕书说："国家设立法律，目的在于制止凶杀。人人都有表达为人子的愿望，又有谁不是实践孝道的人？如果都去报私仇，还有个头吗！有法必行，就是孝道典范曾参杀人，也不可饶恕。这兄弟两人交由河南府以杖刑处死。"民众凑钱收敛了他们的尸体，安葬在北邙山。唯恐杨汪家人掘墓刨坟，假坟包做了好几个。（《资治通鉴》卷214）

小结

怎样才能做到执法严明？在韩非看来，这里的关键是保证执法的独立性，为此他主张任何人都不许干扰执法。他拿衡器和镜子打比方，说衡器被摇动就不能称量东西，镜子被晃动就不能映现东西。同样道理，执法受到干扰，就会影响公正性；没有了公正性，法律就失去了意义。执法面临的干扰多种多样，就像故事里讲的那样，不仅来自人和权势，还来自情、道德、观念、习俗、文化等，凡此种种，都是对严明执法的考验。

严格执法关系到法律效用的发挥，是法政中最重要的部分。我们今天制定的法律法规不可谓不多，宣传投入不可谓不大，但效果却不尽如人意，一个原因就是执法不给力。民众反映强烈的司法腐败，主要集中在执法环节上。严格执法意义重大，我们每一个干部，特别是司法人员，都应该有清醒认识，排除各种干扰，做到执法不走样。

四、善政

公元前1046年，武王姬发汇合各路诸侯革了暴君商纣王的命，建立了周王朝。两年后武王造访商朝名臣箕子，请教治国之策。箕子讲了九条，说是上天赐给夏朝开国君主大禹的，《尚书》把这九条称作"洪范"，意即最大的治国范式。其中最后一条叫"五福"，分别是，一寿命，二富裕，三康宁，四修德，五善终（"一曰寿，二曰富，三曰康宁，四曰攸好德，五曰考终命"），都是针对民众的，说的是延长他们的生命，增加他们的财富，保障他们身体健康安宁，提高他们的道德水准，最后使他们在平静中自然离开人世。箕子说，只要给民众这五项福分，就会得到他们的爱戴，政令就能畅通，江山就能持久，否则一定会像商纣王那样卷铺盖走人，最终落得国灭人亡的下场。可以说，"五福"就是对善政的具体描绘。善政又叫王政，它在"三王"之一的禹王那里首先得到明确。

儒家提倡"善风善政"（《孟子·公孙丑上》），什么是善？孟子说："可欲之谓善。"（《孟子·尽心下》）欲，需要。满足人们要求的就是善。就此而言，善政就是民众所欢迎的政治。

善政主要有两条，一是善待百姓，一是施益于民。

（一）善待

要义

善待百姓是个宽泛说法，包括诸如前面说的民本、民生、教化在内的所有好的施政举措都可以纳入其中，它的基本精神是治政者以慈爱之心对待所有国民，爱护他们的生命，提高他们的生活，引导他们积极向上。

故事

⊙ 一切照旧

周武王推翻了商朝，建立了周朝，如何对待殷商族人这一难题摆在了新政权的面前。

武王召见姜太公，问："殷商的士众应该怎样处置呢？"姜太公回答："我听说热爱一个人，同时也会喜欢落在他屋顶上的乌鸦；而憎恶一个人，同时也会讨厌他房子周围的篱笆。所以应该把殷商士众统统杀掉，一个不留，如何？"武王摇摇头，坚决地说："不行！"

武王召见召（shào）公。召公名叫姬奭（shì），是武王的弟弟。武王问："殷商的士众应该怎样处置呢？"召公回答："把有罪的杀掉，让没有罪的活下来，如何？"武王摇摇头，说："不行！"

武王召见周公。周公名叫姬旦，是周武王的弟弟。武王问："殷商的士众应该怎样处置呢？"周公回答："让他们居住在自己的宅院内，耕种自己的土地，一切照旧，不要因为朝代更迭而改变他们的生活。只要实行仁爱，就要亲近每一个人。百姓如果有什么过错，责任都在我一个人身上。"武王赞道："多么宽广的胸怀呀，足可以平定天下了！"（《说苑·贵德》）

（明刻）周公旦

⊙ 善人是天地的纲纪

郤（xì）氏是春秋时期晋国最有权势的家族，财产达到了国君家的一半，晋国6个军，3个军的主帅姓郤，分别叫郤锜、郤犨（chōu）、郤至，被称为三郤。主帅地位很高，是仅次于国君的卿大夫，不仅管军，也管政。除了三郤外，郤氏还有5个人当大夫。

三郤狂得没了边，看大夫伯宗不顺眼，便陷害他，安上个罪名把他杀掉了。又株连到大夫栾弗忌，还要杀害伯宗的儿子伯州犁。伯州犁出逃楚国。伯宗和栾弗忌都是好人，是有名的贤臣。大夫韩厥说："郤氏一族恐怕要大祸临头了吧！善人，乃是天地的纲纪，郤氏多次杀害善人，不灭亡还等什么？"

两年后，国君晋厉公杀掉了三郤。（《左传·成公十五年》）

南北朝时，梁国叛臣侯景作乱，围困京都皇城。徐悱建议武陵王萧纪立即前往营救。萧纪打算自立为帝，隔岸观火，憎恨徐悱多事。正好有人告发徐悱谋反，萧纪便把徐悱抓了起来，对他说："因为和你有些旧交情，我不会伤害你的儿子们。"徐悱说："我的儿子很像殿下，父亲有难竟在一边坐视不救，留下这些儿子又有什么用！"萧纪便把徐悱和他的几个儿子全杀了，还割下首级在集市上示众。同时被杀的还有劝阻他当皇帝的王僧略。永丰侯萧㧑（huī）叹息道："武陵王的帝业没希望了！善良的人是国家基础，事业尚未成功，先拿善人开刀，不灭亡还等什么！"（《资治通鉴》卷164）

⊙ 仁者得天下

战国时期，魏惠王去世，其子魏襄王即位。孟子前去拜见他。

襄王问："天下怎样才能安定？"

孟子答："统一才能安定。"

襄王接着问："谁能够统一天下呢？"

孟子答："不喜欢杀人的国君能够统一天下。"

襄王又问："谁愿意跟随不喜欢杀人的国君呢？"

孟子答："天下没有人不愿意。大王您知道禾苗的情况吗？七八月间遇上大旱，禾苗都干枯了。这时天上突然乌云密布，大雨滂沱，于是禾苗便蓬勃生长起来。这样的势头，谁能够阻挡！"

（《孟子·梁惠王上》）

⊙ 废除肉刑

西汉文帝时期，齐国太仓令淳于意犯了罪，依律应当处以肉刑。

他的小女儿缇萦上书朝廷，说："我父亲做官，齐国人都赞扬他廉洁公正，如今他犯了法，理应受到惩罚。然而让我深切悲痛的是，被处死的人不能复活，受刑被斩断的肢体不能再生长出来，即便有痛改前非的决心，也无路可走了，永远失去了重新做人的可能。我情愿进入官府当奴婢，以此来赎父亲的罪，换取他自新的机会。"

汉文帝看到了这封信，怜悯缇萦的孝心，下诏说："《诗经》云：'开明宽厚的君主，是爱护百姓的父母。'现在人们有了过错，不加以教育就处以刑罚，有的人想改恶从善，也没有可能了，真是令人怜惜啊！肉刑残酷，斩断肢体，摧残皮肉，使人终生无法生育，如此惨无人道，符合为民父母的本意吗！应该废除肉刑，用别的惩罚代替。再有，还应该规定，罪犯只要不从发配的地方潜逃，服刑到一定年限，就可以获得释放。"文帝命令有关部门修改法令。（《资治通鉴》卷 15）

此前，文帝已经在减轻刑罚方面做了不少事。他曾下诏说："法律是治理天下的标准。现在的法律对违法者本人进行惩罚后，还要实行连坐，株连到他无辜的父母、妻子、兄弟，以至于将他们收官为奴。我认为这样的法律十分不可取，现废除罪犯家属收官为奴等各种连坐律令。"（《资治通鉴》卷 13）

⊙ **对异族也要善待**

秦汉时期，南方蛮荒之地有两个越人建立的政权，一个叫闽越国，一个叫东瓯国。西汉武帝时，闽越王发兵包围了东瓯国都城，东瓯王派人向朝廷告急求援。武帝征询太尉的意见，回答是：越人相互攻击是常事，他们反复无常，秦朝时就被放弃，跟朝廷早就没关系了，不值得我大汉用兵。庄助不同意，说：现在只怕朝廷力弱不能前去援救，德薄不能给予保护，如果能够做到这些，为什么要抛弃他们呢！至于秦朝的所作所为根本不值一提，它抛弃的何止是越人，连都城咸阳都扔掉了！现在东瓯国走投无路，向朝廷告急，如果陛下您不出手援救，它还能指望谁呢？坐视东瓯国这样的小国遭难，陛下又怎么能使天下万国臣服呢！

武帝认为庄助说得对，派他前去组织援救。汉军尚未到达，闽越国的军队就撤走了。东瓯国请求内迁中原归顺汉朝。得到朝廷批准后，东瓯王率领全体部众迁往中土，被安置在长江和淮河之间。（《资治通鉴》卷17）

东汉明帝时，哀牢王柳貌率领属民5万余户归附汉朝。朝廷在原地设立哀牢、博南两县，铺设道路，修建渡口。工程艰巨，服役者作歌曰："汉德广大，开辟荒蛮，渡越兰仓，全为他人。"

（《资治通鉴》卷45）

唐太宗时，突厥颉利可汗部战败，兵民10余万人归附唐朝。他们南渡黄河，请求居住在胜、夏二州之间的地域，唐太宗答应了。大臣们有不同看法，认为太宗皇帝刚刚决定亲征辽东高丽，现在又将突厥人安置在黄河南岸，接近京师，恐怕会酿成后患。

太宗说："夷狄也是人，其人情与中原人没有多少差别。身为君主应该忧虑的问题是恩德能否施及百姓，而不应该对少数族群横加猜忌。只要勤施恩德，四方民族便可亲如一家；如果心怀猜忌，即使至亲骨肉也难免成为仇敌。突厥本是贫弱民族，我大唐接纳并且养育、保护他们，他们感恩戴德还来不及，怎么肯成为祸患呢？"太宗接着又说："你们想过没有，突厥人与薛延陀人习性大略相同，然而他们并没有向北投奔薛延陀，却南下归顺我们，可见其真情实意。"遂回头对褚遂良说："你掌管起居注，

记上我说的话：从今往后15年，可以保证没有突厥的祸患。"（《资治通鉴》卷197）

这类事情历史上数不胜数，以汉朝到唐朝时期居多。

⊙ 为什么把牛佩带在身上

西汉宣帝时，勃海郡及周边遭遇灾荒，盗贼并起，官府不能制止。宣帝任命龚遂为勃海太守，问他打算如何恢复当地治安？龚遂认为，勃海郡远离京师，教化落后，百姓困苦，而地方官吏却不加体恤，所以才造成乱局。龚遂问宣帝是打算镇压还是安抚？宣帝答，当然是安抚。

龚遂到达勃海郡界，官员派军队前来迎接。龚遂让军队回去，下达文书给所属各县，命令撤除所有负责缉捕盗贼的官吏。文书中说，凡是手持锄头、镰刀和其他农具的人，一概视为良民百姓，地方官吏不得进行刁难，只有手持兵器的才属于盗贼。之后龚遂单人独车前往官衙就职。盗贼们听说新太守的命令后，立即散伙，扔掉兵器弓弩，拿起镰刀、锄头，于是境内恢复了平静，民众重操旧业。接着，龚遂下令打开仓库，赈济贫苦百姓，同时选派品行优良的官吏安抚、治理各地，养护百姓。

龚遂发现当地风俗奢侈，人们喜欢经营工商业，不愿意在田间劳作。便从自己做起，勤俭节约，劝导百姓从事农桑，并按人口制定了种树和饲养家畜的数量。凡是遇见佩戴刀剑的人，龚遂便劝他们卖掉刀剑，用卖剑钱购买耕牛，用卖刀钱购买牛犊，说："你为什么把牛佩带在身上！"经过龚遂的劳苦奔波，勃海郡内各家各户都有了积蓄，刑狱诉讼也少多了。（《资治通鉴》卷25）

⊙ 不乘人之危

西汉宣帝时，汉朝宿敌匈奴发生内乱。群臣大都认为这是灭亡匈奴的绝好机会。宣帝下诏咨询御史大夫萧望之。

萧望之回答："《春秋》记载，晋国出兵征伐齐国，听说齐侯去世的消息，立即撤回。君子不乘敌国丧乱发动进攻，相信恩德足以使孝子心服，道义足以使诸侯感动。匈奴前任单于仰慕汉朝礼仪教化，一心向善，自称是汉的小弟弟，派使臣请求和亲，天下人无不感到欣慰，四方夷狄无不知晓。可惜的是，缔约尚未达成，单于被害身亡。此刻如果征伐匈奴，纯属乘人之危，匈奴肯定要向远方逃遁，我们很可能无功而返，还落下不义之师的恶名。明智的做法是，派使臣前往吊丧慰问，并解决他们的实际困难，于衰弱之中给予扶持，四方夷狄听说后，也会被中国的仁义所感动。假如匈奴在我们的帮助下能够渡过难关，一定会对我朝感恩戴德，称臣服从，这才是天子的盛德。"宣帝听从了萧望之的建议。（《资治通鉴》卷27）

东汉章帝时，臣服汉朝的南匈奴与北匈奴交战，南匈奴获胜，带着俘虏和牲畜返回。武威太守孟云报告说：北匈奴已经同汉朝和解，而南匈奴又去抢掠，北匈奴单于会说汉朝欺弄他，有可能进犯我朝边塞。为此他建议，让南匈奴把俘虏和牲畜归还给北匈奴。章帝命群臣会商，大家争执不下。最后章帝拍板，下诏说："江海所以成为百川的首领，是由于它的地势低下。汉朝受点委屈又有什么！况且北匈奴与汉朝已有君臣名分，他们言辞恭顺，年年进贡，我们怎能违背信用，自陷于无义？现命令度辽将军兼中郎将庞奋以加倍的价格赎买南匈奴捕获的俘虏和牲畜，归还北匈奴。"

（《资治通鉴》卷47）

⊙ 好生，圣人之大德

东汉明帝时，为了运送漕粮，朝廷治理滹沱河和石臼河。工程浩大艰巨，徭役繁重，河域一带的官吏和百姓苦不堪言，连年不能完工，死者无数。章帝即位后，任命郎中邓训主持这一工程。邓训经过考察测量，发现这个工程根本不可能完成，便如实奏明。章帝下诏，撤销了这一工程，改用驴车运粮。停工后，每年节省开支数以亿计，得以活命的役夫达数千人。（《资治通鉴》卷46）

南北朝时，北魏冀州刺史源贺上书，说国家受到南北两个敌国的挤压，防守吃紧，建议把罪犯发配到边界。他认为除了造反和杀人的犯人，其他诸如贪赃、盗窃之类的罪犯，哪怕是判了死罪的重犯，都可以得到宽恕，组织他们前往边界戍守。这样做既为罪人提供了新生的机会，又减轻了民众的徭役，使他们休养生息。国主文成帝听从了。后来文成帝对大臣们说："我采纳了源贺的建议，一年之内救活了许多人，边防兵力也增强了不少。你们大家要是都像源贺这样，我还有什么可担忧的呢？"（《资治通鉴》卷128）

唐朝武则天当政时，告密成风，奴婢常常告发他们的主人以谋取赏赐。皇嗣李旦的妃子窦氏遭到陷害，她的母亲庞氏很是害怕，家奴便给她出主意，让她夜间向神灵祈祷平安，而后家奴却出面告发，庞氏被判斩首。她的儿子窦希瑊（jiān）向侍御史徐有功申述冤情，徐有功通知有关部门暂缓执行死刑，上奏为庞氏作无罪辩护。武则天召见徐有功，责问他："你近来办案，不是重罪不办，就是重罪轻办，失误怎么那样多？"徐有功回答："重罪不办或者轻办，是做臣子的小过失；喜欢让人活着，是圣人的大德（好生，圣人之大德）。"武则天沉默不语。最后免除庞氏死罪，同三个

儿子一起流放岭南，而徐有功也遭到被削除名籍的处分。（《资治通鉴》
卷205）

⊙ 王法崇善，成人之美

东汉章帝时，居巢侯刘般去世，按规定应该由他的儿子刘恺
继位。刘恺声称遵从父亲的遗愿，将爵位让给弟弟刘宪，自己逃
走了。有关部门上奏，请求撤销其封国。章帝赞美刘恺的义行，
没有批准，可刘恺仍旧不肯露面。过了十多年，有关部门重提撤
藩之事。此时已经是和帝当政了。侍中贾逵上书说："孔子曾言：
'能够以礼让治国有什么难的？'有关部门不顾刘恺乐于为善之心，
循规蹈矩，照此办理，恐怕无益于弘扬礼让之风，造就仁厚之德。"
和帝采纳了他的意见，下诏说："王法推崇善举，助人完成美事。
（王法崇善，成人之美。）现准许刘宪袭爵。"同时征召刘恺到
朝廷做官。（《资治通鉴》卷48）

⊙ 罪犯的后人无罪

东汉安帝时，清河国相叔孙光因贪污受刑，同时判处他的子
孙两代禁止为官。后来居延都尉也犯了贪污罪，朝廷准备依照叔
孙光的先例进行惩处。太尉刘恺认为不妥，说："根据《春秋》
大义，对善行的回报应该延及子孙，对恶行的惩罚只应该限于罪
犯自己，目的是为了引导人们向善。如今禁止赃官的子孙当官，
以轻从重，让善良无罪之人感到恐惧，这不符合先王慎用刑罚的
本意。"尚书陈忠也站在刘恺一边。安帝下诏说："太尉的主张
是对的。"（《资治通鉴》卷50）

南北朝时，北魏俘虏了西凉人，便没入官府为奴，他们的家

庭即为奴户，奴户隶属官府，从事苦贱差事。北齐沿袭北魏的做法。北周灭掉北齐，国主周武帝决定改变这个惯例，下诏说："犯罪不能株连后代，是古代既成的法律。然而唯独从事杂役的犯人被排除在外，永远得不到赦免，如此无穷无尽地惩罚，还怎么执行正常的刑法！现在宣布，凡是这类杂户全部解放为民。"从此以后就没有了杂户。（《资治通鉴》卷173）

⊙ 不以刑罚相加

东汉顺帝时，张纲上书弹劾大将军梁冀，遭到忌恨。当时一个叫张婴的人率众叛乱，前后十余年不能平定。梁冀任命张纲为广陵郡守，派他去对付张婴。张纲没有率领军队，只乘一辆车子上任。他到任第一件事就是前往张婴大营，修书一封，要求会面。张婴见张纲确有诚意，出营相见。

张纲请张婴坐上座，说："过去的那些郡守大多贪污暴虐，致使诸位心怀愤恨，聚众起兵。太守确实有罪，但你们的做法也不合义理。如今皇帝仁爱圣明，打算以恩德招抚大家，所以才派我来，赐给你们爵位和俸禄，使你们荣耀，不愿意对你们施加刑罚，这实在是转祸为福的好机会。如果你们还是不肯降服，一旦天子震怒，荆州、扬州、兖州、豫州的大军将云集于此，那时大家身首分离，子孙灭绝。两种后果，何去何从，请认真考虑！"

张婴听后流下眼泪，说："我们是无知乡民，无力上通朝廷，忍受不了冤枉迫害，只好聚集在一起，苟且偷生，知道自己不过是釜中的游鱼，日子不会长久，不过是喘息一时罢了。今天太守来开导大家，正是使我们再生啊！"第二天，张婴率领一万多部众投降。

张纲亲自为他们安排住宅和农田，子弟中有想做官的，都做了妥善安置。人情和顺，南方州郡终于安定下来。一年后张纲去世，张婴等五百余人为他服丧，背土堆坟。（《资治通鉴》卷52）

⊙ 用刑不如施恩

东汉桓帝时，王畅出任南阳郡太守。南阳是东汉开国皇帝刘秀的故乡，有许多皇亲国戚和豪门大族，成为治理地方的一大难题。王畅一到职，便下狠手，皇亲国戚和豪门大族只要触犯刑律，一定严加惩办，常常派人拆毁他们的住房，砍倒树木，填平水井，铲平厨房炉灶。功曹张敞上书劝谏说："文翁、召父、卓茂等人，都是因为治政温和宽厚，从而流芳后世。拆毁住房，砍伐树木，是十分严厉的手段，尽管是为了惩治奸恶，但效果难以长久。我认为，与其一心用刑，不如推行恩德；与其一意惩恶，不如礼敬贤能。舜帝任用皋陶，邪恶的人自然远去。治理民众，靠的是恩德，而不是严刑峻法。"王畅深以为然，遂改弦易辙。（《资治通鉴》卷55）

十六国时，羌人吕光在陇右建立后凉政权。吕光与幕僚谈论治政，参军段业认为吕光施用刑法过于严峻。吕光说："吴起当年刻薄寡恩，楚国因此强大；商鞅当年刑律森严，秦国因此振兴。"段业说："吴起被杀身亡，商鞅全家遭到屠戮，都是因为他们残酷到了极点。明公您的事业刚刚开始，一心效法尧、舜恐怕还难以成功，怎么能去追随吴起、商鞅；这难道是百姓所期望的吗！"吕光肃然变色，感谢段业的这番忠告。（《资治通鉴》卷107）

隋朝建立，天下稍安，然而盗贼还很多。隋文帝下令，凡是偷窃一文钱以上的人都要绑缚闹市处死，暴尸街头示众。有三人偷了一个瓜，一起被判处死刑，立即执行。结果搞得人心惶惶，人们连家门都不敢出。实在受不了了，几个愣小子绑架了执法官吏，对他们说："我们不是盗贼，只为那些冤魂而来。现在你们传话给皇上，自古以来就没有偷窃一文钱便判处死刑的法律。你们要是不把我们的话传到，等下次再抓住你们，就没有这么便宜了，到时候要你们的脑袋！"话传到文帝那里，废除了这项法令。(《资治通鉴》卷178)

唐玄宗时，晋陵尉杨相如上书议论时政，说："法律贵在简明而又能令行禁止，刑罚贵在轻缓而又能坚决执行。如今陛下正在大张旗鼓地推行德治，广布新政，希望能将一切繁琐的法律条文革除掉，不纠缠小过失。不纠缠小过失就没有繁琐苛刻的法律，重大罪行不放过就能够制止奸佞，法令简明而难以违背，刑罚宽大而能够制止犯罪，这样的为政可以说是善政了（简而难犯，宽而能制，则善矣）。"玄宗看过后认为很好。(《资治通鉴》卷210)

陆象先是唐朝玄宗时的蒲州刺史。他为政宽厚简约，官吏和百姓如果犯有罪过，一般给予好言劝诫，然后让他们回去思过。一个官员对陆象先说："明公您不用刑杖，怎么能显示威风呢！"陆象先说："人性相近，这些人难道不理解我的话吗！如果一定要用刑杖来显示威风，那么就从你开始！"这个官员惭愧退出。陆象先曾对人说："天下本无事，庸人自扰之。为政如果能够做到正本清源，何愁天下不治！"(《资治通鉴》卷212)

⊙ 勿以恶小而为之，勿以善小而不为

三国时，蜀汉昭烈帝刘备病重，下诏给太子刘禅说："人活到50岁死去，不能称为夭折，我已经活了60多岁，没有什么遗憾的了，只是心中牵挂你们兄弟。要努力，再努力啊！不要因为

坏事很小就去做，也不要因为好事很小就不去做！（勿以恶小而为之，勿以善小而不为！）只有贤明和德行才会使人折服。父亲我德行浅薄，不值得你们效法。你要与丞相（诸葛亮）共同处理政务，对待他应该像对待父亲一样。"（《资治通鉴》卷70）

⊙ 不与百姓为敌

南北朝时，南梁的皇孙萧詧（chá）投降西魏，被封为梁王，与西魏军队一起进攻南梁的江陵，杀死梁元帝萧绎。西魏立萧詧为梁国皇帝，划出一块狭长土地给他做国土，命他驻扎在江陵东城。西魏同时在江陵西城驻军，进行监视。萧詧的部将尹德毅劝道："魏国人贪婪无比，本性残忍，杀害士人，抢劫百姓，犯下罪行无数。江东人民受到这样的灾难，都说是殿下您招致的。殿下既然杀了人家的父兄，让人家的子弟变成孤儿，现在人们都视您为仇敌，谁还肯为国家出力！"（《资治通鉴》卷165）

益州大都督窦轨上奏唐太宗李世民，声称当地獠民造反，请求朝廷发兵讨伐。太宗说："獠民居住在山林中，时常出来做些小偷小摸的事，这在他们已经习以为常了，谈不上造反。如果地方长官能够以恩信给予安抚，他们自然会顺服。岂可轻易动用武装，把治下民众当做禽兽一般捕杀！这难道是身为百姓的父母官应有的意识吗！"太宗最终也没有批准用兵。（《资治通鉴》卷192）

⊙ 人命至高无上

隋文帝派亲卫大都督屈突通到陇西检查牧场，发现各牧场竟然多出军马两万多匹，这些马匹均未登记入册。隋文帝怒不可遏，打算把掌管牧场的太仆寺卿慕容悉达以及各牧场监牧官一千五百人一并斩首。

屈突通进谏说："人命至高无上，陛下怎么能够因为牲畜的缘故一下子杀掉一千多人！臣将拼死相争。"隋文帝大怒，瞪起眼珠子怒骂他。屈突通叩头道："我愿意以自己这条命向陛下换取他们的性命。"隋文帝这才醒悟过来，对屈突通说："这都是由于朕不明事理，以至于荒唐到这步田地！幸亏有了你的忠言，才没有铸成大错。"于是赦免了慕容悉达等人的死罪，提升屈突通为右武候将军。（《资治通鉴》卷178）

唐朝武则天时，酷吏得势，草菅人命。万年县主簿徐坚上书说："古书记载，审案实行听词、听色、听气、听耳、听目等'五听'。我朝贞观年间规定，凡判处死罪必须经过三次复奏方可行刑。我看见近来朝廷有命令，对谋反者只要审出事实，立即处死。人命关天，死后不能复生，万一含冤，遭到灭族心怀怨恨却不敢出声，岂不令人痛心！这样做不足以肃清恶人和叛逆，不足以彰显法律的威力，却容易助长某些人擅权枉法，制造冤案和恐惧。希望能够杜绝这种做法，按制复奏再行刑。另外应该加强对法官的选择，任用那些执法宽大公平、百姓口碑好的人，斥退那些刻薄寡恩、不孚众望的人。"（《资治通鉴》卷205）

⊙ 百姓的安宁胜过强大武装

房玄龄上奏唐太宗李世民："我察看过朝廷府库中储藏的兵械，远远超过了隋朝。"太宗皇帝说："铠甲武器兵备，诚然不可或缺；然而隋炀帝的铠甲武器兵备难道不够充足吗！怎么样，最后还不是丢掉了天下！如果你们尽心竭力，使百姓在合理的环境下获得安宁，就是我的武器装备了（使百姓乂安，此乃朕之甲

兵也）。"（《资治通鉴》卷193）

⊙ 狄仁杰的疏导方针

唐朝武则天时，狄仁杰被任命为河北道安抚大使。当时这一带饱受契丹、突厥侵扰，不少百姓被迫屈从敌方。唐军收复失地后，他们又被扣上投敌的罪名，肆意凌辱。

狄仁杰上书武则天，认为百姓这么做是事出有因。主要是朝廷对这一地区的征调过重，贪官污吏趁机横征暴敛，借军事行动名义，采取囚禁、拷打等暴力手段逼迫百姓就范，造成家破人亡，逼得人们没了活路，生活毫无乐趣可言，于是便不再恪守礼义，沦落为无耻小人。追逐利益，苟且偷生，虽为君子所不齿，却是小人的行径。所以他们投敌是完全可以理解的。但官兵却不体谅他们的苦衷，收复城池后，劫掠他们的物资钱财，污辱他们的妻子女儿，他们遭受的痛苦比敌人统治下更厉害。

狄仁杰说："朝廷为了招抚分化敌人，尚且强调秋毫无犯，对自己的百姓，却如此严酷，真是让人悲痛！人就像水，堵塞它就成为湖塘，疏导它就成为河流，或塞或通都由形势而定，没有固定形态。现在这些被认为是罪人的人，离开家园，藏身草野山泽。赦免他们的罪过，他们便出来；追究他们的罪过，他们就与官府对抗。崤山以东的群盗，就是这样形成的。臣以为，边地冲突不值得忧虑，内地不安定才是大事。恳切希望朝廷开恩，特别赦免黄河以北各州百姓，一律不予追究。"

武则天下令照此办理。狄仁杰安抚慰问百姓，救济贫困。黄河以北终于安定下来。（《资治通鉴》卷206）

⊙ 王者之政，尚德不尚刑

唐宪宗时，李吉甫认为法治力度不够，建议加强刑罚。宪宗问李绛："怎么样？"李绛答道："王者的政治，崇尚的是道德而不是刑罚（王者之政，尚德不尚刑），怎么能够抛开周朝的成王与康王、汉朝的文帝与景帝的榜样，而去效法秦始皇父子呢！"宪宗说："对。"十多天后，于顿（dí）入朝奏对，也劝说宪宗实行严刑峻法。过了几天，宪宗对宰相们说："于顿是一个大奸臣，他劝朕实行严刑峻法，你们知道其中的用意吗？"宰相们都说："不知道。"宪宗说："他这是想使朕失去人心罢了。"（《资治通鉴》卷238）

⊙ 李重美的两个决定

五代时，石敬瑭与契丹联合进攻后唐，后唐兵败。消息传到洛阳，民众惊恐，城中百姓纷纷出走，想逃进山谷避难，却被把守城门的官兵堵在城内。河南尹雍王李重美说："国家多难，不能当好百姓的长官，又禁止他们去求生，徒增恶名，不如任随其便，事情平息了他们自然会回来。"于是下令打开城门，放百姓出去。于是民心稍定。

兵临城下，后唐末帝与曹太后、刘皇后、雍王李重美等人带着传国宝玺登上宣武楼，准备自焚。刘皇后叫人多堆薪柴，想把宫室一起烧掉。李重美劝道："新天子来了，不会露天居住，要是宫室毁于大火，必须重新修建，不知要耗费多少民力。我们死了，还要给民众留下怨恨，这有什么好处！"于是停止了焚烧宫室。（《资治通鉴》卷280）

⊙ 恶有恶报

五代后周世宗时，湖南发生大饥荒。此前这一地区曾建立楚国，由马氏统治。后周武清节度使周行逢打开粮仓赈济灾民，救活了许多人。周行逢出身卑微，知道民间疾苦，励精图治，严格无私，手下属官吏员，选择的都是廉洁方正之士，对他们的约束简单明了，自己的用度很是微薄。有人讥讽周行逢过于节俭，他说："马氏父子穷奢极欲，不体恤百姓，如今他的子孙在向人要饭，难道值得效法吗！"（《资治通鉴》卷292）

小结

善待百姓其实就是善待自己。孟子有句话说得极精辟："君之视臣如手足，则臣视君如腹心；君之视臣如犬马，则臣视君如国人；君之视臣如土芥，则臣视君如寇仇。"（《孟子·离娄下》）君主看待臣民如同手足，臣民就会把君主看成自己的腹心；君主看待臣民如同犬马，臣民就会把君主看成陌路人；君主看待臣民如同尘土、小草，臣民就会把君主看成强盗、仇敌。人们之间尽管存在着地位差异，但回报一定是对等的，所谓善有善报、恶有恶报，种瓜得瓜、种豆得豆。

善政有高低之分。比如政令和教育，都是实行善政的方式，但二者的档次很不一样。在孟子看来，好的政令就不如好的教育。为什么？因为政令再好，也是命令，属于强力，让人害怕，不得不服从。而教育就不同了，它通过攻心，使人自觉甚至本能地接受治理。"善政得民财，善教得民心。"（《孟子·尽心上》）好的政令得到的是民众的财富，好的教育得到的是民众的心。于是问题又回到前面说过的教化，对治政者而言，教化最大的功用就是维护政权的稳定。

（二）施益

要义

利益是政治焦点，各种错综复杂的矛盾最后都可以归结为利益分配。利益问题上最一般的也是最基本的关系是国家与民众的关系，这是主线，这个关系处理好了，其他关系就容易协调了。在这个问题上，儒家的态度很明确，就是从民本出发，主张施益于民，主要表现为两点，一个是减负，一个是让利。

故事

⊙ 君子之乐

范匄（gài）担任晋国的执政大夫，他利用晋国的盟主地位向诸侯国收取的贡赋很重，大家都吃不消，为此郑国君主在子西的陪同下到晋国商量贡赋的事。郑国执政大夫子产托子西带给范匄一封信。

信中说："自从您治理晋国以来，诸侯没有听到您的德行，听到的是索要很重的贡赋，对此我深感迷惑。我听说，国家和家族的领导者，首先要担心的不是没有财礼，而是没有好名声。好名声是装载德行的车子，德行是国家和家族的基础。基础牢固，国家和家族才不至于毁坏，作为国家和家族的领导者，难道不应该把注意力集中在德行上吗？

"有了德行才能平和快乐，有了平和快乐，运道才能够持久。《诗经》中唱道：'和乐的君子啊，是国家和家族的基丁。'说的就是这种情况吧！《诗经》中又唱道：'苍天在头上，不要有二心。'这说的就是好名声吧！以宽容来彰显德行，可以使人获得好名声，从而得到别人的拥戴。您是宁可让人说'我们靠着您而生存'，还是让人说'您榨取我们而肥了自己'呢？"

这番话让范匄明白了不少，此后他减轻了诸侯的贡赋。(《左传·襄公二十四年》)

⊙ 敲着大鼓讨伐他

大贵族季氏的财富已经超过了鲁国君主，但仍嫌不足，想用按田亩收税的办法聚敛钱财，派家臣冉求向孔子咨询。冉求是孔子的学生。

孔子当面没有回答，把冉求叫到一边，说："难道你不知道吗？先王制定的土地制度，以地力的肥瘠为等级，结合劳动力的强弱来收税，老少都考虑到了，丧偶的鳏夫、失去丈夫的寡妇、没有父母的孩子、丧失劳动能力的残疾人也都照顾到了，遇到战事还规定了收税的上限，先王以为这已经足够国家之用了。如果季氏打算依据制度办事，有周公制定的规则摆在那里。要是想违背制度，去做就是了，又何必来问我呢！"(《国语·鲁语下》)

冉求帮助季氏敛财，孔子对这个学生非常失望，伤心透了，对他的学生们宣布："冉求不再是我的徒党。"并号召大家"敲着大鼓讨伐他"。(《论语·先进》)

⊙ 为政之要

鲁国君主鲁哀公问孔子如何为政，孔子回答："为政之要就在于使民众富裕，寿命延长。"哀公问："怎样才能达到这一点？"孔子说："减轻赋税，民众就能够富裕，富裕就不会生事，不生事就可以远离罪罚，远离罪罚就能够长寿。"哀公说："要是这样，我就穷下来了。"

孔子说："《诗经》云：'和善平易真君子，为民父母敬又亲。'还从来没有见过儿子富裕而父母贫困的。"（《说苑·卷七·政理》）

⊙ 根据地

晋国执政大夫赵简子派尹铎去治理自己的封地晋阳城。尹铎问："是让晋阳的百姓像蚕茧抽丝那样为您提供赋税呢，还是把那里作为保障家族的根据地？""当然是根据地！"赵简子答道。

尹铎到了晋阳，减少了每户的赋税。

赵简子叮嘱儿子赵襄子说："家族一旦有难，你不要以为尹铎年轻，也不要嫌路途遥远，一定要去晋阳避难。"

赵简子死后，晋国的另一个执政大夫智伯瑶攻打赵氏。赵襄子打算出走，但拿不定主意去哪里。有人提议，长子城（今山西省长治市）离得近，城墙坚固，军备充足，可以去那里。赵襄子摇摇头，说："我驱使当地百姓筑城，搞得他们筋疲力尽，现在他们怎么会与我同心协力呢？"有人建议，邯郸城（今河北省邯郸市）的仓库充实，可以前往。赵襄子叹了口气，说："我为了充实仓库，榨取当地的民脂民膏，现在他们怎么会与我同心协力呢？"

去哪儿合适呢？大家都望着他。赵襄子想起了父亲的叮嘱，决定出奔晋阳。

智伯瑶率大军包围了晋阳，掘开汾河，引水灌城，老百姓的锅灶都泡在水中，蛤蟆跳上锅台，但没有人背叛赵氏。（《国语·晋语九》）

⊙ 闭心不闭门

战国时期，公仪休担任鲁国的国相。鲁国君主去世，他身边的大臣提出关闭城门。公仪休说："没必要！水中的产品我不收税，山中的产品我不征赋，严刑苛法我不发布，我已经把不安分的心关闭了！何必再关闭城门呢？"（《说苑·卷七·政理》）

⊙ 只要可能就减轻税负

东汉政权建立后，天下逐渐安定下来。光武帝刘秀下诏说："前些年战事不息，国家经费不足，所以按十分之一收税。如今粮食储备增多，从现在起，各郡、各封国收取现有田地的税租，按三十分之一征收，恢复原来的制度。"（《资治通鉴》卷42）

隋文帝时，有关官吏上奏说："国家的府库已经全堆满了，财物没有地方存放，只好堆在府库外的厢房里。"文帝问："我对百姓征收的赋税很轻，又曾经拿出大量财物赏赐有功将士，怎么府库还会满得放不下东西呢？"回答是："因为每年的收入都多于支出，即使每年用于赏赐和日常支出的钱财达到数百万段布帛，府库所藏也不会减少。"于是文帝下诏说："粮食布帛宁可积蓄于民，也不要储藏于国库。今年河北、河东地区的田租减征三分之一，军人应缴纳的份额减征一半，全国各地今年刚成年的男子应该缴纳的租税全部免除。"（《资治通鉴》卷178）

五代时，江南有个国家叫吴越国，它有一位国主叫钱弘佐，

（明刻）光武帝刘秀

此人温和谦恭，喜读书，勤政务，礼贤下士，明察秋毫，官吏很难欺瞒他。当时有个百姓进献嘉禾，钱弘佐询问负责仓库的官吏，储存的粮食有多少？回答是足够用 10 年。钱弘佐说："这么看军粮是够了，可以对我的民众宽松一些。"便命令免除境内 3 年税负。（《资治通鉴》卷282）

也是五代，后周实力雄厚，周世宗打算统一全国，出兵征伐后蜀政权。平息蜀地后，世宗下令在秦州、凤州、阶州、成州境内实行特赦，被俘虏的将吏士兵，愿意留下的给予优厚俸禄，愿意离去的送给路费和衣服。诏书说：为政一定要顺应民众的情绪，避免违背事物的本性。这四州的百姓，除了夏税、秋税外，凡是后蜀政权设立的所有赋税徭役，一律取消。（《资治通鉴》卷292）

⊙ **一枚大钱**

东汉桓帝时，刘宠在会稽郡当太守。他删繁就简，废除苛捐杂税，严查官吏的不法行为，郡内大治。朝廷征召刘宠去京都洛阳任职，所属山阴县有五六位老翁从山谷里赶来见他。他们每人身带 100 个钱，准备送给刘宠当路费。说："我们都是山野鄙陋之人，从来没有见过太守大人。只知道别人担任太守，官吏到民间征发赋税和徭役，从早到晚，络绎不绝，狗叫声响彻通宵，百姓就没有过过安宁日子。自从您下车到任，狗在晚上再也没有叫过，村镇中也见不到官吏。幸运啊，我们垂暮之年遇到了圣明的太守。听说您要舍弃我们离开这里，我们互相搀扶，特来为您送行。"

刘宠回答："我的政绩，哪里有你们夸奖的那么好！各位父老辛苦了！"他从每位老人那里取一枚大钱收下。（《资治通鉴》卷54）

⊙ 先民后官

刘备占领成都，有人建议将城中有名的田产和住宅分配给诸位将领。赵云劝道："霍去病曾说，匈奴尚未消灭，不应该考虑自己的家业。如今国贼远非匈奴可比，我们不能贪图安乐。等到天下都安定以后，将士们重归故里，在自己的田地上耕作，才会各得其所。益州的百姓，刚刚遭受兵灾战祸，土地、田宅应该归还给原来的主人，使民众平安居住，恢复百业，然后才可以向他们征发兵役，收取税赋，获得他们的好感；而不应该夺取他们财物，以满足自己所宠爱的人。"刘备接受了赵云的意见。（《资治通鉴》卷67）

⊙ 聚敛之罪重于盗窃

南北朝南齐武帝时，西陵戍守主官杜元懿上书，说西陵牛埭的税收数目，朝廷规定的是每天3500钱，而他发现，这个数目可以增加一倍。杜元懿请求由他来管理牛埭，加上他原来管辖的渡口和堤坝，除了保证原来上交的税金外，每年还能够多交400多万钱。

齐武帝把这项建议交付会稽郡讨论。会稽行事顾宪之认为：设立牛埭的初衷，并不是为了收税，而是由于江上风大浪急，行船危险，出于救险的考虑才设置这个渡口。然而具体负责的官员却没有真正领会这一意图，片面追求政绩，切断其他道路，只留下这一个关口，有的官员甚至对江上没有装载货物的船只也征税。

顾宪之说，现行的税收标准已经偏高，前些时候有人提出修订税率，这个问题尚在讨论之中，如今却又要成倍增加税收，这是怎么回事呢？陛下仁慈，怜悯百姓，提出开仓济民，免除田赋和其他杂税。可是这个杜元懿却贪图眼前小利，进一步加重民众的困苦。一个没有仁爱之心的官吏，无论在古代还是今天，都是百姓所不齿的。一旦采纳杜元懿的办法，如果照章征收达不到预定目标，他害怕朝廷责问，一定会千方百计地勒索百姓，这样必为朝廷招来怨恨。杜元懿秉性刻薄寡恩，他以前的作为就是明证，要是再把一个地方交给他，那就好像是让狼去治理羔羊。古书上说："与其有搜刮钱财的臣子，还不如有偷盗资产的臣子。"这是说，偷窃国家财产所造成的损害要小些，而搜刮民财所造成的伤害更大。我听说为政讲究方便适宜，所谓方便是对国家而言，所谓适宜是对民众说的。朝廷的政策如果对民众不适宜，那么最终对国家也不会方便。

武帝听了顾宪之的话，否决了杜元懿的建议。（《资治通鉴》卷136）

也是南北朝时期，北魏御史中尉王显对治书侍御阳固说："我当太府卿之时，府库充盈，您以为何如呢？"阳固回答："大人把百官的俸禄扣去四分之一，各州郡收缴的赃款和赎金，也一点不剩地运到京师，一概入库。由此而充实府库，怎么能够说得上是充实。况且，人们说'与其有聚敛之臣，还不如有盗窃之臣'（有聚敛之臣，宁有盗臣），怎么可以不引以为戒呢！"王显听了很不高兴，找个茬子参了阳固一本，罢了他的官。（《资治通鉴》卷147）

⊙ 禁止还是放开

南北朝北魏宣武帝时，朝廷撤销了盐池禁令，盐池的利益被富豪们夺取，于是朝廷又恢复了禁令。

御史中尉甄琛上表说：《周礼》设立专门负责山林川泽的山虞、林衡、川衡、泽虞等官职，制定这方面的严厉禁令，是为了使百姓在规定的时令内获取产品，而不滥伐滥取。一家之长必须抚养他的子孙，天下之君必须惠养他的百姓，没有做父母的吝啬酱醋，做天子的吝啬资源的。如今朝廷独霸河东的盐池而坐收其利，这是专奉口腹而不顾及四肢。天子富有四海，何必忧患贫穷！乞请放开盐禁，与民共享其利。

录尚书事元勰和尚书邢峦不同意，上奏说：甄琛的话虽然动听，但根本行不通。自古以来善于治政的君主，有张有弛，如果对百姓放任自流，就是把百姓当做畜生野狗，还要君主干什么？圣王之所以掌握山泽资源，收取关市税赋，是因为农田只征收十分之一的税，不足以供应国家的耗费，山泽资源的收入最后还是用在了国事上，这是利用天地的出产施益于天下万民。朝廷禁止私人采盐已经很长时间了，集中起来的收益，主要是用于维持国家和军队的开支，并不是为了满足皇家享用。既如此，是让民众获利还是让国家获利都是一样的。其实引起百姓抱怨和商贩非议的原因并不在于是否禁止私人开采，而在于管理无方。只要官吏加强责任心，严格执行法令，就会平息民怨。

宣武帝最终采纳了甄琛的建议，撤销了盐池禁令。

然而没过多久，又出现了豪强霸占盐池的现象。孝明帝即位后，太师元雍等人上书要求恢复盐池禁令。他们说：盐池是上天赐予众生的宝藏，而不是只为了少数个人，为此制定了禁令，绝非与百姓争利。这是因为，大家都想通过开采盐池来获利，取用也就失去了法度，或者被豪门贵戚所独有，或者被附近的百姓所独占，那些贫困体弱者和远道而来者只能望池兴叹。于是朝廷就设置了主管部门，由它来裁决、督察采盐事务，使强者和弱者都一样，务必使大家都得到收益。先帝采纳甄琛的建议解除了盐池禁令，结果盐池被环池而居的刁民尉保光等人强占。据说他们设立的限禁，比官府的限禁还要严厉一倍，可否开采，价格如何，全由他们说了算。恳请按照从前的做法禁止私人采盐。

孝明帝接受了这一建议，诏令禁盐。（《资治通鉴》卷146～148）

⊙ 把弓弦放松

南北朝时，苏绰任西魏大行台度支尚书、司农卿。因为国用经常不足，他制定的税赋很重。颁行后他感慨道："如今我推行的重税法，就像是张满的弓，只能在战乱之世使用，绝非治平之世的政策。后世的君子，谁能把弓弦放松呢？"

苏绰的儿子叫苏威，听了这话触动很大，便把实现父亲的愿望确立为自己的使命。隋朝建立，隋文帝任用苏威做度支尚书，负责财政。苏威奏请减免赋税徭役，一切开支尽量从轻从简。文帝全部采纳了他的建议。（《资治通鉴》卷175）

⊙ 君主不经商不守财

唐高宗时，裴匪舒任少府监。此人有经济头脑，善于谋利。当时宫苑中养了许多马匹，裴匪舒便给高宗出主意，说出卖马粪每年至少可以收入20万缗钱。高宗拿不定主意，咨询太子少傅刘仁轨。

刘仁轨回答："利润的确很丰厚，然而恐怕后世会说唐朝皇家卖马粪，这可不是什么好名声。"高宗便断了卖马粪的念想。(《资治通鉴》卷202）

还是这个裴匪舒，武则天当政，他又打起了长安禁苑的主意，打算种植蔬菜瓜果，出售盈利。苏良嗣说："从前公仪休任鲁国宰相，拔掉园中的葵菜，遣散家中织帛的妇人，禁止家人与百姓争利，我还从来没有听说过大国的君主中有谁出卖蔬菜瓜果的。"裴匪舒的建议没有被接受。(《资治通鉴》卷204）

唐德宗时，长安发生兵变，德宗仓皇出逃。各地进献的财物源源不断地送来，德宗把它们存放在行宫的廊庑下，还挂了一块扁，上书"琼林大盈库"。翰林学士陆贽上书说："天子与上天的德行一样，以四海为家，怎么能抛弃自己公家的身份，集聚私人财货呢！把至尊的地位降低到仓库看守人，把万乘的身价辱没到积蓄物品的小民，这么做，有亏礼法，丢失人心，必将诱发奸佞，鼓励邪恶以这样的结果处理事务，岂不是很错误吗！"(《资治通鉴》卷229）

⊙ 税赋调整的方向

唐朝初期，赋税分为租、庸、调，田土要交租，人丁要服庸，户口要纳调。赋税有三个去处，一是进献朝廷，二是送交镇使，三是留在本州。玄宗当政末期，户籍遭到破坏，大多名实不符。后来战事四起，各地加大加紧征收力度，赋税失去了统一标准，许多部门随意增加课税，巧立名目，毫无限度。人丁多的富家大户，可以通过为官府做事或者挂名为僧免除赋庸，而人丁多的贫困人家没有路子，只能默默承受。再加上征税官吏的肆意侵吞，百姓十天一输赋一月一进税，苦不堪言，许多人被逼逃亡，四处流徙成为浮户，留下来的本地百姓不足百分之四五。

唐德宗时，为克服上述弊端，杨炎建议实行两税法。主要内容是，以支定收，州县计算每年所需费用和上交朝廷的数额，以此为限度向百姓征税。无论主户、客户都按现在的居住地编制入册，所有成丁、中男均按贫富状况划分等级。居民户上交的赋税，只在秋天和夏天征收两次，租、庸、调以及杂徭等全部去除。流动的商户与居民户一同在所居州县纳税，税额为收入的三十分之一。所有征税事务由朝廷度支机构统一掌管。德宗采纳了杨炎的建议，颁布赦文命令实施。

然而两税法的实施又造成了商品价格与钱币价格之间比重的波动，以至于到后来民众交纳的赋税超过了当初的一倍。地方为了获得更多的收入，压低价格征收物资，进一步加重了百姓负担。唐宪宗时，取消地方的定价权，由朝廷有关部门统一掌握。这样百姓的日子才好过了一些。（《资治通鉴》卷 226～237）

⊙ 我要这些钱做什么

五代时有一种地产叫营田，原本是军队的屯田，后来租给农民耕种。后周太祖郭威将营田的产权由官府转改为租地农户，农民生产所获提高了好几倍。当初有人出主意，把营田中肥沃的土地卖掉，可得钱数十万缗，以充实国库。郭威说："利益在民众那里，跟在国家一样（利在于民，犹在国也），我要这些钱做什么！"

（《资治通鉴》卷 291）

小结

与善待百姓就是善待自己一样，施益于民也就是施益于己。前面引用的孟子的话说得很明白：好的政令可以使民众贡献财富（善政得民财）。现在流行两句话。一句叫"放水养鱼"，意思是政府开放对社会资本的准入。另一句叫"水至清无鱼"，意思是政府要让社会资本获得收益。参与经济建设的资本多了，利润大了，水涨船高，政府的财税收入也就会相应增加。

施益于民是双赢。

五、廉政

　　廉表现的是从政者与利益的关系。《吕氏春秋》说："临大利而不易其义，可谓廉矣。"（《吕氏春秋·忠廉》）意思是，面对诱人的利益而不改变自己的操守，可以称得上是廉了。对于诱惑，孟子主张"无取"，说"取伤廉"（《孟子·离娄下》）。告诉人们不要伸手，伸手伤害廉。所以廉被古人视为"仕之本"，是官吏的根本。

　　廉常常与清、洁连在一起使用，谓之清廉、廉洁。清，水一般透彻；洁，水一般纯净。是说做官要清清白白、干干净净。廉不仅是个人品质，同时也是一种政风。清正廉洁地治政，就是廉政。

（一）清廉

要义

任何一个朝代，不管实行哪一种制度、体制，也不管是迈向强盛还是走向衰亡，都一定要褒奖清正廉洁。道理很简单，清廉与太平连在一起，清官不仅执行朝廷政令，做好本职工作，还得民心有人望，有益于维护政权形象，促进社会稳定。

要做清官，首先必须端正做官的目的。学生子张问孔子，怎样才能当一个好官？孔子告诉他，要学习五项美德，远离四种毛病。美德之一叫"欲而不贪"，有欲望但不贪婪。什么是有欲望？孔子的回答是"欲仁"，就是为民众服务，也可以解释为做事业。孔子说："欲仁而得仁，又焉贪？"你立志为大家做事，如今你当了官，有了自己的事业，愿望实现了，还有什么可去贪求的呢？（《论语·尧曰》）翻译成今天的意思就是，做官不仅是一种靠俸禄（工资）吃饭的谋生手段，更是实现自身价值、完善自我的平台。如果目的不纯，把做官作为谋利的工具，一定走向贪婪，是做不成清官的。

故事

⊙ 一块美玉

春秋时期的宋国，一个人偶然得到了一块美玉，把它献给执政大臣子罕。

子罕请他拿回去。那人以为他不识货，解释道："这块玉石我专门拿给玉工看过，说是件宝物，所以我才敢进献给您。"

子罕摆摆手，说："你把美玉当做宝物，我把不贪婪当做宝物。要是我收下了这件东西，你失去了美玉，我失去了廉洁，你和我都丧失了宝物。还不如你把它拿回去，这样我们就可以各自保有自己的宝物了。"

这样的官员还真是少见，那人行礼恳求道："我身上藏着宝玉，走到哪里都不安全，根本不敢越过乡界，您还是留下它吧，这可以使我避免被人害了性命。"

子罕点点头，将美玉留在了自己乡里。

后来，子罕请玉工对美玉进行了加工，然后把它卖掉了。接着他找到那个人，把卖玉钱如数交给了他。那人带着钱回到自己的家乡。（《左传·襄公十五年》）

⊙ **韩起的清贫**

晋国大夫叔向去见执政大夫韩起，韩起正在为贫困发愁。叔向赶紧表示祝贺。

韩起皱起眉头，说："有什么好祝贺的？我有执政之名，却没有执政之实，如今我连与其他掌权的大夫交往的钱财都没有，都快愁死我了。你倒祝贺我，什么意思？"

叔向说："从前栾书担任执政大夫，他的田产不足 100 顷，还不到卿大夫爵位应有田产的五分之一，家里连祭器都不齐备。但他品德高尚，遵守法度，名声传遍诸侯，因此在他杀了国君晋厉公后，也没有受到国人的责难。他的儿子栾黡（yǎn）正好翻了个个儿，目无法纪，贪婪放纵，竟然放高利贷敛财，多亏父亲留下的余德，他才得以善终。到了栾黡的儿子栾盈，就没有那么好的运气了。栾盈虽然有他祖父栾书的遗风，注重品行修养，但因为受到父亲栾黡恶行的连累，被迫逃亡楚国。

"如今您有栾书的清贫，我认为您也具有他的美德，所以向您表示祝贺。假如您追求的不是德行而是钱财，我恐怕吊唁还来不及呢，哪里会向您祝贺？"

韩起听罢，立即对叔向下拜，叩头说："我韩起差点灭亡，多亏您的及时教导保护了我。不光我韩起，就是我韩氏的先祖曲沃桓叔以下先人，也都要感激您的恩德。"（《国语·卷十四·晋语八》）

⊙ 两个学生的答卷

孔子哥哥的儿子孔蔑在孔子门下学习，他和宓子贱都走上了仕途。

孔子经过孔蔑做事的地方，问他："自从当官后，你有什么收获？又有什么损失？"孔蔑答："我没有收获，只有损失。概括起来有三个：一个是上面布置的事情一件接一件，连复习学业的时间都没有，结果从前学到的知识难以提高。另一个是俸禄太少，连供给亲戚喝粥都不够，结果跟他们的关系越来越疏远。再一个是公务又多又急，连吊唁死者、看望病人的空闲都挤不出来，结果朋友之间日益生分。"

孔子听了很不高兴。又去看宓子贱。

孔子问了同样的问题，宓子贱的回答正好相反。他说："自从当官后，我没有损失，只有收获。概括起来有三个：一个是从前学到的知识，现在给予应用并且加以实践，结果掌握的知识更加深入。另一个是俸禄虽然少，但还是可以供给亲戚喝粥，结果跟他们的关系越来越亲近。再一个是公务虽然繁忙，夜里加个班，仍可以抽出时间吊唁死者、看望病人，结果朋友之间日益密切。"

孔子很高兴，说："宓子贱真是君子啊！真是君子啊！如果鲁国没有君子，这个人又是从哪里学到的这些品德的呢？"（《说苑·理政》）

⊙ 为了能经常吃上鱼

战国时期，公仪休担任鲁国宰相，他非常喜欢吃鱼，国人都争着买鱼献给他，但被他一一拒绝了。

他的弟弟不理解，说："您喜爱吃鱼却不受鱼，何必呢？"

公仪休答道："正因为我爱吃鱼，才不敢受鱼。如果拿了人家的鱼，一定会有迁就对方的表示；而迁就他们就会做出违背法令的事情；违背了法令，就会被罢免宰相的官位。那时，虽然我喜欢吃鱼，也不一定还有人给我送鱼，我又不能够自己弄到鱼，就会没鱼吃。相反，如果我拒绝他们送来的鱼，就不会被罢免宰相，在这个位置上，靠着我的俸禄保证经常有鱼吃，是没有问题的。"

（《韩非子·外储说右下》）

（汉画像石）鱼

⊙ 清廉是治国之策

西汉时，文帝和景帝两朝，倡导清廉，厉行节俭，带来了天下大治，后世称文景之治，是历史上少有的好时期。

东汉学者班固说："汉朝建国以后，废除秦朝苛法，让民众休养生息……到文帝时，用谨慎俭朴的作风治理国家，景帝遵守成规继续治理。历经五六十年，达到了移风易俗，造就出淳朴敦厚的民众。"又说："汉朝承接的是秦朝留下的财力匮乏的烂摊子，就连皇帝的车子都无法配齐四匹同样毛色的马，有的将相只能乘牛车，平民百姓没有积蓄。文帝、景帝先后治理国家，清净、廉正、谨慎、节俭，安养天下百姓。此间国家无事。只要不发生旱涝灾害，就可以达到人人自给，家家足用。地方粮仓中的粮食装得满满的，官府仓库中贮存的物资用不完。京城国库中堆满了钱，串钱的绳子都腐朽了，无法清点数目，京城粮仓中的陈米一层盖着一层，流出仓外，只好堆在外面，以至于腐烂而不能食用。大街小巷都可看见马匹，田野间的马更是成群结队，骑母马的人被人笑话，聚会的时候不让进门。其时人人自爱，没人愿意触犯法律，都恪守仁义以避免耻辱。"（《资治通鉴》卷16）

南北朝西魏文帝时，丞相宇文泰打算改革当时的政治，探索强国富民的途径，得到了大行台度支尚书兼司农卿苏绰的鼎力协助。苏绰起草了六条诏书，经文帝同意后开始付诸实施。这六条诏书的内容是：一为纯净心灵，二为敦厚教化，三为发挥土地效率，四为提拔贤良，五为慎重处理刑案诉讼，六为平均赋税劳役。宇文泰对这六条诏书非常重视，置于自己座位的右边，又命令各个部门的官员学习背诵，规定凡是担任地方长官的，如果不通晓这六条诏书和户籍情况，不得再担任官职。（《资治通鉴》卷158）

⊙ "苍鹰"

西汉时，景帝任命郅都为中尉。郅都勇猛有力，公正廉洁，不拆阅私人给他的书信，不接受馈赠的礼品，不理睬托人情拉关系的要求。他做中尉之后，倡导雷厉风行的作风，严格执法，赏罚分明，敢碰硬，即使面对皇亲国戚也不退让半步。列侯和宗室见到郅都，都侧目而视，送他一个绰号："苍鹰"。（《资治通鉴》卷16）

东汉桓帝时，杨秉任太尉。他为人清白，欲望很少，自称"三不惑"，即不惑美酒、不惑女色、不惑钱财。（《资治通鉴》卷55）

南北朝时，西魏的各州郡长官一起进见丞相宇文泰。宇文泰让河北太守裴侠单独站出来，指着他对其他牧守说：论清廉、审慎、尽职尽责，此人堪称天下第一。你们谁要是不服气，可以向前一步，同他站在一起。屋子里静静的，一点声音都听不见，没人敢接这个茬。于是宇文泰奖励裴侠，给予的赏赐非常优厚，朝野无不心服口服。时人称裴侠为"独立君"，意即独一无二的君子。（《资治通鉴》卷158）

⊙ 得大利者不可以再取小利

西汉武帝时，为网罗人才，朝廷举办考试，武帝亲自出题，要求就治国之道发表见解。

董仲舒认为，上天对万物的分配遵循一定的规则：对赐给利齿的动物，去掉它的犄角；对赐给双翅的鸟类，只让它长两只脚，这是让已然享有大利的不能再获取小利（"是所受大者不得取小也"）。古代领受俸禄的人，不允许再以力气谋食，不得经营工商业，遵循的是得大利者不可以再取小利的规则，与上天的意志是相同的。那些已经占有大利又要夺取小利的人，连上天都无法满足他的贪欲，何况人世呢！这正是百姓困苦不足的原因。那些受宠而又身居高位的人，那些家境富裕而又享受丰厚俸禄的人，凭着雄厚的资本和权势，跟下面的民众争夺利益，百姓哪里是他们的对手！

董仲舒说：天子的官吏，是民众和边远族群观察仿效的对象，怎么可以身居贤良的高位却去做平民百姓做的事情呢！忙忙叨叨地追求财利，经常害怕陷于匮乏而惶恐，是普通百姓的心态；急急迫迫地追求仁义，经常担心不能用仁义去感化民众，是官员应有的境界。《易经》说："既背负着东西又乘坐车子，招来了强盗抢劫。"乘坐车辆，是官员的位置；身背肩挑，是民众的工作。《易经》这句话的意思是，居于官员尊位而又像老百姓一样追逐利益的人，一定会招致祸患。（《资治通鉴》卷17）

⊙ 吏不廉平，则治道衰

西汉宣帝时，右扶风尹翁归去世，家无余财。汉宣帝下诏给以表彰，说："尹翁归清廉公正，治理百姓政绩优异，特赐给尹翁归之子黄金100斤，专做祭祀之用。"大司农朱邑去世。他奉职守法，宣帝十分怜惜，也下诏赐予其子黄金100斤，用来作为祭祀开支。

宣帝下诏书说："官吏不廉洁不公正，那么治政之道就会衰败。（吏不廉平，则治道衰。）如今低级官吏的事务都很繁重，但薪俸却很微薄，若想不让他们鱼肉百姓，很难！百石以下官吏的收入应该增加十分之五。"（《资治通鉴》卷25~26）

⊙ 清官的行李

东汉政权建立之初，全国还没有安定下来。孔奋在姑臧县（今甘肃武威）当县令，姑臧是河西地区最富饶的县。其时士人多不检点，节操很差，当县令几个月就可以积累大量钱财。孔奋在任4年，清正廉洁，常常遭人讥笑，说他身在脂膏之中却不能滋润自己。后来孔奋等河西官员跟从窦融到京都洛阳进见，随行车子1000多辆，牛马羊望不到边。其他郡守、县令的钱财货物装了一车又一车，唯独孔奋没有财产，只乘一辆车子上路。光武帝刘秀特别奖赏了他。（《资治通鉴》卷43）

东晋安帝时，荆州刺史刘道规因身体有病，请求解职回家，朝廷准许。荆州是东晋要地，兵多民富。几年下来，刘道规没有侵占百姓一点利益，到达京城，携回的物品跟他当初上任离京时一模一样。从荆州卸任启程，他的两个卫兵把草席带上了船，刘道规把他们拉到市上砍了脑袋。（《资治通鉴》卷116）

⊙ 做干净事，挣干净钱

东汉章帝时，有个叫郑均的人，他的哥哥在县府做官，接受了不少礼物贿赂。郑均劝说哥哥，哥哥听不进去。于是郑均离家出走，给人打工。过了一年多，郑均回到家中，把挣来的钱帛交给哥哥。说："钱物用光了，可以再挣，要是当官犯了贪赃罪，就要被罢免，一辈子不得再做官。"哥哥被他的话感动了，改弦易辙，成为清官。后来郑均被举荐为官，一直做到尚书，退休回乡。章帝下诏嘉奖郑均，赏赐他一千斛谷。每年的八月份，地方官员都要前去拜访他，问候起居平安，并送上羊和酒，以表敬意。（《资治通鉴》卷46）

⊙ 关西孔子

东汉弘农（函谷关一带）人杨震，被时人称为"关西孔子"。

和帝时，杨震出任东莱太守。上任途经昌邑县，他曾经举荐的王密在这里担任县令。夜里，王密怀中揣着 10 斤金子给杨震送过来。杨震说："老朋友了解你，你却不了解老朋友，怎能这样呢？"王密说："夜深人静，无人知晓。"杨震说："天知，地知，我知，你知，怎么能说没人知道！"王密惭愧离去。

后来杨震转任涿郡太守。他性格公正清廉，子孙经常以蔬菜为食，徒步出行。有故人旧友劝杨震为子孙置办产业，杨震不肯，说："后世人叫他们是清官子孙，以此为遗产，不是也很丰厚吗！"

安帝时，杨震出任太尉，位列"三公"。大鸿胪耿宝向他推荐宦官李闰的哥哥，要求给此人安排一个官职，特别强调这是上面的意思。杨震向耿宝要皇帝的敕令，耿宝没有，恨恨而去。执金吾阎显也向杨震推荐自己亲近的人，同样遭到拒绝。

安帝派人为乳母修建宅第。杨震上书坚决反对，说：如今灾害频发，边界战事不断，国库空虚，根本不是大兴土木的时候。况且为乳母修建的这个宅第，占据整整一条街，耗费资财数亿。令人更不能容忍的是，宦官和朝官借此互相勾结，结党营私，窃取权力。他们招揽天下贪婪之人，收受贿赂，甚至有些因贪赃罪而被禁止当官的人也得到起用，担任要职。如此黑白混淆，清浊不分，引起舆论大哗，讥刺朝廷之辞不绝于耳。我听先师说过，上面的人向下面索取，民众的财富被拿光了，就会引发怨恨，民众的力气被用尽了，就会导致背叛，而有了怨恨之情和背叛之心的民众是不能够再供驱使的，请陛下思量！可惜安帝没有听进去。

后来杨震遭奸人暗算，被遣返原籍。他来到洛阳城西的夕阳亭，满怀慷慨地对儿子和门生说："死亡，对士人来说是最平常不过的事。我身居高位，痛恨奸臣弄权却不能给予惩罚；痛恨淫妇作乱（指和帝乳母家人）却不能加以制止，有何面目再见日月！我死后以杂木做棺材，用单被包裹，盖住身体即可，不要归葬祖坟，不要祭祀！"然后便服毒自尽了。（《资治通鉴》卷49～50）

⊙ 视黄金如粪土

东汉桓帝永寿元年，匈奴反叛，羌人各部响应。刚到任的安定属国都尉张奂率领军垒中仅有的200余人出击，扼守长城，集聚士众，终于降伏羌人，击破匈奴，境内恢复了安宁。羌人首领送给张奂战马20匹，金耳环8枚。张奂以酒洒地，发誓说："即使马匹像羊群那样多，我也绝不会牵入马厩；即使黄金像粟米那样多，我也绝不会装进自己怀中。"将它们全部退还。张奂的8个前任大都贪图黄金财物，羌人非常厌恶。轮到张奂，端正行为，洁身自好，羌人无不心悦诚服，朝廷威信大增，政令和教化得到顺利推行。（《资治通鉴》卷53）

隋文帝时，梁毗任西宁州刺史，在这个岗位上一干就是11年。西宁州的蛮夷酋长们喜欢黄金，在他们眼中，谁的黄金多谁就是强者，为此他们互相攻击掠夺，百姓没有享受过一年安宁的日子，梁毗深为忧虑。酋长们开始打梁毗的主意，他们竞相送黄金给他。梁毗把黄金放在坐椅旁边，放声痛哭，说："金子这东西饥不能食，寒不能衣，你们为了它自相残杀，争斗不止。今天你们送这东西给我，是要杀我啊！"梁毗没有接受一点黄金。那些蛮夷人由此感悟，停止了互相攻掠。文帝听到后很是赞赏，征召梁毗为大理卿，他执法端正公平。（《资治通鉴》卷179）

唐玄宗时,监察御史杜暹到突骑施办事。突骑施人送给他黄金,他坚决推辞。随从劝他说:您现在身在异域,不接受馈赠,他们会有想法的。于是杜暹收下了黄金。他叫人把黄金埋在自己帐篷下面。事情办完后杜暹返回中土,走出突骑施辖区,他写信告诉对方黄金埋藏的地点,让他们自己去取。突骑施人见信后十分惊异,立即上马追赶,越过了沙漠都没有追上。后来负责西域事务的安西都护一职出缺,有人推荐杜暹,说当地百姓无不叹服他的清廉谨慎。（《资治通鉴》卷212）

⊙ 大丈夫范滂

东汉人范滂,少年起便磨砺清高志节,广受州郡和乡里好评。成人后走上仕途,曾任清诏使,被派往冀州巡视考察。出发启程,他登上车子,手揽缰绳,慷慨激昂,尽显澄清天下吏治的雄心壮志。冀州的郡守和县令,凡是贪赃枉法的,听说范滂要来,便一个个摘除印信,匆匆离职而去。范滂到达冀州,举报和弹劾了不少官吏,全都符合众人的愿望。

此时桓帝下诏,命太尉、司徒、司空三公所属职司评议地方官吏。范滂顺势而上,一口气弹劾各地高官20多名,其中包括刺史和二千石官员,不少是权贵党羽。尚书责怪他弹劾的官员过多过滥,怀疑他挟私报复。范滂回答说:"我举报的官吏,一定是奸邪残暴、深害百姓的人,否则他们的名字不配玷污我的奏章!不过由于时间紧迫,形势逼人,我举报的还只是其中必须立即处理的;至于其他人,等情况核实后再行弹劾。我听说,农夫拔掉野草,庄稼才能茂盛;忠臣铲除奸佞,王道才能清平。如果我的弹劾有差错,甘愿公开被处决!"尚书无言以对。

东汉灵帝时，再次掀起对党人的迫害，范滂名列其中。逮捕范滂的诏书下达，汝南郡督邮吴导抱着诏书伏在床上痛哭，县里人不知道出了什么事情。范滂得到消息后说："一定是冲我而来。"便自己到监狱报到。县令郭揖大吃一惊，把他接出来，解下印信，想陪范滂一起逃亡。范滂说："我死了，灾祸自然停止，怎么敢连累你，同时又使我的老母亲流离失所！"范滂的母亲来跟儿子诀别，范滂安慰老母。母亲说："你今天终于能够跟李膺、杜密齐名了，死有何恨！既已享有美名，又要盼望长寿，世上哪有这样的好事？"范滂跪下，再拜而别。母亲离去，走了几步，回头对儿子说："我想教你作恶，但恶不可作；教你行善，那么我就不能作恶。"路人听了，没有不落泪的。（《资治通鉴》卷54、56）

⊙ 曹操的感慨

东汉末年，曹操出任丞相，任用崔琰为丞相西曹掾，毛玠为丞相东曹掾，负责官员的选拔工作。

他们举荐任用的都是清廉正直之士，那些一时享有盛名但德行有亏的人，根本不能进入官场。他们提拔敦厚实在的人，排除浮华虚伪的人；进用中正谦虚的人，抑制阿谀结党的人。由此天下的士人无不以清廉的节操来自勉，就连身份高贵的官员和朝廷宠臣，所使用的车子和穿着，也不敢超越制度的规定。街上常常可以看见这样的情景：官员们身着朝服，徒步走向官府；也能见到车子，但不过是简陋的柴车，大多是在下朝时候，上面坐的是各个官衙的主官，他们蓬头垢面，衣服破烂，独自一人，没有随员护卫。上面的官吏廉洁，下面的风气也好起来。

曹操知道后，叹息着说："像这样选官，致使天下人都注重

自我治理，还有我什么事呢！" （《资治通鉴》卷 65）

⊙ 魏晋南北朝名臣的几件逸事

魏晋名臣王戎，父亲叫王浑，名声很好，任凉州刺史。王浑去世，凉州各郡受过他关照的部下怀念他的恩德，相继送来丧礼，总共有好几百万，王戎都没有接受。（《世说新语·德行》）

东晋成帝时，庾亮任护军将军。他委托廷尉桓彝帮助物色一位优秀属官，过了一年竟然还没找到。桓彝后来结识了徐宁，很赏识他，把他推荐给庾亮，介绍说："人应当具有的，他不一定有；人应当没有的，他一定没有。此人确实是青徐二州一带的清廉高洁之士。"（《世说新语·赏誉》）

太傅司马道子夜里在书房闲坐。这时天空明朗，月光皎洁，一丝云彩也不见。太傅赞叹不已，认为美极了。当时谢重也在座，回答说："我私下以为不如有些微云点缀，那样或许更美。"太傅打趣道："你自己心地不干净，难道还硬要弄脏明净的天空吗？"

（《世说新语·言语》）

南北朝北魏文成帝时，官员们不发俸禄。中书侍郎高允没有收入，便安排儿子们上山砍柴，维持家里的生计。文成帝得知了这一情况，当天便来到高允家，院子里只有几间草房，进入屋子，看见的是几床粗布被褥，再有就是用旧麻絮做的棉袍，走进厨房，只有一些青菜和盐。文成帝忍不住连连叹息，当场赏赐给高允家500匹绢帛，1000斛粟米。文成帝很器重高允，平时不叫他的名字，呼他为令公。（《资治通鉴》卷 128）

⊙ 皇帝也要廉正

唐代宗时，每逢大年初一、冬至、端午以及皇帝的生日，州府长官都争着在定额赋税之外向朝廷进贡；进贡多的，便能讨得代宗欢心。文武官员借机向百姓征收财物，中饱私囊。德宗即位，生日那天，各地仍旧献上贡赋，德宗一概不受。实力雄厚的藩镇李正己、田悦各进献细绢 3 万匹，德宗不好直接拒绝，就全数移交国库，下令从两地应交纳的租税中扣除。（《资治通鉴》卷 226）

五代时风行花钱买宴。后周前节度使侯章进献买宴的绢 1000 匹、银子 500 两。后周太祖郭威没有接受，说："诸侯入朝觐见，天子应该设宴犒劳，怎能出钱买宴！今后诸如此类的进贡，一概不受。"（《资治通鉴》卷 291）

⊙ 廉者不忧

五代时，前蜀的蜀州刺史王宗弁声称有病，辞官回家，闭门不出。前蜀主王建怀疑他对所任职务不满，给他加官检校太保，他坚决推辞。对人说："廉洁的人知足而没有忧虑，贪婪的人忧虑而不知足。（廉者足而不忧，贪者忧而不足。）。我是个小人物，官位至此已然满足，哪里还敢追求上进而不知止步呢！"王建赞许他的志向并依从了他，增加了给他的赏赐。（《资治通鉴》卷 267）

⊙ 廉者得人心

五代后汉隐帝时，汝州防御使刘审交去世。汝州官吏和民众上书，说刘审交奉行仁政，恳求将他葬在当地，隐帝同意了。

汝州民众聚集在一起痛哭，安葬了刘审交，还建立了祠堂，每年举行祭祀。太师冯道说："我曾经是刘君的下属，观察他的为政，没有超过别人的地方，不能减少租赋，也不能免除徭役，只是将公正廉洁慈善仁爱之心付诸行动罢了。这是人人都能做到的，只是别人不去做而只有刘君一人去做，所以汝州百姓如此爱戴他。任何一个地方长官如果能够仿效刘君所为，何愁不像刘君那样获得民众的拥戴呢！"（《资治通鉴》卷289）

⊙ 不留礼品

五代时，后周世宗柴荣派曹彬出使吴越国，赐给吴越王钱弘俶200副骑兵钢甲、5000副步兵铠甲以及其他兵器。事毕曹彬即刻返回，不接受馈赠。吴越人划着轻便小船追上来赠送礼品。推辞再三，曹彬说："如果我再不接受，就是窃取虚名了。"便收下礼品，登记入册，回来后上交朝廷。

世宗说："过去派出的使者，要起东西没个够，从而使各地的人们轻视朝廷的命令。你能够这么做，非常好。但既然人家已经把这些东西送给了你，你可以随意拿去。"曹彬这才跪拜接受，把它们全部送人，家中一点没留。（《资治通鉴》卷294）

小结

春秋时期的政治家晏子说："廉者，政之本也。"（《晏子春秋·内篇·杂下》）廉是为政的根本。意在强调只有为政清廉，政务才能正常进行，政权才能正常运转。可以说，廉政是治政的本质要求，是一条基本规则。

廉政体现着为政之正，前面引用过孔子的话"政者，正也"，他用正来界说政，指出为政是走正路的事业。什么是正？不偏不倚就是正，处于上位给百姓做示范就是正。廉者正大光明，没有见不得人的事，不搞歪门邪道，可谓正。同时，廉政也体现着为政之公。什么是公？政权是公器，为全体国民所有，掌权人无私即为公。廉者不谋私不营私，想民众所想，行民众所行，可谓公。所以晏子说："廉之谓公正。"（《晏子春秋·内篇·杂下》）这也告诉我们，要达到清廉，最重要的是走正路存公心。

清廉不光是个人品德，也不光是一种优良政风，它具有牵动全局的意义。对执政党来说，清廉关系到性质，是党永葆先进性的一个决定性要素。对政权来说，清廉是政权持续的一个关键。对执政者来说，清廉关系到能力，是执政者能号召民众从而具备执政能力的一个基本条件。对社会来说，清廉关系到稳定，是造成民心所向的一个重大因素。对全民族来说，清廉关系到素质，是中华民族保持优良品质的一个重要构成。总之，清廉不是官员一个人的事情，是党的事情，国家的事情，全社会的事情，全民族的事情，应该大家一起来做。

（二）肃贪

要义

从道理上说，没有一个政权公然倡导官员贪污腐败，至少表面上没有。因为贪污不仅是对百姓的掠夺，同时也是对国家的盗窃，所以贪官既是民众的对立面，也是政权的对立面，是公敌。因此不管贪腐面有多大，不管程度有多深，也始终不能成为主流，一定会有人站出来拨乱反正，贪官最后必遭清算。

故事

⊙ 逃避死亡

楚国大夫斗且去见令尹（相）子常，两人聊了起来。子常询问聚敛财富和收罗良马的法子。斗且回到家里对弟弟说："楚国大概要灭亡了！即使楚国能够逃过一劫，令尹子常也不能幸免于难。他像饿狼一样地贪婪，我看他要死在贪婪上了。"

斗且拿前令尹子文做比较，告诉弟弟，子文曾经三次担任楚国令尹，但家里穷得连一天的积蓄都没有，吃了早饭，还不知道晚饭在哪儿。楚成王每次会见他，都要准备一束干肉和一筐干粮，让他带回家去。这竟然成了一条规矩，直到今天国家还保留着为令尹准备干肉和干粮的习惯。有人看不懂，问子文：人活着就是为了追求富贵，可你却逃避它，这是为什么呢？子文回答：从政为官是为了保护民众，百姓大多没有余财，如果我去榨取他们，那就离死亡没几天了，所以我不是逃避富贵，而是逃避死亡。后来楚庄王的时候，子文的侄子作乱，其族人遭到剿灭，楚庄王念及子文的德行，保留了他这一支族脉。斗且最后说："现在子常当政，只顾自己敛财，根本不顾百姓死活。不灭亡还等什么！"

一年后，吴国进攻楚国，楚国大败，子常逃亡郑国。要不是申包胥千辛万苦地跑到秦国搬来救兵，楚国真的就灭亡了。(《国语·卷十八·楚语下》)

⊙ 贪腐是造成民众穷困的直接原因

西汉时，景帝颁布诏书，说："眼下只要有一年歉收，人民的口粮便告急，原因在哪里？多半是由于奸诈虚伪之人做了官吏，以受贿行贿为交易，盘剥百姓，侵夺民众。县官，乃是地方长官，却强奸法令，与盗贼相勾结一起进行盗窃，实在太不像话！现在命令俸禄二千石的高级官员，各守其职；对于不履行职务以及政绩差的官员，丞相要向我奏报，议定处置的罪名。布告天下，就是为了使所有人都知道我的心意。"(《资治通鉴》卷16)

⊙ 卖官的帝王

西汉时，武帝发动对匈奴的大规模战争，一打就是多年。每次都要征调十几万人，仅奖赏将士就要用去黄金20多万斤，要是算上兵器衣甲和运送粮草的费用，消耗更是可观。终于府库枯竭，无力支持战事。武帝下诏，允许百姓出钱买爵，可以花钱免除囚禁以及免除盗窃贪赃罪。同时增设"赏官"，称"武功爵"，最低一级价值铜钱 17 万枚，依次递增，卖出这些爵位，可获黄金 30 多万斤。武功爵的最高爵位是"千夫"，购买这一级的人可以优先被任命为官吏。这条路一开，官职便混乱败坏了。（《资治通鉴》卷 19）

东汉时的灵帝，登基前被封在河间为侯，没有多少收入，经常陷入钱不够花的窘境；等当上皇帝，又时常叹息前任皇帝不懂经营家产，没有私钱。于是便想出了出卖官爵的主意，为此专门成立一个名叫"西邸"的机构负责这件事。"西邸"卖官明码标价，俸禄等级两千石官职售价 2000 万，四百石官职售价 400 万。这是基数，届时双方还要具体商谈，根据买者的口碑德行进行浮动，最好的可以打半折，甚至可以降到三分之一。凡是卖官收入的钱，作为灵帝个人财产均贮藏在"西邸"的专设钱库里，不移送国库。他还暗地里安排亲信在大臣中出卖三公、九卿等重要职位，公卖钱 1000 万，卿 500 万。一个叫崔烈的人进献 500 万，当上了司徒。正式任命那天，灵帝亲自出席，百官都来参加。看这气氛，灵帝不由有些后悔，对左右说，其实本来是可以要他 1000 万的。（《资治通鉴》卷 57 ~ 58）

南北朝刘宋明帝即位之初，战乱四起，财源不足。朝廷号召民众捐钱捐粮。依照捐献数额，分别任命到荒凉偏远地区当郡守、县令，或者给予五品至三品之间的散官职衔。（《资治通鉴》卷 131）

这是南朝，北朝也有卖官情况。北魏平息动乱，国库空虚，孝庄帝下诏：凡是向国家交纳 8000 石粮食的人赐予散侯爵位，平民百姓交纳 500 石粮食的人赐给做官资格，如果是僧人则授予本州僧统或本郡本县的知事僧。（《资治通鉴》卷 152）

⊙ 罪有应得

东汉政权建立之初，由于战乱，各地上报朝廷的耕地面积严重失实，光武帝刘秀下诏命令各州郡查验核实。不少刺史、郡守阳奉阴违，借查田之机，弄虚作假，从中渔利，民众反映强烈。于是刘秀派人对高官明察暗访，发现大司徒欧阳歙在担任汝南太守时，通过丈量土地作弊，获赃款1000余万。朝廷逮捕了欧阳歙，入狱关押。欧阳家八代博士，世代教授《尚书》。欧阳歙被捕后，学生门徒1000余人集聚到宫门外为他求情。甚至有人把自己的头发剃掉，自受髡刑；更过分的是一个17岁的青年竟然请求替欧阳歙去死。刘秀不为所动，没有宽赦欧阳歙，让他死在狱中。像欧阳歙这样在土地丈量中作弊的高官，一下子被刘秀清查出十多个。一个不饶，全部处死。

后来，刘秀跟虎贲中郎将马援闲聊，说起这件事，道："那次杀的郡守和封国的国相多了点，现在想起来有些后悔！"马援说："他们的死是罪有应得，谈不上多！再说死人是不能复生的！"刘秀一笑而过。（《资治通鉴》卷43）

⊙ 贪腐与虎害

东汉明帝时，东海国相国宋均被提升为尚书令。他曾经担任九江郡太守，实行无为而治，将掾、史等官职一概裁掉，把督邮留在府内，不让他外出巡查。结果所属各县全都平安无事，百姓安居乐业。

九江地区一向多虎害，官府常年招募猎手，命他们设置机具和陷阱捕杀猛虎，然而效果不佳，猛虎伤人伤畜的事情仍然经常发生。宋均下达命令说：长江、淮河一带有猛兽活动是十分正常

的事情，就像北方有鸡、猪之类的动物一样。如今猛虎为害百姓，完全是官吏的苛政使然，况且督促猎户如此辛苦劳作，也不符合体恤百姓的为政原则。当前首先应该做的是，清除贪官污吏，提拔忠诚善良之士，可以一并撤去机具和陷阱，同时减免百姓的赋税。各县遵照办理，从此再也没有听说猛虎出来害人的事。（《资治通鉴》卷45）

(汉画像砖)虎

⊙ 史上最大贪官的下场

东汉大将军梁冀，从冲帝朝开始以外戚身份掌权，经过质帝到桓帝，把持朝政 20 余年。他的家族中出了 3 位皇后、6 位贵人、2 位大将军、7 位侯爵、3 位驸马、57 位高级文武官员。梁冀权倾朝野，就连皇帝也得让着他，各地敬献朝廷的贡品，先尽他挑，剩下的才是皇帝的。

梁冀全家上阵聚敛钱财。他的妻子孙寿被封为襄城君，每年的租税收入就达 5000 余万钱。她把娘家十余人安排进官府，这些人在自己管辖地区专门对付富户，将他们登记造册，然后罗织罪名，逮捕关押，严刑拷打，逼迫他们出钱赎罪。有些家财不足拿不出那么多钱的人，竟被活活打死。梁冀府邸门庭若市，求见者在道路上前后相望，其中有官吏也有百姓，他们携带钱财，或者请求为官或者请求免罪。不要说主人了，就是梁冀家看门人的家财都有千金之多，人们必须贿赂他，否则不予通报。

梁冀一家生活极其奢华。他与妻子孙寿在街道两旁分别兴建住宅，互相比赛，看谁的工程更大、更阔、更奇。梁冀在京都洛阳邻近各县都修筑了园林，仅洛阳城西的一处兔苑，面积便达数十里。梁冀发文书命令当地官府向人民征调活兔，每只兔子都剃掉一撮毛做标志。如果有人误捕兔子，定斩不饶。一位西域胡商误杀了一只兔子，牵连十多人，全被处死。城西还有一座别墅，专门用来收容奸民和藏匿逃犯。

梁冀极其霸道，官员凡是调动、升迁、选任，都必须先到他家上表谢恩，然后才敢到主管官职的尚书府报到。侯猛被任命为辽东太守，不去梁府进见，梁冀找个借口把他腰斩了。对于不满自己的人，梁冀更是残忍。袁著建议梁冀应该急流勇退，梁冀派人捉拿袁著，袁著装死，但仍未能躲过，被活活打死。郝洁、胡武与袁著交好，受到株连，梁冀杀光胡武全家60多口。郝洁知道不能幸免，在梁冀府前自尽，家人才得以保全。

桓帝终于忍无可忍，发动百官以及宫中卫士1000多人，手执兵器突然包围梁冀住宅。梁冀夫妇自尽，其他人被捕，连同亲戚，不分男女老幼，一律绑缚闹市斩首，暴尸街头。受牵连的公卿和二千石以上官员，被诛杀的达数十人。由于事发突然，使者往来奔驰，朝廷失去常态，官府和大街小巷犹如鼎中的开水一片沸腾，数日后才渐渐安定下来，民众无不拍手称快。

桓帝下令没收梁冀家产，由官府变卖，共计得款30余亿，全都移交国库。由于这笔额外收入，朝廷减收当年全国一半的租税。

（《资治通鉴》卷54）

⊙ "导行费"

东汉灵帝喜欢积攒私房钱，收集天下各种奇珍异宝。每次各郡和各封国向朝廷进贡，都要事先精选出一部分珍品，送到管理皇帝私人财物的中署，人们称之为"导行费"。灵帝还把钱寄存在小黄门、中常侍等宦官家中，每家各存数千万。他还在自己当皇帝之前的封地河间购买田地，修建住宅。（《资治通鉴》卷57~58）

南北朝时，元晖与卢昶深得北魏宣武帝的宠爱，两人又特别贪纵，时人分别叫他们"饿虎将军""饥鹰侍中"。元晖升任吏部尚书，主管官员任免调动。他开出价格，大郡的主官为2000匹绢帛，次郡、下郡依次减半，其余官位各有等差。吏部参与选官的人被称为"市曹"，意为集市上协助管事的。（《资治通鉴》卷146）

唐朝中宗时，中宗之女安乐公主和长宁公主、韦皇后的妹妹郕国夫人、上官婕妤（婉儿）、上官婕妤的母亲沛国夫人郑氏、尚宫柴氏、贺娄氏，女巫第五英儿、陇西夫人赵氏等，倚仗各自权势，大肆收受贿赂，卖官鬻爵。不管是什么人，贩夫走卒也好，奴婢下人也罢，只要能拿出30万钱向这些女人行贿，就可以直接获得一个由皇帝亲笔敕书任命的官位。因为这种敕书是斜封着交付主管官员任用的中书省的，这类官员便被时人称为"斜封官"。经她们之手任命的官员高达数千人。（《资治通鉴》卷209）

唐朝德宗时，宦官负责采办物品，称宫市，渐渐形成了低价强购的惯例，后来发展成白拿。宦官在长安城东、西两市以及一些街道要冲、繁华热闹之处安排了几百个人，他们四处张望，白白夺取商品，人们叫这些人"白望"。他们到处察看商贩的货物，只要相中，便自称宫市，商贩只好任由他们取用。

德宗朝的宰相窦参，阴险狡诈，刚愎自用，贪图钱财。凡任命官员，窦参常常与担任给事中的族侄窦申商议。窦申趁机四处招揽，从中谋取贿赂，时人把他叫做"喜鹊"。（《资治通鉴》卷234）

唐朝中后期，藩镇兴起。代宗时，藩镇节度使大多出自禁军将领。禁军最高统帅是神策军护军中尉，将领中有想担任藩镇节度使的必须向他行以重贿。由于行贿数额巨大，动不动就是数万，将领们一时拿不出这么多钱，便去借债，所以他们是身背巨债前往藩镇上任的，于是便被称为"债帅"。到任后，这些节度使再通过征收重税盘剥百姓，用来偿还所欠本息。（《资治通鉴》卷243）

唐朝僖宗时，西川节度使陈敬屡屡派人到各县、镇打探侦听秘密。这些人被叫做"寻事人"。他们一到县镇，便向地方官要这要那，勒索财物。（《资治通鉴》卷254）

五代时，南唐朝廷将茶、盐强行配给农民，用以征收粮食布帛，称为"博征"。（《资治通鉴》卷293）

⊙ 交钱上任

东汉灵帝朝，贪腐成风，处处拿钱说事。官员赴任也不例外，就连刺史、二千石官员这样的大官，以及茂才（秀才）、孝廉这样初入仕途的人，在升迁和做官时，都要交纳"助军"和"修宫"钱。大郡的太守，通常要交二三千万钱，其余的依官职等级逐次递减。只要是新委任的官员，都必须先去"西邸"议定应交纳的钱数，然后才能前往任所。有些清廉之士请求辞职不干，最后也都被逼就范。

一个叫司马直的官员被任命为钜鹿太守。由于他素有清名，"西邸"知道他没钱，把他应交的数额减少了300万。司马直接到通知后，怅然长叹，说：身为父母官，却要盘剥百姓去迎合这种弊政，我怎么下得了手! 便借口有病提出辞职, 但未获批准。没有办法, 司马直只好赴任。走到孟津, 他上书皇帝, 直率地详细陈述了自己对时局的意见, 然后服毒自杀。奏章呈上后, 灵帝深受震动, 暂时停止了收纳"修官"钱。（《资治通鉴》卷58）

⊙ 叛乱的起因

岭南的交趾地区盛产珍珠宝货。东汉灵帝时, 那里的刺史大多贪污受贿, 算算搜刮到手的财物差不多了, 便提出调任, 到别的地方去做官, 把烂摊子和民怨留给后任。矛盾终于爆发了, 下层官吏和百姓奋起反抗, 扣留了刺史及合浦太守, 义军首领自称"柱天将军"。

朝廷选派京县县令贾琮任交趾刺史。贾琮到任后, 调查叛乱原因。大家众口一词, 说是天高皇帝远, 刺史们横征暴敛, 民众无不被搜刮一空, 而京城洛阳遥不可及, 百姓无处伸冤, 走投无路, 只好聚在一起做盗贼。

查清缘由后, 贾琮发布文告, 安慰民众, 稳定社会, 发展生产, 招抚流亡在外的饥民返乡, 免除他们的徭役, 诛杀罪大恶极的盗贼头目, 选派清廉能干的官吏代理各县的县令。不到一年, 叛乱全部平定, 百姓安居乐业。

人们称贾琮为贾父, 大街小巷传唱歌谣:"贾父来太迟, 无奈我造反; 如今见清平, 官不敢白吃! "（《资治通鉴》卷58）

⊙ 贪污一匹布帛者处死

南北朝时, 北魏法律规定, 贪污 10 匹布帛、受贿 20 匹布帛的官吏, 处以死刑。孝文帝更改了这一法令, 下诏说:"设置官吏，发放俸禄，实行的时间已经很久了，自从中原发生战乱，这一制度便被中止。现恢复先前做法，实行俸禄制。为此每户征调布帛 3 匹，谷米 2 斛 9 斗，作为官员俸禄的开支。俸禄制实行后，贪赃满 1 匹布帛者即处以死刑。"诏书还宣布进行大赦，从前的事一笔勾销，一切从零开始。

新法实施后，第一个就被揭发出来的是秦、益二州刺史李洪之，他自恃皇亲国戚身份进行贪污。孝文帝下令给他戴上手铐脚镣，召集文武百官，亲自历数他的罪状，考虑到他的大臣身份，命他在家自杀。接着又查出贪污受贿的官员 40 多人，全都处死。从此贪污受贿的事情几乎绝迹。

多年后，淮南王拓跋佗奏请恢复旧制，停止向官员发放俸禄。太皇太后冯氏召集文武百官进行讨论。中书监高闾认为："儿子身陷饥寒交迫之中，慈母却袖手旁观，实在是说不过去。发放俸禄，不仅可以使清廉官吏更加清白，同时也可以促进贪官污吏改过从善。如果停止发放俸禄，贪官污吏将会更加肆无忌惮，清廉官吏却不能维持生计。淮南王的建议，岂不是荒唐吗？"朝廷采纳了高闾的建议，颁诏维持俸禄制。（《资治通鉴》卷 136）

⊙ 控制不了自己的请提前走人

南北朝时，北魏南安惠王拓跋桢贪婪暴虐，朝廷派吕文祖前去调查。吕文祖接受拓跋桢的贿赂，帮他蒙混过关。事情败露后，闾文祖遭到惩罚。孝文帝对大臣们说："古代有一种待放之臣。你们好好审视自己，要是觉得不能克制贪欲，现在就请辞职回家。"宰官、中散大夫慕容契说："小人之心常变，帝王的法律却永恒不变，以常变之心去应对不变的法律，不是我能够担当的，我请

求辞职罢官。"（《资治通鉴》卷136）

北魏河间王元琛任定州刺史，为人贪婪放纵。他卸任回到京城，临朝执政的胡太后下诏令说："元琛离开定州时，就差没有把中山宫带回来，其他东西没有不弄到手的，这样的人怎么可以再任用！"便让他回家闲待着。（《资治通鉴》卷148）

⊙ 贪官劣迹点滴

南北朝时，北魏孝明帝的权臣刘腾，贪得无厌。不管因公还是因私，只要经他之手，一定剥层皮，办不办、办多少一概视送上的钱数而定。他胃口极大，插手水陆交通和山林资源，利用交通之利和山川物产大发其财。他还敲诈勒索军队和地方，与权贵互相勾结串通，每年收入数以百亿。为了扩大自己的住宅，他侵夺四邻房屋，远近的人都身受其害。（《资治通鉴》卷149）

唐代宗时，元载任宰相。他贪婪成性，全家一齐动手，妻子王氏、儿子元伯和与元仲武争相收纳贿赂。后来代宗下令逮捕了元载，赐他自杀。元载请求说："我希望死得快一些！"主管官员答："没这么便宜，你应该受些小污辱再上路，请别见怪！"说罢，脱下臭袜子塞进元载嘴里，将他杀掉。元载妻子王氏，儿子元伯和、元仲武、元季能全都被处死。朝廷没收了元载的家产，仅胡椒就达800石，其他财物的价值也差不多是这个数。（《资治通鉴》卷225）

五代时，王守恩担任后汉西京留守、同平章事。他为人贪婪卑鄙，一心聚敛钱财，就连送葬的丧车也收费，不交钱不准出城。税赋更是他敛财的手段，下至清扫厕所的役夫、乞讨要饭的花子，都被定为纳税人，就不要说一般百姓了。他对钱的热爱到了令人难以理解的地步，竟然唆使手下去偷钱。一次有家富户娶媳妇，王守恩带着几个艺人去做客，顺手捞了几锭银子才离开。

⊙ 贪者的愚蠢

唐太宗曾问身边大臣："我听说有一个西域胡族商人，得到了一粒宝珠，便拿刀割开身上的肉，把宝珠藏进去，有这回事吗？"大臣们点头说有。太宗说："大家都笑话这个人爱珠宝而不爱自己，然而官吏受贿贪赃而被绳之以法，帝王追求奢华而招致国家灭亡，与这个胡商的可笑又有什么区别呢？"

魏徵接过话头说："从前鲁国君主鲁哀公告诉孔子：'有一个人记性特别差，搬家的时候把老婆忘了。'孔子说：'这算什么？还有比这严重得多的，夏桀、商纣贪恋身外之物，连自己都忘了，最后弄得国灭人亡。'说的就是这个意思。"太宗听后说："对。我与你们同心协力，相互辅助，以免我们君臣遭受后人耻笑。"（《资治通鉴》卷 192）

太宗对魏徵说："北齐后主、北周宣帝都对百姓横征暴敛，以满足自己的奢侈需要，直到民力衰竭而亡国。这就像嘴馋的人吃自己身上的肉，肉吃光了人也一命呜呼了，真是愚蠢到家了！"

（《资治通鉴》卷 194）

⊙ 杀鸡给猴看

唐朝太宗时，沧州刺史席辩犯贪污受贿罪被处死，太宗诏令官员前往刑场观看，将席辩当众斩首。（《资治通鉴·卷 197》）

五代时，后周左羽林大将军孟汉卿征收税赋，部下官吏侵扰百姓，多取所谓"耗余"，触犯了刑律，世宗皇帝赐他自杀。有关官员上奏，说孟汉卿罪不当死，世宗回答："一点不错，我这么做不过是想借此警告众人罢了！"

五代后周显德年间，朝廷命令翰林学士以及门下、中书两大部门所属官员荐举县令、录事参军等人选。授官之日，朝廷同时记下荐举人的姓名，如果被荐官吏出现贪污腐败，致使公务受到损害，举荐人一并问罪。（《资治通鉴》卷292）

⊙ **赐麻两车**

唐高宗时，滕王李元婴与蒋王李恽都喜欢积聚收敛钱财。高宗曾经赐给诸王每人500匹绢帛，唯独没有滕王和蒋王的份儿。敕令说："滕王皇叔与蒋王皇兄自己能够经营聚敛，不必赐给财物，只赐给麻两车，以供制作串钱的麻绳之用。"二王大为惭愧。（《资治通鉴》卷199）

小结

贪腐是廉政的最大敌人，它具有极强的侵蚀性，不要说缺乏警惕了，就是高度重视、措施严密也不能确保不出现腐败官员。贪腐作为清廉的对立面，也不是官员的个人问题，而是制约全局的关键性问题。

要保持廉政，首先务必使每一个官员真正认识到贪腐的危害性。毋庸置疑，贪腐已经成为当今最大的民怨，它疏离群众对党的感情，败坏群众对政权的信任，是阻隔党与群众血肉联系的最大障碍。历史上这方面的教训很多很沉重，最近的大概是国民党政权了。抗战胜利，蒋介石如日中天，所到之处，万人空巷，无人不想瞻仰这位民族英雄的风采。他到北平，竟被欢迎的人群拥到墙角，幸亏军警死命保护才没酿成事故。然而这种局面仅仅维持了区区几个月，即被国民政府派往沦陷区的接受人员败坏了。这些人借处置敌产之名，肆意掠夺民众资产，中饱私囊，导致民怨鼎沸。蒋介石并不贪污，但他却没有采取有力手段及时刹住这股贪腐风。后人探究其中缘由，一种推测认为，蒋介石当时走的是以利益换取忠诚的路线，最大限度地把干部、官员吸引到他这一边，保持自己的政治优势。可是他错了，要了少数丢了多数，他与他的党和政权迅速走向反面，被人民抛弃，国民党被叫做"刮民党"，他本人也被骂为"蒋该死"。不能真正认识到人民才是历史的主体，乃是政治家最大的悲剧。

其次，必须加大惩治贪腐的力度。正如习近平同志指出的那样，要坚持"常""长"二字，坚持"老虎""苍蝇"一起打。可以这样说，"常""长"侧重的是时间，任何时候都保持着对腐败分子的打击态势；"老虎""苍蝇"一起打侧重的是空间，只要发现腐败分子就不放过。一定要保持党和干部队伍的纯洁性，广大党员和干部的辛勤工作，绝不能被少数腐败分子所抵消，那些只要个人发财，不要人民利益、党的事业、国家和民族前途而教育无效的人，不配再留在党内和公务人员的位置上。

再次，要健全体制机制，加强制度反腐，从源头上进行治理，不断铲除腐败现象滋生蔓延的土壤。腐败与权力高度集中有关，所以如何加强对权力的制约和监督，便成了反腐的关键，要把权力关进制度的笼子里。这是落实反腐的根本性途径，也是最有效、最见功力的举措。

反腐是历史性难题、世界性难题。凡事怕就怕认真二字，只要认真，没有解决不了的困难。中华民族饱受灾难，中国共产党历经困苦，多少难关险关都攻克了，不要说惩治腐败了。

六、简政

简政是仁政的延伸,是仁爱意识在治政领域的一个具体体现。仁的基本含义是爱人惜物,就是孔子说的"节用而爱人"(《论语·学而》),孟子说的"仁民而爱物"(《孟子·尽心上》)。节用、爱物表达的是减少对资源的消耗,将爱施与物;爱人、仁民表达的是对百姓的体恤,将爱施与民。

简政主要是两个方面,表现在物上是节俭,表现在人上是惜民。

（一）节俭

要义

学生林放请教礼的问题，孔子说："礼，与其奢也，宁俭。"（《论语·八佾》）有关礼的活动，如果在铺张和节省中进行选择，孔子主张从俭。孔子尊礼守礼，甚至到了一丝不苟的地步，但仍旧不肯过多消耗物力和财力，反映出以爱物节用的价值观来平衡现实的态度。在孔子看来，生活质量不取决于物质而取决于人品。他曾经想迁移到蛮荒之地去生活，有人说那里很简陋，怎么能居住呢？他反问道："君子居之，何陋之有？"（《论语·子罕》）君子去居住，哪里来的简陋？儒家经典《左传》说："俭，德之共也；侈，恶之大也。"（《庄公二十四年》）意思是，节俭是善行中的大德，奢侈是邪恶中的大恶。

这说的是儒家。道家把节俭看得更高，认为它是"朴素"的表现。朴是没有加工成器具的木材，素是没有染上颜色的生帛，都属原生态，代表自然。朴素是"道"的品性，所以节俭具有本原、真实、规则的意义。老子说："俭故能广。"（《老子·第67章》）广是大，就是我们平常说的做大做强，只有节俭，才能事业有成。如果以奢华排场张扬强大，在老子看来则必"死矣"，一定灭亡（《老子》第67章）。

节俭是道德、风气，也是政治，它关系到成败兴亡，正如唐朝诗人李商隐那首著名的《咏史》所言：
"历览前贤国与家，成由勤俭破由奢。"

故事

⊙ 国土是怎样缩减的

李商隐
（清）上官周 绘

春秋时期，由余出访秦国。国君秦穆公向他
请教治国的道理。

由余说："我曾听说，国家的兴盛，往往在
于节俭，而衰亡则在于奢侈。"秦穆公请他细讲。

由余解释道："我听说从前尧帝治理天下，
用土烧制的容器盛饭盛水，但拥有的土地，南边
到交趾，北边达幽都，东边至日月升起的地方，
西边抵日月降落之处。如此广阔的疆域上，没有
不臣服的。

"尧把天下让给舜帝，舜从山上砍来木料制
作食器，把砍削过的地方打磨光滑，还在器具上
涂抹黑漆，送到宫里使用。诸侯们认为舜过于奢
侈，不服从他管辖的国家有 13 个。

"舜把天下让给大禹。禹制作祭器，用黑漆
涂抹外面，用红漆涂抹里面，用丝织品做席垫，
草席子上还编出花纹，觞、酌、樽、俎等器具也
都进行了装饰。这就奢侈多了，不服从的国家增
加到了 33 个。

"殷商接替夏王朝掌管天下，专门为天子制作了大车，旗子上系着飘带，食具上雕刻着花纹，酒具上镂刻着图案，宫墙和台阶涂成白色，坐垫和席子上都编织出了凹凸起伏的纹饰。这就更奢侈了，不服的国家达到了 53 个。因此——"由余顿了顿，望着秦穆公道："我说俭朴是治国的根本途径。"（臣故曰俭其道也。）

（《韩非子·十过》）

⊙ 仲孙它的罚与奖

季文子是鲁国的执政大夫，辅佐鲁国的两代国君鲁宣公和鲁成公。他生活极为俭朴，侍妾不穿丝绸，家里的马匹不喂粮食。

仲孙它实在看不过去了，劝他说："您是鲁国上卿，辅佐两代国君，妾不穿丝绸，马不喂粮食，人们都说您吝啬，对国家也不光彩呀。"

季文子说："难道我不愿意光彩一些吗？但我看到鲁国人民，他们的父兄吃的是粗粮，穿的是破旧衣服，我就不敢这么想了。自己治下百姓的父兄吃粗粮、穿旧衣，而我却把侍妾和马匹装扮得光彩耀人，这恐怕不是辅佐国君的人应该有的作为吧！我听说过高尚的品德可以为国家增光，还没有听说过漂亮的侍妾和马匹能给国家增光的呢。"

季文子把这件事告诉了仲孙它的父亲孟献子。孟献子把仲孙它关了七天，命令他反省。打那以后，仲孙它的侍妾也都换上了粗布衣裳，喂给马吃的也只是草籽。

季文子听到后很高兴，说："有了过错而能够改正的人，是可以治理民众的。"于是任用仲孙它为上大夫。（《国语·鲁语上》）

⊙ 一只鞋子

楚国与吴国交战，楚国战败。楚昭王在撤退中发现，自己的一只鞋开裂了。他脱下鞋子，背在肩上继续赶路，由于走得急，鞋子掉了也不知道，等到察觉时，已经走出了 30 步。楚昭王掉头捡回鞋子，然后接着赶路，一直退到隋(今湖北省随州市)这个地方。

身边的侍从问："大王您怎么连一只开裂的鞋子都舍不得丢掉呢？"

楚昭王回答："楚国虽然穷，但也不至于对一只坏鞋子恋恋不舍。我想的是，鞋子跟我一起出来，也应该随我一起回去才是啊。"

从此楚国形成了一种风气，再没有人随便丢弃破旧的东西了。

(《新书·谕诚》)

⊙ 孔子祭鱼

孔子来到楚国，有个打鱼人非要送他一条鱼不可，孔子再三推辞。渔人说："天气太热，离市场又远，卖不掉，原来打算扔了它，转念一想，不如送给君子。"孔子拜了两拜，收下鱼。

孔子吩咐学生打扫卫生，准备祭鱼。学生问："这本是别人打算扔掉的东西，夫子您却要祭拜它，为什么？"

孔子答："我听说，不浪费财物而去接济他人的人，乃是圣人。如今我接受了圣人的赐予，怎么可以不祭拜呢？"(《孔子家语·卷二·致思》)

⊙ 晏子的示范

晏子上朝，破车劣马。国君齐景公见了，说："哎呀，先生的俸禄不够用吗？为何使用跟您身份不相称的车马呢？"

晏子答："靠着国君您的赏赐，我的三族得以不愁衣食，社交开支也可以满足。只要能够穿得暖吃得饱，有破车劣马使唤，完全够了。"

晏子下朝返家，景公安排人给晏子更换车马，来回三次晏子都不接受。景公不高兴，急召晏子，说："先生您要是不接受车马，往后我也不用车马了。"

晏子说："国君您任用我为百官之首，我应该节衣缩食，为大家做榜样。即使我做到了现在这一步，仍旧担心臣民一味追求奢侈而不注重德行修养。譬如车马，国君乘坐的华贵，臣子乘坐的也华贵，在民众那里就没有了是非标准。那么对于那些浪费衣食而品行不端的人，我就没有办法纠正了。"

晏子到底没有更换车马。（《说苑·卷二·臣术》）

⊙ 萧何的误区

汉高祖刘邦征讨匈奴回到都城长安，发现萧何主持营造的未央宫非常壮观，很是生气，斥道："天下纷乱不休，人民饱受连年战事的劳苦，至今成败未定，你为什么如此过分地修建宫室！"萧何说："正因为天下尚未安定，才需要大力营造宫室。天子以四海为家，宫殿不壮丽不足以加重威势，而且将宫室建造得壮丽一些，也可以使后人的建筑规模难以超过它。"刘邦这才高兴起来。

司马光评论道：君王以仁义为壮丽，以道德为威势，还从来不曾听说过有依靠宫室规模来镇服天下的。天下尚未安定，理当克制自己，节俭用度，以解救民众的危难。而现在却把营建宫室放在前面，怎么可以说是明白自己的职责呢！从前夏朝的大禹栖身于简陋的宫室，而他的后代夏桀则住在奢华的宫殿。开创大业把王位传给后代的君王，尽管身体力行，为后代做出节俭表率，但其不肖子孙还是陷于骄奢淫逸，何况是向后人显示奢侈呢！这个萧何居然谈什么"可以使后人的建筑规模难以超过它"而促使子孙不得不节俭，难道不是很荒谬吗！也许正是由于开了这个头，到了汉武帝时代，终于酿成因为滥建宫室而导致天下凋敝的悲剧。

（《资治通鉴》卷11）

⊙ 一个露台

西汉时，有人向汉文帝进献千里马。文帝说：皇帝平时出行，日行不超过50里；率军出行，日行仅30里，我要千里马做什么？于是退回马，还补贴给献马者一笔旅费。文帝死前留下遗诏说：死乃天地之常理，万物之法则，有什么值得特别悲哀的呢！世人乐生而厌死，为了厚葬，不惜破产，为了尽孝，不惜损害身体健康，我很不赞成这些做法。诏令一切从简。他修建自己的陵墓，利用山丘地形，节省了堆建高大坟茔的费用，陵内配备的都是陶制器物，不准用金、银、铜、锡进行装饰。

文帝在位23年，宫室、园林、车骑仪仗、服饰器具等，都没有增加。他曾想修建一个露台，召来工匠计算，需花费100斤黄金。文帝说："100斤黄金，相当于中等民户10家财产的总和，我居住在先帝的宫室里，生怕给它蒙羞，修建露台干什么！"文帝自己身穿黑色粗丝衣服，他宠爱的慎夫人，衣裙不拖到地面；使用的帷帐都不刺绣花纹，以朴素为天下人做表率。他全力教化百姓，国家安宁，民众富裕，后世很少有人能够做到这一点。时人赞道：功劳最大的莫过于高皇帝（刘邦），德业最盛的莫过于文皇帝。（《资治通鉴》卷13、15）

⊙ 节俭带来富足

西汉元帝听说贡禹贤良，派特使把他召到长安，让他做谏议大夫。元帝屡次谦恭地向贡禹请教如何治政。贡禹说："古代的君主都很节约，用度也少，除了征收十分之一的赋税外，没有其他的赋税徭役，所以每家每户都很富足。我朝高祖、文帝、景帝，宫女不过十几个，御马不过百余匹。可惜的是后世没有继续下去，争着追求享受，而且一代比一代严重。臣民跟着效仿，也越发奢侈起来。我以为，完全回到古代不大可能，但至少也应当效法近代祖先的节俭以约束自己。"（《资治通鉴》卷28）

⊙ 大司徒司直夫妇

王良是东汉光武帝刘秀的大司徒司直，给丞相当助手，专门负责检举不法官员。

这个官职的俸禄很高，一年2000石小米。但王良非常节俭，把妻子留在老家东海兰陵（今山东省苍山县西南），只身到京城上任。他穿的是布衣，吃的经常是蔬菜，用的是瓦器，省下的钱都接济了生计困难的亲友。

王良有位部属叫鲍恢，去东海（治所在今山东省郯城县北）办公务，顺便到王良老家去看看。到了家门口碰上一个女人，一身的布衣布裙，拖着一捆木柴，看样子是从地里回来。鲍恢上前说："我是京城来的司徒史，特地来看看有没有书信需要带到京城，希望能够见到大司徒司直夫人。"

女人放下柴，轻轻地掸了下手，说："我就是他的妻子。真是辛苦了，没有书信要麻烦您。"

鲍恢大惊，赶紧下拜行礼。他知道上司节俭，但绝想不到竟

然对自己严格到这种地步。每当说起这件事，鲍恢都连连叹息，听说这件事的人没有不敬佩的。（《后汉书·卷27·王良传》）

⊙ 为天下守财

　　东汉安帝大肆封赏亲贵。尚书翟酺上书说："从前文帝不舍得花费百金修建露台，用包装奏章的黑色布袋制作帷帐，有人讥笑他过于节俭，他说：'朕只不过是为天下守财罢了，怎么能够随意使用财物！'（朕为天下守财耳，岂得妄用之哉）陛下您自亲政以来，时间不长，赏赐用去的费用已经无法计算。聚敛天下之财，转移到对国家没有功劳的人家，致使国库空虚，民生凋敝。如果突然发生不测，必须再征收重税，这就会使百姓产生怨恨背叛之心，危险和动乱就会随之到来。希望陛下尽力物色忠贞之臣，惩办疏远奸佞之辈，割舍情欲的欢娱，放弃宴请宠臣的喜好，心中牢记亡国之君失败的教训，学习圣明君主成功的经验，各种灾害便可止息，丰收之年便可到来。"（《资治通鉴》卷50）

⊙ 奢侈导致贫穷和衰落

　　王莽新朝时，唐尊任太傅。唐尊认为："国家空虚，人民贫困，罪魁祸首就是奢侈过度（国虚民贫，咎在奢泰）。"唐尊身穿小袖短衣，乘坐母马拉的简陋车子，坐卧时用禾秆做席垫，吃饭时用瓦器做餐具。他还把这些东西分赠给公卿大臣。王莽赞赏他做法，下诏书告诫公卿说，"希望你们同他一样。"王莽封唐尊为平化侯，以示嘉奖。（《资治通鉴》卷38）

　　东汉桓帝时，封赏超出规制，宫女数量众多。光禄勋陈蕃上书说："皇宫中的美女达到数千人，她们吃的肉，穿的绫罗绸缎，的胭脂粉黛，所消耗的费用无法计算。民间谚语说：'不去偷盗有五个女儿的人家。'因为女儿多的人家一定贫穷。如今后宫养了这么多美女，难道不会造成国家的贫穷吗？"桓帝采纳了陈蕃的建议，放出宫女 500 余人。（《资治通鉴》卷 54）

隋唐时期，西北活跃着一个叫回纥的族群。回纥风俗质朴敦厚，人们之间的等级差别不明显，上下一心，得以迅速崛起，强劲雄健，所向无敌。后来回纥为唐朝立了大功，得到了非常丰厚的回报。回纥君主登里可汗开始妄自尊大，他大兴土木，住进了宫殿，身边的妇女也搽粉画眉，身着绣衣。结果唐朝财力空虚，回纥的风俗也败坏了，走向衰落。（《资治通鉴》卷 226）

⊙ 几位帝王的日常生活

东汉末年的魏王曹操，后宫每餐不超过一盘肉，衣服不用锦缎做装饰，坐垫不镶花边，所用器物也不涂红漆。正因为如此，他才能够平定天下，给后人留下福分，使他的子孙得以坐在皇帝的位置上。（《资治通鉴》卷 73）

南北朝时，南齐明帝倡导节俭朴素。负责膳食的太官给他进献一种名叫裹蒸的食品，他对太官吩咐道："我一次吃不完一个，把它分成四块，剩下的晚上再吃。"一次，明帝用皂荚洗浴，指着用过的皂荚水对身边近侍说："这个还可以使用。"太官在正月初一给明帝上寿，温酒时使用银制酒铛，明帝要把它毁掉。卫尉萧颖胄说：朝廷中最隆重的节日莫过于正月初一，况且这个银制酒铛是旧东西，谈不上奢侈。明帝听了心里很不舒服。（《资治通鉴》卷 140）

南北朝的陈国武帝，作战英勇善谋，治政宽和简朴。他天性节俭，日常膳食只有几样菜，私人宴会用的是瓦器木盘，酒菜足够应付就行了。后宫的妃子、宫女没有披金戴翠的服饰，也不设女乐。（《资治通鉴》卷167）

南北朝的北周武帝宇文邕，生性节俭，喜欢穿布袍，睡觉时盖布被，后宫不过十几人。行军作战他常常出现在队伍中，与士兵一起在山谷间行走，别人都难以忍受，他却乐此不疲。他对待将士很宽厚，虽然用法严峻，但将士们却乐意为他而死。（《资治通鉴》卷173）

五代时的南唐国主李昪（biàn），性格节俭，常常脚穿草鞋，服饰粗糙简单，洗手洗脸用铁盆，夏天睡在用青葛做的蚊帐里，服侍他的是又老又丑的宫人。他体恤为国家死亡的人，发给俸禄3年。他派人查验民田，根据地力肥瘦核定租税，民众认为公平合理。（《资治通鉴》卷282）

⊙ 两位帝后

曹操夫人卞氏，在儿子曹丕当上魏国皇帝时，被尊为太后。卞太后每次会见自己的亲属，都有意拉开距离，显得不大亲热。她经常对人说："生活要节俭，心里不应当装着得到赏赐的念头，也不应当有贪图安逸的想法。我的族人常常怪我对他们太薄情，这是因为我有自己的准则。我侍奉武皇帝（曹操）四五十年，已经过惯了俭朴生活，不可能再去追求奢侈豪华。我要求族人很严，告诫他们，如果违犯法令制度，要比别人罪加一等，别指望我送金钱和粮食给你们，更别指望我宽赦你们。"（《资治通鉴》卷69）

隋文帝皇后独孤氏出身世家大族，性情谦恭，喜欢读书，政见常常与文帝不谋而合，宫中称帝、后为"二圣"。独孤皇后秉性俭约，隋文帝曾经配制止泻药，须用胡粉一两。这种东西宫中不用，多方搜求，最后还是没有得到。隋文帝还想赏赐柱国刘嵩的妻子一件织成的衣领，在宫中也没找到。（《资治通鉴》卷175）

⊙ 奢侈是敌人的帮手

三国时，魏国明帝曹睿打算铲平洛阳的北芒山顶，在上面建造观景台，以遥望孟津。

少府杨阜上书说："假使前朝的汉桓帝、汉灵帝不废弛汉高祖的法令制度，不破坏汉文帝、汉景帝的谦恭节俭作风，太祖（曹操）虽然神武，又到哪里去施展？曹氏的魏国又怎能取代刘氏的汉朝？那么陛下您又怎能处在今天这无比尊贵的位置上呢？现在吴、蜀两国还没有平定，军队在外作战，对各项土木之事，请陛下务必遵循节俭的原则。"明帝表示赞许。

杨阜又上书说："尧帝崇尚简陋的茅屋，万国安居，大禹居住低矮的宫室，天下乐业；到了商朝和周朝，殿堂基础的高度只有三尺，宽度只能容纳九张席子。而夏桀用玉石建造居室，用象牙装饰走廊，商纣王建造倾宫、鹿台，结果二者都葬送了国家；楚灵王修筑章华台而身遭大祸，秦始皇修建阿房宫，传位仅二世即被灭亡。凡是超出民力限度而满足自己欲望享受的帝王，没有不遭灭顶之灾的。陛下应当以尧、舜、禹、商汤、周文王和周武王为效仿对象，以夏桀、商纣、楚灵王、秦始皇为鉴戒。抛开了这些，只顾自己娱乐，心思放在宫殿台阁的修饰上，必定会有倾覆危亡的祸患。"明帝被他的忠言所感动，亲笔写诏给予回答。（《资治通鉴》卷73）

⊙ 奢侈之费，甚于天灾

西晋武帝时，攀比之风盛行，竟然出现了谁奢侈谁就受尊重的怪现象。车骑司马傅咸上书武帝说："从前帝王治理天下，对饭食中用肉，对衣着中用帛，都有严格规定。我认为，奢侈所造成的耗损，远远超过天灾（奢侈之费，甚于天灾）。古时候人多地少，然而却有积蓄，是由于节俭的缘故。现在地广人稀，却担心物品匮乏，是由于奢侈的缘故。要想让人们崇尚节俭，就应当整治奢侈的习气。奢侈之风不被制止，竞相攀比下去，那就没有尽头了！"（《资治通鉴》卷81）

⊙ 富贵不能淫

东晋时，殷仲堪前往荆州任刺史。正遇上水灾歉收，他吃饭通常只用带5只小碗的碟子盛一点菜，再也没有别的菜肴了。饭粒掉在桌子上，马上捡起来吃掉。他这样做是想给大家树立个好榜样，但也是他的朴素本性使然。他常常告诫子弟们："不要因为我当了封疆大吏，就以为我会把以往的志向抛弃了，其实我一点儿也没有改变。清贫乃是读书人的常态（贫者士之常），怎么能当了官就忘本呢？你们一定要记住我的话。"（《世说新语·德行》）

⊙ 没有废物

东晋名臣陶侃出身贫寒，节俭成性。他担任荆州刺史时，吩咐负责建造船只的官员把木屑全部收藏起来，多少不限。大家都不明白他的用意。临近正月，连着下了几天雪，大年初一那天，太阳出来了，堂前台阶湿滑不堪，来往贺年的人很不方便。陶侃便让人把木屑铺上。竹子是常用材料，每年官府都消耗不少，陶侃吩咐把砍掉的竹头都收集起来，堆积如山。后来桓温讨伐后蜀，要组装战船，这些竹头派上了用场，当钉子使用。陶侃曾经征调过当地的竹篙，有一个主管官员把竹子连根拔起，利用根部代替竹篙的铁足，陶侃给他连升两级，提拔使用。（《世说新语·政事》）

苏峻叛乱时，太尉庾亮逃到陶侃那里搬救兵。陶侃认为这场叛乱是庾氏家族造成的，曾放言要杀掉当权的庾氏兄弟向天下谢罪。陶侃与庾亮一起吃饭，饭菜很简单，其中有薤头，庾亮顺手留下薤白。陶侃问留这东西做什么？庾亮答仍旧可以种。庾亮的这句话进一步改变了陶侃的看法，认为庾亮确实有治国的实际才能。（《世说新语·俭啬》）

一次陶侃外出，看见有人手持一把未成熟的稻子，便问：你拿它做什么？那人答：走路看见路边稻子，随手就摘了下来。陶侃大怒，道：你自己不种地，却毁坏别人稻子来玩耍！下令抓住这人打了一顿鞭子。在陶侃的带动下，他治理下的百姓都能够辛勤劳作，家庭用度达到自给自足。（《资治通鉴》卷93）

⊙ 胜利后更加节俭

南北朝时，北周武帝宇文邕统一了北方，诏告天下：现在的宫殿都是晋公宇文护执政时所建，极尽奢华之能事，规模超过了宗庙，可以全部拆毁。雕饰的物件，一并赐给贫困民众。修缮建造之事，务必简单朴素。又说：其他地方的殿堂凡是过于奢华的，均照此办理。武帝还下诏：后宫只设置妃子二人，女官三人，御女三人，此外统统裁撤。

司马光就此评论道："周武帝可以称得上是善于对待胜利了！别人胜利后更加奢侈，周武帝胜利后却更加节俭。"（《资治通鉴》卷173）

⊙ 刘裕父子不忘本

南北朝时，南朝宋国的开国皇帝叫刘裕。刘裕出身贫贱，曾以打草为生，身上的衣服都是妻子也就是后来的敬皇后亲手缝制的，一件布棉袄缀满了补丁。刘裕当上皇帝后，拿出过去的旧衣服给公主看，叮嘱道："如果后世子孙中有人骄傲奢侈，不知节俭，你就让他们看看这些衣服。"刘裕清心寡欲，生活简朴，起居有常，严整有度。衣服和住所都很朴素，很少举办游览欢宴，后宫嫔妃也不多。他的财产全部放在国库里，宫内没有私藏。岭南曾经进贡过一种筒装细布，一筒竟能容纳八丈。刘裕嫌它过于精致华丽，耗费人工，命令有关部门弹劾岭南太守，把进贡的细布退回，下令禁止再织造这种细布。公主出嫁，嫁妆不过 20 万，随嫁物品都很普通。在他的带动下，宫内宫外没有人敢奢侈浪费。

刘裕有个儿子叫刘义隆，是宋国第三任皇帝。一次，他为人送行，出宫前吩咐儿子们不要吃饭，到了饯行宴上再吃。直到太阳西斜，那人还没到，儿子们饿得脸都变青了。刘义隆说："你们从小生活在富贵安逸的环境中，不知道老百姓生活的艰辛。我今天就是要让你们亲身尝尝饥饿的滋味，让你们从此懂得以节俭的态度对待财物。"刘义隆治国有道，没用几年，疲惫的江南便恢复了元气，被后人赞为"元嘉之治"。

南北朝史学家裴子野评论道：太祖（刘义隆）这番训导真是太对了！奢侈形成于富足的环境中，节俭产生在匮乏的生活里。如若想让人懂得经受困乏而后方可成材的道理，不如使他处于贫贱的境遇。人只有学会在艰苦的环境中生存，才能担当起重任，只有亲身体验民间的疾苦，才能管理好国家。（《资治通鉴》卷 119、123、124）

⊙ 不以天下专奉一人

唐朝太宗时，一个叫张蕴古的人写了篇文章，名《大宝箴》，呈献太宗皇帝。其中有句话是："圣人上承天命，拯黎民于水火之中，救时世于危难之际，因此以一个人来治理天下，但不以天下专奉一人（以一人治天下，不以天下奉一人）。"又写道："内廷屋宇重叠，而帝王睡觉的地方只要能摆下一张床就足够了，他们却不知道这些，大肆修筑瑶台琼室。席前堆满山珍海味，而帝王吃下的东西只要能够填满肠胃就足够了，他们却不知道这些，堆糟成丘，以酒为池。"接着说："切莫糊里糊涂而陷于昏暗，也不要苛察计较而自以为精明，应该做到虽然有冕前的垂旒挡住眼睛，却能看清事物尚未形成的状态，虽有帽子两侧的黄锦遮住耳朵，却能听到事物尚未发出的声音。"太宗皇帝深为赞许，赏赐他束帛，任命他为大理丞。（《资治通鉴》卷 192）

⊙ 有始无终

唐玄宗即位之初，社会风俗日趋奢侈腐化，引起了他的警觉，决定首先从自身做起，下令有关部门销熔专供皇帝使用的金银器物，所得金银补充军队和国家的财政支出，珠宝玉器、锦绣织物在殿前焚毁，自后妃以下一概不得使用这类东西。接着发布敕命，对官员的腰带、酒器、马匹装饰作出规定，三品以上的可以用玉，四品可以用金；五品可以用银；其余官员不得使用任何饰物。妇女所用饰物随同丈夫或儿子。至于已经使用的锦绣不必销毁，可以染成黑色。敕命强调，全国各地从此一律不得采集珠玉，不得纺织锦绣，违犯这项禁令的官员杖刑 100，违犯禁令的工匠减一等治罪。玄宗还下令撤销了设于东西两京的织锦坊。

司马光评论道："唐玄宗即位之初，为了治理好国家，能如此要求自己厉行节俭；然而却晚节不保，以奢侈导致国家败落。奢侈腐化对于人的侵蚀实在是太厉害了！《诗经》说：'凡事都有好开头，很少能够到终了。'怎么可以不慎重呢！"（《资治通鉴》卷211）

⊙ 节俭与安定

唐朝安史之乱后，政局动荡，时常发生军队抗拒朝廷的现象。

德宗时，泽州刺史进献《庆云图》，祝贺吉祥。为此德宗颁发诏书说："在我看来，时局和平、年年丰收才是吉祥；大臣们推举贤能表现忠心才是好兆头，而那些祥云、灵芝、珍禽、奇兽、怪草、异木，又有什么值得大张宣扬的！现通告天下，今后凡是这类东西，一概不许进献。"

内庄宅使报告说各州有14000多斛官租，德宗下令分给当地充当军粮储备。有国家多次进献驯象，大约有42头，德宗认为，豢养大象花费巨大，并且违背动物本性，下令将驯象放到荆山南麓，豹、斗鸡、猎犬等动物也都一并放掉。德宗又放数百名宫女出宫。

朝廷内外都很高兴。淄青一带不服从朝廷的士兵扔掉兵器，互相看着说："明君出现了，我们还造反吗！"（《资治通鉴》卷225）

⊙ 郭威的遗言

五代时，后周太祖皇帝郭威到圜丘祭天，之后赏赐军将。有人嫌赏赐少，口出怨言。郭威听说了，把将领们召到寝殿，责备道："我自从即位以来，节衣缩食，心里装的只是保证军队供给的念头。国库的积蓄，四方的贡献，除去供应军队之外，很少有剩余，你们难道不知道吗？如今却纵容邪恶之徒随口乱说，全然不顾念君主的勤俭朴素，丝毫不体察国家的贫穷匮乏，又不掂量一下自己有什么功劳而接受赏赐，只知道抱怨，你们于心能安吗！"众将惶恐，告罪退下，回营惩办恶徒，流言蜚语得以平息。

郭威屡屡告诫继承人郭荣（柴荣），说："从前我西征时，看到唐朝 18 座皇陵没有不遭到挖掘的，没有别的原因，就是由于陵墓中埋藏了太多的金银财宝。我死之后，一定给我穿纸糊的衣服，用陶制的棺材收敛；迅速安葬，不要在宫中停留太长时间；墓穴不要用石头建造，用砖即可；工匠和劳役一概由官府出钱雇佣，不要搅扰百姓；安葬完毕，就近招募百姓 30 户，免除他们的各种徭役，让他们安心照看陵墓；不要修建地下宫室，不要安排守陵宫人，也不要设置石羊、石虎、石人、石马这些东西，只需刻一块石碑立在陵前，上写：'周天子平生喜好俭约，遗令用纸衣、瓦棺，后继的天子不敢违背。'你要是不听我的话，我就不施福给你。"（《资治通鉴》卷 291）

小结

在古人那里，节俭被视为一种天理，糟蹋东西被说成是伤天害理，叫做造孽。表达的不只是对浪费的谴责，还包括了对这种现象背后社会分配不公的愤慨，所谓"朱门酒肉臭，路有冻死骨"（杜甫：《自京赴奉先县咏怀五百字》）。这么看，节俭是一种教养，一种境界，体现的是大爱。

节俭在今天应该成为一种时尚，一种价值取向。首先，有利于切实改进工作作风，加强同群众的密切联系。中共中央政治局有关这方面的八项规定，核心就是一个"简"字；与此相联系的倡导"短、实、新"的文风，贯彻的也是简的精神。作风变了，文风变了，差距缩小了，民众就会感到亲切，把党员干部看作自己人。其次，有利于形成集约型发展模式。长期以来，我国经济社会发展走的是一条高投入、高消耗、低产出的路子，拼的是资源、资金、人力、物力，不仅效益差，而且对生存环境和生态环境造成严重威胁，是一条不可持续发展的死路。要改变经济增长方式，必须在观念上发生根本转变，继承和光大节俭美德，培养和树立简朴意识，以惜物的价值观取代单纯追求利润的价值观。再次，有利于端正社会风气，重建良好风尚习俗。

我国目前浪费极其严重，饭桌上的浪费只是表面现象，是看得见的，而资源、投资、设施、物品等领域的隐形浪费绝不亚于饭桌。挥霍是一种不健康的意识和心理，一定会在各个方面产生严重影响，造成恶劣后果。习近平同志抓住民众反映最为强烈的餐饮环节上的浪费作为突破口，指出：各种浪费现象的严重存在令人十分痛心，浪费之风务必狠刹！舆论认为，这是讨伐奢侈浪费的动员令。这个举措顺民意合规律，效果快成绩大，杜绝浪费的"光盘行动"在官民中大面积传播，蛇年春节也成为这些年来最干净的春节。

（二）惜民

要义

节用爱物不是孤立的，正如伤财与劳民连在一起，节俭上面折射着对财富创造者的尊重。爱物最终要体现在惜民上，如果认识不到这一点，见物不见人，重物不重人，就会做出为了财物而伤害民众的事情，这恰恰是治政者最容易犯的错误。

惜民主要有三个要求，一个是爱惜民力，不随意使用民力，不把民力用光耗尽；另一个是精简机构和官吏，减轻民众负担；再一个是尊重社会运行，少干涉、不折腾，让包括经济在内的社会自然而然地发展，也就是人们常说的"无为而治"。这一条不仅是道家的最高期许，也是儒家所追求的最高治理境界。孔子曾赞美舜和禹，说他们是"有天下也，而不与焉"（《论语·泰伯》），意思是拥有天下却不把自己的意志强加于天下。在儒家那里，德治即被视为一种无为，以现成的天然伦理关系调节社会生活的方方面面，是一种省力、省工、省财而又和谐的治理方式。

故事

⊙ 什么是穷

春秋时，晏子在齐国做大夫。正是吃饭时间，国君齐景公的使者来到晏子家。晏子把自己的饭菜分出一半招待使者，结果两人都没吃饱。使者回宫回报，景公惊讶地说："嗨，晏子竟然穷到这步田地！我一点也不知道，是我的罪过啊。"于是下令把一个千户县赐给晏子做食邑。

晏子推辞不受，传达赏赐的使者跑了三趟都无功而返，景公只好作罢。

晏子病重，眼看着不行了，吩咐凿开厅堂的立柱，把遗书藏进去，叮嘱妻子说："楹柱里的遗言，待儿子长大后给他看。"后来儿子取出遗书，上面写着这样的话："布帛不可以消耗殆尽，否则就没有穿的了；牛马不可以消耗殆尽，否则就没有使的了；士人不可以消耗殆尽，否则就没有用的了。穷尽了，穷尽了，最后就真正的穷了！"（《说苑·卷二·臣术》、《说苑·卷二十·反质》）

⊙ 东野稷之马

战国时期，一个姓东野名稷的人来见卫国的国君卫庄公，表演驾车。

东野稷技术高超，马匹听从他的命令，车子进退有规有距，旋转自如。卫庄公非常满意，认为他的驾车本领比天下第一驾车高手造父还要棒，让他驾着他的马再绕 100 个圈子。

这时，鲁国贤人颜阖进见，庄公问："您见到东野稷了吗？"颜阖说："见到了。他的马一定会累坏的。""是吗？"庄公不相信。

不久，东野稷转回来了，他的马果然累坏了。

庄公召来颜阖询问原因。颜阖说："东野稷驭马的技术的确好，造父也不过如此。然而，东野稷还在驱策他的马，所以我就知道马儿一定受不了。"

所以乱国的君主役使自己的人民，根本不懂得人的本性，违反人之常情，只知道一味地通过制定法令来使唤他们，当人们不能适应时，就加以责难，当人们面临巨大危险而畏惧时，就给予严厉惩罚。君主和百姓互相视为仇敌，就是由此而来的。（《吕氏春秋·适威》）

⊙ 走不出这座门

韩国君主韩昭侯修建一座高大的门楼。屈宜臼对他说："您肯定走不出这座门。"韩昭侯问为什么？回答是："因为时运不宜。我所说的时，不是指时间，指的是人生境遇。人生在世，有顺利有不顺利。您曾经有过好时运，却没有修建高门楼，而去年秦国夺占了我们的宜阳，今年国内又逢大旱，您不在这时候体恤百姓的危难，反而去挥霍，这正是古话说的越穷越摆架子，所以我说时运不宜。"

门楼建成了，韩昭侯也死了，终于没有走出这座门。（《资治通鉴》卷2）

⊙ 萧规曹随

汉朝建立，萧何为相国。萧何临终时推荐曹参。曹参接任后，办理事情没有任何变化，一切恪守萧何确立的制度。

曹参任用的官吏都是不善言辞、稳重厚道的长者，凡是咬文嚼字、追求名声的一概赶走。他自己整天喝酒，不分昼夜。一些官员和宾客见他无所事事，上门进行规劝，还没等人说话，曹参就开始劝起酒来，客人刚要进言，他的酒又递了过去，直到把对方灌醉为止，就是不给别人开口说话的机会。曹参属下的官吏也效仿他，整天饮酒高歌，喧闹不休。曹参的随从见闹得太不像话，就请他到相国府的后院亲耳听听官吏是怎么胡闹的。不想曹参不仅一点儿也不生气，还吩咐拿酒来痛饮，边喝边唱，与那些官吏遥相呼应。

孝惠帝见曹参如此治事，很不高兴，让曹参的儿子私下里责问父亲。儿子对父亲说："您身为相国，整天饮酒，不向皇帝报告，怎么能够管理好国家呢？"曹参大怒，打了他100鞭子。上朝时，皇帝向曹参解释，说是自己安排的。

曹参脱帽谢罪，问："请陛下仔细思量，您与高皇帝比，谁更强？"高皇帝就是刘邦，惠帝的父亲。

惠帝回答："我怎么敢跟先帝比！"

曹参又问："陛下认为我的才能与萧相国比，谁更强？"

惠帝打量了曹参一会儿，说："你好像比不上萧何。"

曹参望着皇帝说："陛下说得很对。高皇帝与萧相国平定天下，制定的法令已经很明确了，如今陛下垂衣拱手，曹参谨守职责，老老实实地遵循已有的法度，不标新立异，不就可以了吗？"

孝惠帝说："得，我明白了，你不要再说了。"

曹参当了3年相国后去世。当时流传的一首民歌这样唱："萧何立下好规矩，士农工商来看齐，曹参随后接大任，严格遵守不背离。清静无为是宗旨，百姓盼的是安逸。"（《史记·曹相国世家》）

⊙ 皆百姓之力

东汉章帝喜欢赏赐群臣，数量远远超出规定。

何敞上书太尉宋由，说："这些年接连发生水旱灾害，民众没有收获；凉州边境一带，居民屡遭兵害；中原内地各郡，公私财力均已枯竭，此时正是减少消费、节约用度的时机。皇恩天覆地载，但赏赐超过了限度，听说仅在腊日，自郎官以上、公卿王侯以下官员得到的赏赐，就足以掏空国库，耗尽国家储备。追究国家的用度，说到底都出自百姓的劳作（寻公家之用，皆百姓之力）。贤明君主赏赐，应当根据等级制度进行；忠臣接受赏赐，也应当符合规定。因此禹得到的赏赐是黑色的玉圭，周公得到的则是五匹帛。明公您的地位尊贵，责任重大，对上应当匡正朝纲，对下应当安抚人民，难道只是无所作为地不违反上命就够了吗！您应当先端正自己，做下官的表率，交还所得的赏赐，同时向皇帝陈述利害得失，奏请遣送王侯返回各自封国；解除禁止民众在皇家园林耕种的法令，节省不必要的开支，赈济抚恤穷苦孤独的人，那么恩泽就会传达于下，黎民百姓就会喜悦安乐。"（《资治通鉴》卷47）

⊙ 编制以民众需要为转移

东汉建立之初，急需定岗定编。光武帝刘秀下诏说："设置官吏职位，以民众需要为准。（夫张官置吏，所以为民也。）如今经过战乱，户口减少，而官吏职位的设置仍然繁多。现命令司隶、州牧对各自所管辖的部门按照实际需要进行核实，裁减官吏属员。无论是郡还是封国，不是必须设置长吏的，予以合并。"于是合并裁撤400多个县，同时官吏的职位也减少了，10个官员只留一个。免去郡县、封国的轻车、骑士、材官，命他们回归为民。由于战事已经平息，事务缓解，再加上各种公文的往来和差役的调遣力求从简从少，工作量下降到从前的十分之一。（《资治通鉴》卷42～43）

南北朝时，北齐州郡及官吏过多。文宣帝认为，这是战乱造成的，说：北魏末年，豪强纠结地方武装，利用各种关系，各自建立州郡，或者把大的地区分拆，或者把小的地区合并，致使州郡数目激增，无论是公家还是私人，都增加了许多事务和耗费。人口减少了很多，太守、县令之类的官员却比昔日多出一倍。边远地区忽而归顺忽而背离，大多浮夸虚报，100户人家的集镇，匆促中就立起一个州的名号，3户人家的居民，也要空担一个郡的名目。如果按照州郡之名与实际情况相对照，就会得出名不副实的结论。于是下诏，撤销3个州和153个郡。（《资治通鉴》卷166）

隋朝文帝时，杨尚希上奏说："我发现当今郡县多于古代一倍。有的地方不满百里，竟然设置了好几个县；有地方户口不满1000，上面竟有两个郡。由此造成官吏数量膨胀，开支加大；差役成倍增长，收入减少。民众少而官吏多，10只羊倒有9个牧人（十羊九牧）。现在应该保留重要职位而废除闲散职位，把小郡县合并成大郡县。这样不但国家可以避免粮棉亏空，也容易选得贤才良吏。"隋文帝接受了这一建议，将郡改为州。（《资治通鉴》卷175）

唐朝取代隋朝。唐太宗对房玄龄说："官员的关键在于得到合适人选，而不在于人多。"（官在得人，不在员多。）命令房玄龄对官员进行裁并削减，最后只留下文武官员总计643人。（《资治通鉴》卷192）

唐宪宗时，李吉甫上奏说："从秦到隋13个朝代，所设置的官员数量，没有比我朝更多的了。天宝年以后，中原地区常住军队，能够统计的就有 80 多万人，而商人、僧人、道士等不从事农业生产的人，又占到总人口的十分之五六，官民相加，达到七成，这是以十分之三劳苦筋骨的人去奉养十分之七坐等穿衣吃饭的人啊（以三分劳筋苦骨之人奉七分待衣坐食之辈也）。如今中央和地方需要以税收钱财供给薪俸的官员不下 1 万人。全国有 1300 多个县，其中以 1 个县的地方设置成 1 个州，以 1 个乡的人口编制成 1 个县的，为数不少。请命令有关部门详细制定州县的废除与设置方案，吏员可以节省的要节省，州县可以合并的要合并，入仕途径可以减少的要减少。"（《资治通鉴》卷 238）

⊙ 岂爱民之本

东汉和帝时，岭南地区向朝廷进贡新鲜龙眼和荔枝，10 里设一个驿站，5 里设一个岗亭，日夜不停地传送。唐羌上书说："我听说，在上位的人不因享受美味而被视为有德，在下位的人不因进贡美味而被视为有功。我看到交趾州七郡进贡鲜龙眼和荔枝，一路疾驰，鸟惊风动。南方州郡天气炎热，路上毒虫猛兽随处可见，传送贡物的人极其辛苦，甚至会死在路上。已死的人不能复活，后来的人却可以挽救。"和帝下诏说："边远地区进贡珍奇的美味，本是用来供奉宗庙的。如果由此带来伤害，岂不违背了爱护人民的本意。（苟有伤害，岂爱民之本。）"遂取消了这一规定。（《资治通鉴》卷 48）

唐朝时，高宗为了美化长安的宫苑，派遣宦官从南方运送奇异的竹子。宦官们征用船只装载竹子，所到之处，放纵暴虐。荆州长史苏良嗣把他们关了起来，上书谏道："到远方收罗珍奇异物，沿途骚扰地方，恐怕不是圣人的爱人之心。"高宗对武则天说："我约束不严，苏良嗣的责怪是对的。"便亲手写诏书，抚慰和告知苏良嗣，命他把竹子抛入江中。（《资治通鉴》卷203）

唐玄宗派遣宦官前往江南捕捉水鸟，打算在禁苑中放养。使者所到之处，搅得鸡犬不宁。倪若水上书说："眼下正当农忙时节，陛下为满足园林赏玩的需要，不惜派人到处网罗捕捉飞禽，远达长江、五岭之地。捕获的珍禽要由水陆两路传送到京城，路上还要用最好的食物饲喂它们。路旁的人们见到，岂不认为陛下把人看得轻贱把鸟看得贵重吗！陛下应当把凤凰看成普通飞禽，把麒麟看成普通走兽，何况是水鸟之类，又有什么可珍贵的呢！"玄宗亲手书写敕书向倪若水致谢，还赏赐他绢帛40段，并下令将捉到的水鸟全部放飞。（《资治通鉴》卷211）

五代时，后周太祖郭威说："我出生在贫寒之家，饱尝艰辛困苦，又逢时势沉沦动荡，如今一朝成为帝王，岂敢优厚自己的供养而让下面百姓吃苦呢！"命人清理四方进献的美食，下诏令全部停止进贡。诏书说："所供养的只是我一个人，而受损害的却是天下黎民百姓。"（《资治通鉴》卷290）

⊙ 减吏、减官、减事、清心

西晋时，武帝就如何扭转财政困难咨询朝臣。司徒左长史傅咸上书认为：当前的局面是由于官吏过多造成的。从前都督设置4个，现在连同监军超过10人；大禹划分华夏为九州，现今的州的数量几乎超过了从前一倍；我朝的户口仅仅是汉朝的十分之一，但设置的郡县却比汉朝还要多；虚设的将帅幕府，动不动就有上百个，但对保卫工作没有一点帮助；五个等级的封爵，即使无事坐在那里也要安排属员。凡此种种，所有这些人的粮食以及其他供给，都要从百姓身上出，这就是财政困乏的原因之所在。所以当前最紧迫的事情，就是合并官署，停止劳役，从上至下致力于农业生产。

朝廷决定简政，缩减州、郡、县一半的官吏，让他们去从事农业。中书监荀勖认为：减吏不如减官，减官不如减事，减事不如清心。（省吏不如省官，省官不如省事，省事不如清心。）从前汉朝萧何、曹参做丞相，奉行清静无为的治国方略，民众由此安宁统一，这就是所谓的清心。抑制空洞的言说，精简公文案卷，省略细碎繁琐的事务，原谅小的过失，如有喜欢改变常规而谋求利益者，一定要给以打击，这就是所谓的省事。把九卿寺并入尚书，把御史台交付三公府，这就是所谓的省官。（《资治通鉴》卷80）

隋炀帝时，礼部尚书牛弘问旅骑尉刘炫：从《周礼》看，古代是士多而官府的吏员少，如今吏员比过去多出百倍，如果减少则无法应对公事，其中的原因是什么？刘炫答：古人委任吏员，有职责要求，年终考核实绩，案卷不用重新审核，文牍不求繁琐细微，吏员的差事只是掌握事务的要点而已。如今的吏员深陷文簿，翻来覆去地审核，如若文辞有欠周密，不管案卷所在之处多远，也不管时间过去多久，也要去印证。所以有谚语说："老吏抱着文案而死。"事务繁杂造成了为政弊端，这就是吏员多而效率低的原因。牛弘又问：北魏和北齐时，吏员办事很从容，现在则匆忙而浮躁，这是什么原因？刘炫说：那时，州的治理主要依靠制度，郡只要有郡守、郡丞就够了，县只要有县令就够了。其余所需吏属，由长官自己挑选任命，领到诏命后赴任，每州吏员不过几十个。如今则不然，大小官吏，一概由吏部掌管，纤纤小事都属于考绩

范围。减少官员不如减少事务，官员们的事务不减，却希望他们从容办事，怎么可能！牛弘赞成刘炫的话。（《资治通鉴》卷180）

⊙ 害怕大臣的皇帝

十六国时，汉主刘聪立刘娥为皇后，随即下令为她建造宫殿。廷尉陈元达出面制止，说：上天为百姓树立君主，为的是使他们有秩序地生存下去，而不是用他们的血汗满足一个人的穷奢极欲。陛下您即位以来，已经建造了40多处宫室，再加上没完没了地策动战事，百姓劳役繁重。如今您还想大兴土木，这难道是身为百姓父母的人的想法吗？刘聪勃然大怒，骂道：我身为天子，建造一个殿堂又怎么了！命令把陈元达拖出去，连同他的妻子儿子一起绑缚东市斩首示众。大臣们上前求情，头磕得出了血，刘聪就是不松口。

消息传到刘皇后那里，她立即给刘聪上了道奏疏，声明自己住的地方足够好，根本没必要再建宫室，当前首要的是让百姓休养生息。又说：陛下您因为我的缘故诛杀忠臣，如此一来，我就成了堵塞言路、国家败亡的罪魁祸首，臣民的怨恨都会集中到我身上，我如何承受得起？我发现，自古以来造成国破家亡的，没有不从妇人开始的，我常常为之痛心；想不到今天竟然又在自己身上发生了，致使后人看我就像我看古人一样。我实在没有脸面继续服侍您，请允许我去死，以生命来弥补陛下的过错！

刘聪看完奏疏，脸色都变了。望着跪了一地的大臣，刘聪慢慢说：我近年中了点风，喜怒不能自已，竟然没能看出陈元达是个忠臣，各位的苦苦哀求让我了解他。接着，刘聪让大臣们归位，请回陈元达，对他说：本来你应该怕我，现在倒使我怕了你！（《资

⊙ 筑城

十六国时，北魏攻陷了夏国都城。夏王赫连勃勃性喜奢侈，兴筑统万城。城墙高 10 仞，墙基厚 30 步，上宽 10 步。城内建造王宫，宫墙高 5 仞，极其坚硬，可以用来磨砺刀斧。宫内的亭台楼阁雄伟壮丽，一律雕梁画栋，披锦戴绣，装饰极其奢华。北魏国主拓跋焘登上城头，环视一遭，对左右说："一个区区小国，竟然如此劳民伤财，不亡国才怪！"（《资治通鉴》卷120）

春秋时期，有个诸侯国叫莒国，它的国君决定修建一座城池，以晋国的国都绛城为样板，跟它的规模完全一样。一位大夫劝道：晋国是天下一流大国，修建绛城用了整整 3 年时间，百姓不堪忍受。如今我们莒国的人口、国土还不到晋国的百分之一，用不到百分之一的实力却要做成百分之百的力量才能做成的事情，这好比是用羊羔去拉大象拉的车子，可能吗？退一步说，即使我们把城池修建起来了，拿什么去守卫它呢？把莒国的民众都动员起来，也不如晋国的一个城邑的人口多。一旦发生战争，全国的百姓只够防守城墙的一个边角，别的地方就找不到人守卫了，这不等于没有设防吗？

国君根本听不进去，下令拆了旧城修新城。人手不够，把老人孩子甚至残疾人都赶上了工地。5 年过去了，城池还没有修完。楚国趁机出兵，百姓无力抵抗，纷纷逃跑。人们评价道：莒国君主的智慧还不如蚂蚁。蚂蚁都知道计算同伴的数量去构筑它们的巢穴；而这位国君却根本不考虑自己的能力，除了灭亡还会有别的结果吗？（《郁离子·治民》）

⊙ 节俭关系兴亡

唐太宗李世民经常对身边臣子说："君主依靠的是国家，国家仰仗的是民众。剥夺百姓以奉养君主，如同割下自己身上的肉来填饱肚子，肚子饱了而身体却死了，君主富了而国家却亡了。所以君主的祸患，不来自外面，而常常出于自身。欲望过盛则花费巨大，花费巨大则赋税繁重，赋税繁重则百姓愁苦，百姓愁苦则国家危急，国家危急则君主沦丧。我常常思考这些，所以不敢放纵自己的欲望。"

太宗对公卿们说："从前大禹凿山治水而百姓没有不满言论，是因为他的行为与民众的利益相一致。秦始皇营造宫室而招致百姓怨恨反叛，是因为他损人利己。追求舒适、美丽、珍贵、奇异固然是人的欲望，但如果任其放纵，危亡立即就会到来。我本来打算建造一座宫殿，材料已经备齐了，鉴于秦朝灭亡的教训，便毅然停止。你们应当体察我的心思。"此后20年间，世风朴素，衣着不见锦绣，国家和民众都很富足。

太宗下令营造洛阳的飞山宫。魏徵上书说："隋炀帝依仗国库富足，毫无忧患意识，穷奢极欲，致使民众穷困，最后被人杀掉，社稷江山变成废墟。陛下您拨乱反正，应当深思隋朝灭亡和我大唐得天下的原因，撤掉高大的殿宇，安居低矮的宫殿。要是不接受这个教训，在隋朝原来宫殿的基础上增加扩建，对它进行华丽装饰，便是以乱代乱，定然招致祸患。江山难得而易失，能不深思吗？"

太宗在隋朝留下的洛阳宫西苑饮宴，在积翠池泛舟，对大臣们说："隋炀帝修筑此宫此苑，得罪了天下百姓，如今全部归我所有，能不引以为戒吗？"

太宗出巡，到达显仁宫。官吏因为准备的物资不够用，受到处分和降职。魏徵劝道："陛下以存储不足为理由，处罚官吏，我担心类似的风气互相助长，终有一日造成民不聊生，这绝不是陛下巡幸各地的本意。从前隋炀帝暗示郡县进献食品，以献品的多寡作为赏罚依据，造成天下百姓的叛离。这是陛下亲眼所见，为什么打算效法呢！"太宗震惊地说："没有你，我听不到这类话。"于是对长孙无忌等人说："我从前也曾路过这里，那时买饭进食，租房住宿，如今供奉如此，怎么就嫌做得不够呢！"

太宗问谏议大夫褚遂良："舜帝制造漆器，进行劝谏的竟达十多人。我真不明白，这有什么好进谏的？"褚遂良回答："穷奢极欲，是导致危亡的根源。漆器不能满足了，便会进一步使用金玉。忠臣敬爱君主，一定要防微杜渐，如果祸乱已经形成，就用不着再去劝说了。"太宗说："是这样的。你一旦察觉我有什么过失，也应当劝谏于发轫之时。我观察前代不听劝告的帝王，不是说'已经那样做了'，就是说'已经答应过了'，就是不能改悔。照这样下去，想要避免危亡，做得到吗？"（《资治通鉴》卷191～194、196）

⊙ **少封爵**

唐朝建立之初，高祖李渊想通过加强宗室力量的途径巩固江山，从而大封宗族。凡是与皇帝同曾祖、同高祖的远房堂兄弟以及他们的儿子，即使是童孺幼子，一概封王，多达数十人。

太宗李世民当政后，为此征求群臣意见，问"遍封皇族子弟为王，对天下有利吗？"封德彝回答："前朝只有皇帝的儿子及兄弟才能封王，其他宗亲如果对国家没有大功，便不封王。太上皇（指李渊）厚待皇亲国戚，如此大肆分封宗室，自汉朝以来都不曾见过。封给的爵位既高，就必须多赐给劳役仆从，这恐怕不能向天下人显示自己的大公无私吧！"太宗说："有道理。我做天子，就是为了养护百姓，怎么可以劳顿百姓来养护自己的宗族呢！"于是将宗室郡王降格为县公，只有少数几位功勋卓著的保持不动。（《资治通鉴》卷192）

⊙ 让民众休养生息

唐太宗贞观十一年，魏征建议唐太宗广泛听取意见，太宗接受了。

侍御史马周上奏疏，说："自古以来，国家的兴亡，不在于积蓄的多少，而在于百姓的苦乐。仅就近世考察，隋朝洛口仓的储备落入其敌李密之手，东都洛阳积存的布帛落入其敌王世充之手，这些东西都成为他们打击隋朝的资本。同样的，隋朝西京长安的府库也为我大唐所用，直到今天还没有用完。储备固然不可缺少，但要以民众有剩余为前提，然后才可以收取上来，切不可强行聚敛，以免激出反叛从而成为资敌之物。倡导节俭而使人民得到休养，陛下在贞观初年已经亲身履行了，而今再度实行，并非难事。陛下一定在为长治久安进行谋划，其实不必向遥远的古代寻求办法，只要像贞观初年那样，天下就非常幸运了。"太宗看到奏疏后，称赞了很久。（《资治通鉴》卷195）

⊙ 橡子和瓦片

唐太宗指着殿宇对侍臣说："治理天下如同建造这座屋子，营造的结构确定下来，就不要多次改变移动（营构既成，勿数改移），哪怕是一根椽子，一块瓦片。更换椽子势必动摇顶棚，翻动瓦片就要踩踏屋顶。如果为了追求新奇功业，改变法度，不固守治国之道，那么就会给天下造成劳苦和搅扰。"（《资治通鉴》卷196）

唐睿宗召见天台山道士司马承祯，请教阴阳术数方面的问题。司马承祯说："追求'道'的人，走的是减少又减少一直减少到无所作为的路（道者，损之又损，以至于无为），怎么肯耗费心力去研究阴阳术数呢！"睿宗又问："治理身体，贯彻无为的宗旨是至高境界，那么治理国家的宗旨又是什么呢？"司马承祯答："国家与身体是一样的，顺其自然去做，心里没有自我的东西，天下就治理好了。"睿宗叹息道："古代真人广成子所说的话，没有人可以超越。"（《资治通鉴》卷210）

⊙ 省其征役而已

唐高宗对大臣们说：我思考养育民众的办法，不得要领，请诸位谈一谈。

来济回答：从前齐桓公出游，遇到一位老人，老人对他说，只要国君您不侵害农桑之事，民众就能得到温饱。"所以，"来济强调，"君主养育民众，不过在于节省征召劳役罢了。（故人君之养人，在省其征役而已。）希望陛下考虑所需役丁数量，除必需之外，其余一律免除。"高宗答应了。

由于营造宫室，再加上频繁的征讨，马厩中饲养的马超过万匹，致使国库逐渐空虚。东台舍人张文瓘（guàn）劝谏道："隋朝的鉴戒并不远，希望不要让百姓产生怨恨。"高宗接受他的意见，减少马匹数千。（《资治通鉴》卷200～201）

唐朝时佛教盛行，武则天想建造一尊大佛像，为筹集资金，打算让全国的和尚尼姑每人每天捐出一文钱。狄仁杰上书劝阻，认为如今的寺院在规模上已经超过皇家宫殿，营建这些寺院无法借助鬼神之功，只能依靠百姓出力；所需物资也不会从天而降，只能来自田地，由百姓负担。狄仁杰以前朝为教训，说："梁武帝、简文帝父子对佛寺的施舍无限，等到三淮、五岭叛乱迭起的时候，尽管寺院佛塔满街，却无法挽救国灭人亡之祸；尽管和尚尼姑遍地，又哪里能充当勤王救主之师！"

狄仁杰
（清）上官周 绘

接着，狄仁杰谈到这尊大佛像工程，认为即使全国和尚尼姑捐的钱都收齐了，也不够建造佛像所需费用的百分之一。再说佛像不能露居旷野，这么大的佛像必须配备百层高的殿堂，再加上附属建筑，工程极为浩大，要耗费无数物资和人力。如来创立佛教，以大慈大悲为宗旨，如此劳民伤财，岂不与佛教宗旨相背离？

最后狄仁杰说："近年来水旱灾害时有发生，边境又不安宁，如果为修建大佛像而耗费国库资财，又用尽民力，那么万一哪个地方有灾难，拿什么去救援呢？"

武则天回答："你劝导我行善，我怎么能违背你的意愿呢？"于是停止了大佛像工程。（《资治通鉴》卷207）

⊙ 精简兵员之功

五代时，禁军官兵世代相袭，毫无斗志，每遇强敌，不是逃跑就是投降。后周世宗郭荣通过高平一战，亲身体会到它的弊病。他对身边大臣说："兵不在多而在精，如今一百个农夫也未必能够供养一名披甲的士兵，怎么能榨取民脂民膏，去养活这帮没用的东西（奈何浚民之膏泽，养此无用之物乎）！勇健与懦弱不加区分，拿什么去激励士众！"

于是世宗对各军进行精简。命令赵匡胤挑选精锐组成殿前部队，其余骑兵、步兵各军，分别由将帅挑选组成，终于实现了兵强马壮，是近代以来不可比拟的。这支军队征讨四方，所向披靡，捷报频传，这就是精简兵员的功效啊！（《资治通鉴》卷292）

小结

这里有两点特别应该引起我们的思索。一点是爱物与惜民的关系。前面说过，治政者容易忽略财物后面的人，见物不见人。比如今天的形象工程、政绩工程，有些不一定是民生所需，民众意见很大。之所以发生这类事情，一个重要原因就是把物与人相脱离，满足于工程摆在那里，根本不去想一想其中耗费了多少民力。再往大里说，片面追求物质生产也属于这种思维，为了发展而发展，为了数据而数据，为了 GDP 而 GDP。如果从惜民出发而不是从财富出发，官员的决策就会慎重得多，有人情味得多，会得到民众更多的理解和支持。

另一点是精简，党史上的精兵简政，就是这方面的一次模范实践。精兵简政是抗战形势下的1941年12月陕甘宁边区政府开始推行的施政方针，精兵主要是提高部队战斗力，简政主要是以精干的行政机构和正规的工作制度提高办事效率。这项政策的提出有一个小插曲：这一年6月的一天，边区政府召开县长联席会议，讨论征粮工作和农民负担问题。下午风雨骤至，一个炸雷击断了礼堂的一根木柱，坐在旁边的延川县代县长李彩云触电身亡。同天一位农民的毛驴也被雷电击死。这位农民逢人就说：老天爷不开眼，响雷把县长劈死了，咋就不劈死毛泽东？当时军政人员过多，陕北地穷人稀，粮税负担十分沉重，老百姓受不了。这告诉我们，即使政权代表人民，即使所做的一切都是为了民族和国家，也必须体恤民力，否则就会被民众视为陌路人。

七、宽政

　　与简政一样，宽政也是仁政的延伸，是仁爱理念在政治领域的反映。宽政与简政不同，简政侧重的是收，爱惜财物体恤民力是节约，节约是节制和约束的缩词，节、约、束，都是收的意思；而宽政侧重的则是放，宽字很好地表明了这一点。宽字的篆体写作𡧨，房盖下一个莧（xiàn）字。房盖代表的是房屋，莧是山羊的正面形象，头上顶着两只大角。山羊喜欢在山野间奔腾跳跃，房屋里能盛下这种动物，可见容量之大。这个图形用文词来表达，就是包容。包容已成为今天为政的一个基本组成要素，仅就所倡导的城市精神即可窥一斑，譬如，"爱国、创新、包容、厚德"的北京精神；"海纳百川、追求卓越、开明睿智、大气谦和"的上海精神，以及"公正、包容、诚信、责任"的上海价值取向。

　　宽政的对立面是苛政，秦始皇政权即是典型，它把民众视为异己处处提防，以严密的法令和酷吏治理国家，饱遭后世诟病。宽政则不然，用孔子的话说叫"宽则得众"（《论语·阳货》）。宽政得人心。

　　宽政主要表现在两个方面，一个是环境上，宽松活泛；一个是话语上，广开言路。

（一）宽松

要义

关于包容的"容"，老子有一个说法，叫"容乃公"（《老子·第16章》），容就是公。那么什么是公呢？老子接着说："公乃全"，公就是周全、全部。什么是全呢？"全乃天"，全就是天生的一切。连起来，容就是让天地间的万事万物都无一例外地生存，按照自己本性运行。老子继续说："天乃道，道乃久，没身不殆。"（《老子·第16章》）这种包容万物体现的是"道"，亦即规律，而"道"是永恒不灭的，所以做到包容的人一生平安，终身没有祸患。这个意思用在治政上，就是让所有人、族群、阶层都得以生存和发展，这是一条为政规则。

北宋大儒程颐曾以《周易》中的泰卦来解释宽政，说："治之之道，必有包含荒秽之量"（《近思录·治国平天下之道》）。荒秽，荒草与污秽。治国之道，一定要有包容荒草与污秽的度量。连对被自己视为垃圾的东西都能够容忍，还有什么不能包容的呢？

宽政不是一味地宽松，而是该宽的时候宽，该严的时候严，所谓宽严相济。总的原则、指导思想是宽，因为人性是善的，民众是好的。

故事

⊙ 罪犯的儿子

晋国君主晋文公派大夫臼季出使国外，路过冀国。

臼季看见冀缺在田地中锄草，他的妻子给丈夫送饭。两个人彬彬有礼，如同宾客相见。臼季回国的时候把冀缺也带了回来。

臼季对晋文公说："尊敬，乃是德行的集中表现，能够尊重别人的人一定是品德高尚的人，用这样的人来教育民众是最适宜不过的了。冀缺就是这样的人，希望国君您能够任用他。"

文公说："他的父亲是犯了重罪的人，罪犯的儿子可以任用吗？"冀缺的父亲叫冀芮，因密谋暗害晋文公而被杀。

臼季答道："从前，舜帝因为鲧治水无方而惩罚了鲧，却选拔鲧的儿子禹继续治水，终于成就了一番事业。管仲是齐桓公的仇人，却被任用为国相而执掌朝政。《尚书·康诰》说：'当父亲的不仁慈，做儿子的不尊礼，当哥哥的不友善，做弟弟的不恭敬，各人有各人的罪过，互不相干。'《诗经》也说：'采大头菜采萝卜，都不把根茎丢掉。'国君您只要挑他的长处就可以了。"

晋文公接受了臼季的建议，任命冀缺担任下军大夫。（《左传·僖公三十三年》）

程颐
（清）上官周 绘

⊙ 仁人子产

春秋时期，郑国执政大夫子皮认为子产比自己更贤能，把执政权让给了子产。

大夫丰卷将要举办家祭，面见子产，请求猎取祭品。子产不同意，说："只有国君在举行祭祀时才可以使用刚刚宰杀的动物做祭品，其他人家的祭祀只能用普通祭品。"

丰卷很生气，从子产那里出来后，立即召集人众，准备攻击子产。子产打算躲到晋国去。子皮劝住了他，并且利用自己的影响对丰卷施加压力。丰卷逃亡晋国。子产请求国君保留丰卷的田产家宅。3年后，丰卷回到郑国，子产把他的财产全部归还给他，其中还包括农田中3年的收获。

子产执政第一个年头，大家念诵歌谣说："这个子产呀，夺去我的衣帽藏起来，夺取我的田地重安排，谁去杀子产，我在后面跟！"到了子产执政的第三年，歌谣的词句变成："我家有子弟，子产来教诲。我家有田土，子产来增产。要是子产死，谁能接他班？"

（《左传·襄公三十年》）

⊙ 宽严相济

子产病重，知道自己不行了，便把大夫游吉叫到跟前。

子产叮嘱道："我死之后，国君肯定任命你为执政大夫。记住，只有道德修养极高的人，才能够运用宽松的办法来治理国家，条件差一点的人不如走严厉的路子。民众是很难对付的，打个比方吧，严政好比是火，宽政好比是水。火的特点是猛烈，民众看见就躲闪，所以很少有人死在火里；水的特点是柔和，民众一点都不怕它，反而戏弄它，结果不少人死在水里。可见，为政宽松是很难实行的。"

几个月后子产死了。游吉接任执政大夫。

游吉心软，下不了手，采用宽松的办法。郑国的盗贼本来就不少，见执政软弱，越发猖獗，人数迅速膨胀，聚啸湖沼，搅得天无宁日。游吉极为后悔，说："如果我早听子产他老人家的话，就不会像今天这样被动了。"于是派出军队围剿，将萑苻（huán fú）泽的盗贼杀得一干二净，全国的贼寇这才有所收敛。

孔子听到了这件事后，说："好啊！为政宽松，如果民众怠慢，就用严厉的措施加以纠正；为政严厉，如果民众受到伤害，就用宽松的措施来加以纠正。以宽松调节严厉，以严厉调节宽松，政事就和谐了。（宽以济猛，猛以济宽，政是以和。）"（《左传·昭公二十年》）

⊙ 谁最先衰亡

春秋末期，晋国由六家卿大夫当家，他们分别是智氏、赵氏、韩氏、魏氏、中行氏和范氏。

赵氏的当家人赵武问大夫叔向："六卿之中，哪家先衰亡？"

叔向答道："中行氏和智氏。"

"为什么？"赵武问。

叔向说："这两家处理政事，把苛刻当成明察，把严厉当成英明，把刻薄属下当成忠诚，把诡计多端当成能力。这就好比扩张皮革一样，用力将皮革撑开，大倒是大了，但皮子也破裂了。"

所以《老子》说："谁的治理宽厚，谁的民众就淳朴。谁的治理苛刻，谁的民众就狡猾。"（《淮南子·道应训》）

东汉时，章帝诏令三公说："安分稳重的官吏，诚恳而朴实，考察他们一天的劳绩，似乎有所不足，然而考察一个月的劳绩，便绰绰有余了。例如襄城县令刘方，官吏和民众异口同声地说他为政简要，虽然没有什么特别表现，但只要有这一条，便接近我的要求了。如果以苛求为明察，以刻薄为智慧，以从轻处理为德行，以从重惩罚为威势，这四种做法只要盛行，下面便会产生怨恨。（以苛为察，以刻为明，以轻为德，以重为威，四者或兴，则下有怨心。）我数次下诏，颁布诏书的使者的车驾在路上前后相接，然而吏治还是不见好转，有的百姓仍然不守本分。毛病出在哪里？希望你们努力思考以往的诏令，以称我意！"（《资治通鉴》卷47）

⊙ 苛政猛于虎

孔子到北方的山戎地区去，看见一个妇人在路边哭泣，哭得十分伤心。孔子从车上站起身问："你为什么如此伤心哭泣？"

妇人擦了把泪，答："前几年猛虎吃了我的丈夫，如今又把我的儿子吃掉了，所以我才这样悲伤啊。"

孔子点头道："哦，原来是这样。"又问："那么你为什么还留在这个地方呢？"

妇人说："这里的治理公平，官吏不苛刻，就为了这个，我不能离去。"

孔子回头对子贡等人叮嘱道："弟子们记住了，为政不公平，官吏苛刻，竟然比虎狼还厉害啊。"

《诗经》中唱道："上天降下死亡饥荒，残害四面所有国家。"为政不公平，伤害的是所有人，又岂止两个百姓？所以这位妇人不肯离去是理所当然的。（《新序·杂事第五》）

⊙ 两只白玉璧

战国初期，魏国有件案子，非常棘手，大臣们一半认为应该判有罪，另一半认为应该判无罪，最后报到魏王那里，请他定夺，可是魏王也拿不准主意。

当时，有一个被称为陶朱公的人名气很大，魏王认为此人以一介平民，却拥有富可敌国的财富，一定有着超人的智慧，就向陶朱公咨询。问他："如果让先生您来处理这个案子，您会怎么判决呢？"

陶朱公说："我是一个粗鄙的人，不懂得判案定罪的事情。既然大王命令我，我就试着说一说。我家有两只白玉璧，质料完全相同，大小也差不多，但二者的价值却相差了一半，一只值1000金，一只仅值500金。"

魏王问："两只玉璧的颜色、大小、光泽都一样，为什么价值相差这么多呢？"

陶朱公说："平放着看，它们是一样的，但立起来看就大不相同了。一只比另一只厚了一倍，所以价值也就高了一倍。"

"很好。"魏王说。他明白了，如果惩罚时出现疑难，就按照宽大的原则来处理；如果奖赏时出现疑难，就按照给予的原则来处理。这样的话，魏国的民众一定高兴。墙壁薄了，就会很快坍塌；丝织品薄了，就会很快破裂，米酒薄了，就会很快变质。凡是薄的东西却能够长久保持的，恐怕还不曾有过。所以，拥有国家、蓄养百姓、掌握赏罚、实施教化的人，应该以宽厚的态度来处理政务。（《新序·杂事第四》）

⊙ 适得其反

西汉时，武帝运用严刑苛法控制国家，喜欢任用严苛的官吏，各郡、封国的长官也大多以残暴的手段治理地方，结果小吏和平民对犯法越发不当回事。一时盗贼四起，无法镇压，便调集军队进行围剿，仍不奏效。于是武帝颁布《沉命法》，规定："只要出现群盗事件，官员不能及时察觉，或者察觉了但未能全部捕获的，俸禄二千石官员以下直至小吏，主持缉盗事务的官吏一律处死。"这样，小吏害怕被杀，即便发现了盗贼也不敢报告，因为不一定能够做到全部捕获。各郡长官因为害怕受到牵连，也不希望下属报告。于是盗贼越来越多，官府上下互相隐匿，以虚文应付，借以逃避《沉命法》。（《资治通鉴》卷21）

西汉哀帝时，王嘉任丞相。他上书说："我朝文帝时，官吏的职务长期不动，他们的子孙就以官名为姓氏，如仓氏、库氏就是管理仓库官吏的后人。那些俸禄二千石的高级官员也同样安于官位，乐于任职。官员们上下互相勉励，没有混日子的意识。后来情况逐渐改变，公卿以下官员层层互相督促，调动频繁，司隶、部刺史对官吏的要求苛刻，检察细微，动不动就检举、弹劾，喜欢揭发宣扬隐私，有的官吏任职仅仅几个月即遭罢黜，旧官去新官来，在道路上交错而过。中等才干的人，不求有功但求无过，以保全自己；下等才干的人，心怀危机惶惶不可终日，一心一意为自己打算的人很多。二千石官员的地位也越来越轻贱，所管辖的官吏和民众对他们很是怠慢，稍有过失，有人就会揪住不放，加以放大，向司隶、部刺史报告，要不就上书检举到朝廷。希望陛下您爱护人才，记住他们的好处，忘掉他们的过失，容忍臣子的缺点，不要求全责备。"（《资治通鉴》卷34）

唐德宗时，丞相李泌提出，各地对赋税的征收应该采取宽大的办法，对难以征上来的赋税，可以免除。德宗担心这样做会降低朝廷的收入。李泌说："这件事我已经深思熟虑了。实行宽大，获得的多而速度快，相反则获得的少而速度慢。（宽则获多而速，急则获少而迟。）这是因为宽大使人心情好，人们因为免遭惩罚而乐于缴纳赋税，而严厉则使人竞相隐匿财物，不施加压力便不能查出实情，由此得到的赋税很少，不足以应对朝廷的急需。况且，使用严厉手段就要增加官吏和他们的权力，这容易造成贪官污吏中饱私囊。"德宗说："好！"（《资治通鉴》卷232）

⊙ 使反叛的人安心

王莽政权被推翻后，萧王刘秀率军讨伐河北的王郎，攻克邯郸。刘秀检查王郎的文书，发现其中有自己属下官吏和辖区百姓给王郎的书信数千件，向王朗示好，诽谤诋毁刘秀。刘秀没有一一察看，把全体将领叫来，当着大家的面将书信全部烧毁。按刘秀自己的说法，这样做是为了"使反叛的人安心"。（《资治通鉴》卷39）

东汉末年，曹操击败袁绍。在收缴的书信中，有不少朝廷官员和自己军中将领写给袁绍的信件。曹操把它们全部烧掉，说："在袁绍强盛时，我都不能自保，何况众人呢！"（《资治通鉴》卷63）

东晋安帝时，桓谦追随桓玄造反，抵达荆州的枝江。桓氏世代经营江陵，盘根错节，这时许多人给桓谦写信，向他报告城内情况，打算在桓谦攻城时做内应。荆州刺史刘道规击败桓谦，在他军营里搜出那些信，刘道规一把火把信全烧掉了，一封也不看。江陵人心很快安定下来。（《资治通鉴》卷115）

唐太宗时，有投降的胡人曾经揭发说，唐朝有人与隋朝萧皇后私通书信。不久，突厥可汗的亲信康苏密带着萧皇后的孙子杨政道前来投降。中书舍人杨文瓘（guàn）建议审问杨政道，找出通敌之人。太宗说："当时天下尚未统一，而突厥十分强大，百姓愚昧无知，或许会有这种事。现在天下已经安定，从前的过错，何必去追问呢！"（《资治通鉴》卷193）

五代后汉隐帝时，郭威平息了李守贞等人的叛乱。郭威查阅李守贞的公文书信，发现其中有朝廷权臣以及藩镇刺史与李守贞来往的书信，内容悖逆。郭威打算报告朝廷，秘书郎王溥劝道："鬼魅趁着夜色争着出来，一看见太阳自己便会消失。请把所有公文书信都烧掉，以便安抚那些三心二意的人。"郭威听从了。（《资治通鉴》卷288）

⊙ 适中为上

东汉初年，朝臣就当时法律的评价发生争论。太中大夫梁统上书光武帝刘秀说："臣所奏请的，并非主张严刑峻法。《书经》说：'治理百姓，刑法要适中。'所谓适中，就是既不轻也不重。从高祖到宣帝，海内被称为治平，到了元帝、哀帝，盗贼渐渐增多，都是由于刑罚不适中而愚昧无知者轻易触犯法律所致。由此看来，减轻刑罚的做法，反而酿成大祸。对奸诈不轨的人加以恩惠，就是伤害善良的人！（惠加奸轨，而害及良善也！）"（《资治通鉴》卷43）

唐太宗对大臣们说："古语有这样的说法：'宽赦是小人的幸事，却是君子的不幸。'（赦者小人之幸，君子之不幸。）还说：'一年中实行两次大赦，让善良的人无言。'纵容恶草会损伤好谷子，宽赦罪犯会使善良的百姓遭殃，所以自从我即位以来，

虽然有机会进行大赦但从不利用，就是因为担心小人有恃无恐，轻易触犯法律章程。"（《资治通鉴》卷192）

⊙ 宽严的主观条件

东汉时，桓帝下诏征集民间人才。一个叫崔寔的人写了一篇名为《政论》的文章，其中有一段这样说：

"凡是治理天下的君主，如果不具备最好的品德，那么，采用严厉的手段，就能够进行治理；如果采用宽松的手段，国家就会陷入混乱。凭什么这样说？西汉宣帝，明白治理民众的道理，懂得为政的真谛，所以采用严刑峻法，使为非作歹的人心胆俱裂，结果海内清平，天下安静，总结他的政绩，高于文帝。等到元帝即位，在许多方面放宽了政令，终于致使朝政衰败，皇帝的威势和权力开始下降，西汉政权后来被王莽篡夺，实际上就是在他那里埋下祸根的。为政之道的得失，从这里可以看出一二。从前孔子作《春秋》，褒奖齐桓公，夸奖晋文公，赞叹管仲，孔子难道不赞美周文王、周武王的为政之道吗？当然不是，孔子之所以这么做，实在是为了倡导通达权变、拯救时弊的道理。圣人能够与时俱进，而庸人则苦于墨守成规。（圣人能与世推移，而俗士苦不知变。）"（《资治通鉴》卷53）

⊙ 实施宽政的官吏

东汉桓帝时，朝廷征召刘宽担任尚书令。刘宽先后担任过三个郡的太守，他温和仁爱，为政宽松，即使事情再紧迫，也从来没有疾言厉色过。凡是官吏和人民犯了错误，只用蒲草做的鞭子抽打，目的是使他们在精神上感到羞辱，始终不肯进行肉体惩罚。

每次见到地方父老，总是鼓励他们努力从事农耕。遇到年轻人，便劝勉他们孝敬父母，友爱兄弟。人们都很高兴地接受他的教化。

（《资治通鉴》卷55）

东汉献帝时，杜畿治理河东郡，以宽大为主，广施恩惠。百姓来打官司，杜畿为他们讲解仁义道德，分析事理，让他们回去好好考虑。父老们都自相责备，不敢再去告状。杜畿劝勉百姓努力耕田，种桑养蚕，鼓励他们饲养牲畜，使得家家户户都富裕起来。之后兴建学堂，推举孝敬父母、友爱兄弟的人；修造城防，制作武器，加强作战训练，地方很快安定下来。杜畿在河东郡任职16年，政绩常常被评为天下第一。（《资治通鉴》卷64）

三国时，蜀帝刘备去世，孟获等人煽动各地的夷族叛乱。由于遇上国丧，蜀相诸葛亮对叛众采取抚慰对策，没有派兵征讨。他的想法是等人民生活安定、粮食充足后再使用民力，为此他一心发展农业，种植粮食，坚守关隘，使百姓休养生息。条件具备后，诸葛亮征讨孟获。孟获深得当地汉人和夷族的信赖，诸葛亮决定生擒孟获。俘获孟获后，诸葛亮带他观看蜀军的军营战阵，问他：这样的军队如何？孟获答：过去不知道贵军虚实，结果遭到失败。如今承蒙您允许我参观，如果贵军只是这样的军队，我不费吹灰之力就能获胜。诸葛亮笑了笑，释放了孟获，约他再战。前后把孟获放回七次，又生擒七次，最后诸葛亮仍将孟获释放，孟获却不走了，对诸葛亮说：您有天威，南方人不会再反叛了！于是诸葛亮到达滇池。（《资治通鉴》卷70）

西晋时，王承任东海郡内史。有个小吏偷了池塘中的鱼，主簿要追查这件事。王承说："周文王的园林，是与民众共同享用的。池塘中的几条鱼又有什么值得吝惜的！"（《世说新语·政事》）

南北朝时，南齐任命萧缅为雍州刺史。萧缅运用刑法很有一套，逮到小偷强盗，一律赦免释放，给他们改过自新的机会，如果第二次犯法，才给予严惩。百姓对他是既敬畏又爱戴。（《资治通鉴》卷137）

⊙ 治军也要宽容

东汉末年，朝廷法令规定：被征招的士兵逃跑，要追究他们的妻子儿女。尽管法令严厉，但仍然不能消除士兵逃亡现象。曹操打算加重对逃兵的惩罚，将被追究的亲属扩展到士兵的父母兄弟身上。理曹掾高柔说："士兵逃跑，固然可恶，但我私下听说，其中也常常有人后悔。我认为，应当宽恕他们的妻子儿女，这或许可以诱使他们回心转意。原有的法令已经断绝了他们返回的意愿，要是再加重刑罚，恐怕今后军队中只要出现一人逃跑，其他人唯恐自己将遭到株连，也会跟着逃跑，那时即使要杀人，也无人可杀了。可见，加重刑罚非但不能制止士兵逃亡，反而会促使更多的人逃亡。"曹操说："很好！"停止了处死逃兵的刑罚。（《资治通鉴》卷67）

东晋谢安辅政时，士兵仆役时常逃亡，大多藏身于京城南塘一带的船中。有人提出同时搜查所有船只，谢安没有答应。说："如果连包容这种人的胸怀都不具备，这里怎么能够称得上是京都呢？"（《世说新语》政事）

⊙ 以实际需要为转移

三国时，诸葛亮辅佐刘备治理蜀地，很推崇严刑峻法，人们多有不满和怨恨。法正对诸葛亮说："昔日汉高祖入函谷关，约法三章，秦地的百姓感恩戴德。希望您能放宽刑律和禁令，以顺应民望。"诸葛亮说："您只知其一，不知其二。秦朝暴虐无道，政令苛刻，所以一介草民大呼一声，天下顷刻土崩瓦解，这就是汉高祖采取宽政从而获得很大成功的原因。但蜀中情况不同，前主政者刘璋糊涂软弱，从其父刘焉起，刘家的统治完全依赖典章和礼仪，德治不能弘扬，法治不能整肃，君臣之道，渐渐毁坏。我现在以法令树立威严，上下都遵守规矩，治国的要义，由此也就彰显出来了。"（《资治通鉴》卷 67）

⊙ 对己严待人宽

三国时，东吴大将吕蒙击败关羽。他到达江陵，释放了被关羽关押的魏将于禁，抚慰被俘获的关羽家人和将士家属，同时严令全军不得骚扰百姓，不得向百姓索取财物。

吕蒙帐下有一个亲兵，跟他是同乡，从百姓家中拿了一个斗笠遮盖军队的铠甲。铠甲虽然是公物，但吕蒙仍然认为他违犯了军令，不能因为是同乡的缘故而破坏军法，便流着眼泪下令将这个亲兵处斩，全军震惊。地方秩序迅速恢复，路不拾遗。吕蒙还在早晨和晚间派亲信去慰问和抚恤老人，询问他们的生活困难，给病人送医送药，给穷人送粮送衣。关羽库存的财物珍宝，全部封存，等候吴主孙权派人前来处理。（《资治通鉴》卷 68）

⊙ 司马氏为什么能够取代曹氏

三国时，魏国出兵伐蜀，吴国有人对张悌说："魏国朝政大权落入司马氏以来，国内屡现乱象，民心尚未归服，如今又劳师远征，岂能取胜？"

张悌答："不然。曹操虽然功盖中原，百姓们畏惧他的威严却不感念他的恩德。曹丕、曹睿继承他，刑罚苛繁、劳役沉重，驱使民众奔波，就没有安生过。司马懿父子累世立有大功，废除苛政，实行宽政，为百姓谋划着想，解救他们的疾苦，民心归顺司马氏已经很久了。尽管淮南出现三个叛逆，而腹心之地不受惊扰；魏帝曹髦被杀，也没有引起叛乱。再加上司马氏能够任用贤能，使他们各尽其能，所以司马氏的根基很牢固，计划都一一实现了。如今蜀国是宦官专权，国家没有政策法令，再加上穷兵黩武，民众劳顿兵士疲惫，竞争于外，疏忽于内。魏国实力本来就强于蜀国，智谋又胜出一筹，取胜大概不成问题。唉！魏国得志，下一步该轮到我们吴国遭殃了。"（《资治通鉴》卷78）

⊙ 首恶必办，胁从不问

东晋时明帝，朝廷平息了王敦叛乱，诏令对王敦的重要党羽革职除名，其余僚属禁锢不用。温峤上书说："王敦其人刚愎自用，不讲仁义，残暴杀戮，朝廷无法制约，亲朋不能劝止。他幕府中的人，畏其淫威，闭口不言，侧目而视，实在是因为贤人君子之道业已终结，时运乖背，只能静待其恶贯满盈而走向灭亡，这就是他们内心的真实想法。其中陆玩、刘胤、郭璞这几个人经常与我交谈，所以我很清楚他们是怎么想的。如果这些人确实是助纣为虐或者诱导作乱，自然应当依据刑律严惩不贷；如果是迫不得已而身陷其中，我认为应该加以宽恕。现在我将陆玩等人的情况如实上奏，希望陛下依据仁圣之道裁决！"明帝最终听从了温峤的意见。（《资治通鉴》卷93）

南北朝时，北周将讨伐稽胡，商议要直捣他们的巢穴。齐王宇文宪说：“稽胡的部族很杂，大多居住在山谷险峻的地方，只靠军队的一次行动，不可能将他们全部消灭。应当除掉他们的首领，对众人加以慰劳安抚。”北周国主采纳了他的意见。（《资治通鉴》卷173）

唐肃宗时，安史之乱基本平息。有大臣建议，按照法律，那些投降过叛军的官吏应当处死。肃宗准备接受这一建议。礼部尚书李岘不同意，说：“当时天子避走南方，人们各自逃命。那些投向叛军的官吏不是陛下的亲戚就是功臣的子孙，现在如果一概以叛逆罪把他们处死，恐怕违背陛下的仁恕之道。况且黄河以北尚未最后平定，还有不少臣子留在叛军中，如果能够宽大处理，就为他们打开了一条自新之路；如果诛杀，就会坚定他们依附叛军的心意。《尚书》说：‘首恶必办，胁从不问。’（歼厥渠魁，胁从罔理。）希望陛下慎重考虑。”最后肃宗采纳了李岘的建议。

（《资治通鉴》卷220）

⊙ 平乱

南北朝时，南朝宋国明帝任命孙谦为巴东、建平二郡太守。孙谦赴任前，明帝让他招募1000人跟随前往。孙谦说：“蛮夷之所以不服，是由于官府对他们过于苛刻，何必兴师动众，耗费国家经费？”坚决不肯接受。孙谦到任后，开诚布公，推广恩德信义，蛮人、獠人全都敞开胸怀欢迎他，争相进献金银财宝。孙谦一律给以抚慰开导，拒绝了他们的馈赠。（《资治通鉴》卷132）

隋朝文帝时，居住在岭南地区的夷族、越族等族群多次起兵反叛，隋文帝任命令狐熙为桂州（治所在今桂林）总管十七州诸军事，允许他相机行事，授权他以朝廷的名义任免州刺史以下各级官吏。令狐熙到任后，大力推行宽政。夷族和越族酋长互相说：
"从前各任总管总是以武力相威胁，今天的总管却以亲笔书信来
开导，我们怎么能再违抗呢？"于是相继率部归降。俚族首领宁
猛力已经占据南海（治所在今广州市），朝廷曾任命他为安州（治
所在今广西钦州市）刺史。宁猛力依仗地形险要，桀骜不驯，从
不参拜朝廷派来的总管。令狐熙待他以恩德信义，宁猛力大受感动，
前来总管府拜见，表示服从。令狐熙奏报朝廷，把安州改称钦州。

（《资治通鉴》卷 178）

⊙ 宽严关系兴亡

　　唐宪宗问宰相们："为政的宽与严，哪个应当为首？"权德
舆答道："秦朝因为残酷苛刻而灭亡，汉朝因为宽和大度而兴盛。
（秦以惨刻而亡，汉以宽大而兴。）我朝太宗皇帝观看《明堂图》，
发现人的背部有许多重要穴位，便下令禁止抽打脊背。所以自从
安禄山、史思明叛乱以来，尽管屡屡出现悖乱反叛之臣，但很短
时间便都自取灭亡了。这是由于列祖列宗的仁政维系着人心，人
们不能够忘怀过去的恩典啊。如此看来，为政的宽与严，孰先孰后，
便一目了然了。"宪宗认为权德舆说得好。（《资治通鉴》卷 238）

⊙ 不能以夏桀代替夏桀

　　唐宪宗时，军阀李师道被铲除。李师道在败亡前的几个月，
紧张多疑，听到风吹鸟飞，就怀疑有什么变故，于是以更加严厉
的手段控制其盘踞的郓州，禁止人们在一起饮宴聚会，不许行人
交头接耳，如有违犯，处以严刑。魏博节度使田弘正来到郓州后，
下令废除这些严苛禁令，让百姓随意游乐，寒食节七昼夜不禁行

人往来。有人劝田弘正说，郓州人追随李师道数年，与朝廷为敌，现虽已平定，人心尚未安稳，不可不防。田弘正答："如今叛乱的首要已经铲除，应该实施宽政，如果仍以严刑治理地方，那就好比是以夏桀来代替夏桀，又有什么变化呢？"（《资治通鉴》卷241）

⊙ 宽政的底线

唐武宗问宰相李德裕社会上的情况，李德裕说："陛下您的严厉决断令人难以猜测，外面的人很是惊诧恐惧。过去强盗叛军残暴横行，固然应该以严厉的手段制服他们；如今天下已经平定，希望陛下能以宽政进行治理。使犯罪的人受到惩罚而没有怨言，使为善的人正常生活而没有惊恐，这样的为政就可以说是宽政了。（使得罪者无怨，为善者不惊，则为宽矣。）"（《资治通鉴》卷248）

小结

宽松带来的是活力，正如那个篆体"宽"字图形，空间越是宽广，山羊跳得就越高，跃得就越远，跑得就越快，也就越欢实。这是一个简单事实，也是一条真理。回顾我国这些年走过的路，情况就是这样。可以看得很清楚，每一次经济的飞跃、每一次思想文化的疾进、每一次行政体制的变通，都伴随着一次突破、一次解放，都是一次简政放权。正是因为得力于宽松的环境，我们这个民族才能一直保持着生机勃勃、昂然向上、不可遏止的态势，也正是有了这样的环境，我们每一个人才能享受到安宁自在的生活。

（二）言路

要义

广开言路，让人说话，是宽政的应有之义，也是它的最显著特征。

《庄子·则阳》中有一篇文章，讲的是两个人之间的一段对话。这二人一位叫少知，意即知之甚少；一位叫大公调，意即众人之言，讨论的问题就是言路。少知问什么是丘里之言？丘和里都是户籍单位，10户为一丘，20户为一里。大公调解释说丘里之言就是把许多不同的言论集合在一起所形成的公论，它是包容不同意见的共识。这其实是对前面引用的老子的话"容乃公，公乃全"的具体发挥。众人是全，他们的言论是公，听取大家的话就是宽容。可以这么说，在古人意识中，看治政者是否实行宽政，首先要看他是否让别人说话，是否能够听取不同意见，是否能够把大家意见集中起来变成众人意志。

故事

⊙ 被自己打倒的商纣王

商纣王暴虐无道。周族领袖姬发（即后来的周武王）

派人刺探商朝的情况，回来报告说："商朝大概要乱了！"姬发问："乱到了什么程度？"回答是："邪恶的人压制了贤良的人。"姬发说："乱得还不够。"

姬发又命令这人前去刺探。回来报告说："商朝的混乱加重了！"姬发问："乱到了什么程度？"回答是："有德行的人都逃走了。"姬发说："乱得还不够。"

那人继续去刺探。回来报告说："商朝乱得更厉害了！"姬发问："乱到了什么程度？"回答是："百姓不敢讲不满的话了。"姬发"啊"了一声，赶紧把这个情况告诉了太公望（姜子牙）。

太公望说："邪恶的人压制贤良的人，叫做暴虐；有德行的人逃走，叫做崩溃；百姓不敢讲不满的话，叫做残酷。商朝的混乱已经达到了顶点，不能再增加了。"于是，挑选战车300辆，勇士3000名，和各国诸侯约定在甲子这一天早晨进军牧野，与商朝军队决战，结果擒获了商纣王。

姬发本来就知道商纣王无力抵御自己，又善于利用敌方的形势，这样还能有什么对手吗？（《吕氏春秋·贵因》）

⊙ 喑和聋

晏子对齐景公说："为政太严厉了吧？"

景公反问道："为政严厉难道对国家有什么不好吗？"

晏子答："为政过于严厉，那么下边的人就不会说话；下边不说话，上边的人就什么也听不到。下边不说话叫做喑，上边听不到叫做聋；又喑又聋对国家的治理不是祸害又是什么呢？"顿了顿，接着说："一点一点地聚集豆子和小米就可以装满仓库，一缕一缕地汇合细丝就可以织成帷幕，泰山的崇高靠的不是一块石头，而是无数石块从低处累积而成。同样道理，治理天下的人，不是仅仅凭借一个人的意见，这里固然存在着接受了而暂时不采用的情况，但哪能抱着拒绝的态度连听都不肯听的呢？"（《说苑·卷九·正谏》）

⊙ 今天你是君主我是臣子

晏子死了17年了。这天齐景公宴请众大夫，以射箭助兴。景公的箭飞出了靶子，堂上竟然喝彩声一片，就像一个人嘴里发出的一样。景公的脸沉了下来，长叹一声，扔掉弓箭，离席而去。

弦章进来见景公。景公说："章啊，自从我失去晏婴，至今已经17个年头了，就从来没有听到过批评，方才我的箭明明没有射中靶子，耳边响起的竟然是异口同声的颂扬。"

弦章说："这说明群臣没出息，他们的智慧不足以明察君主的过错，他们的勇气不足以冒犯君主的尊严。然而也有这样一种情况，"弦章顿了顿，加重语气道，"我听说，君主爱好的，臣子就跟进；君主迷恋的，臣子就追求。尺蠖这种昆虫吃了黄色的东西，身体就呈现出黄色，吃了青色的东西，身子就变成青色。这件事您是不是也有责任，您是否有时候喜欢听奉承话呢？"

"说得好！"景公道，"就凭这番话，今天你是君主，我是臣子。"

（《说苑·卷一·君道》）

⊙ 决断是怎样做出的

孔子曾经担任过鲁国司寇。司寇是掌管刑狱和治安的最高长官。

每次处理案件，孔子都要与大家一起分析案情，然后再做出决断。其时，有关人员站在自己的位置上，表情严肃认真。一个人出列上前说："张三认为如何，李四认为如何。"接着，又有一人出列上前说："王五认为如何，刘六认为如何。"经过分辩，众人的认识趋于一致，这才做出决断。

谁说断案只能听从一个人的意见？人人都有智慧，为什么一定要由某一个人说话，案件才能有最后的结果呢？君子就不是这样，大家互相尊敬、谦让，彼此倾听对方的意见，修正自己的观点。君子不独断专行。（《孔子集语·卷十二·事谱》）

⊙ 君不君，臣不臣

战国时期，孔子的孙子子思（孔伋）在卫国做事。

卫国君主每提出一个错误主意，群臣便随声附和，如出一辙。

子思说："以我对卫国的观察，真是'君主不像君主，臣子不像臣子'呀（君不君，臣不臣）！"

公丘懿子问："为什么这样说？"

子思答："君主自以为是，那么大家就不说出自己的看法。即使事情处理对了，也是在排斥众人意见的前提下做出的，更何况现在是众人随口附和错误而助长恶劣的做法呢！不考察事情的对错，听到对自己的赞扬就喜悦，昏暗得可以了；不分析他人的话是否在理而阿谀奉承以求融合，谄媚得可以了。君主昏暗，臣子谄媚，这样的君臣进行统治，民众能接受吗？再这样继续下去，国家就不像国家了！"（《资治通鉴》卷1）

⊙ 看门狗

楚国任用昭奚恤为国相，江乙有意见，前去见楚王。

江乙对楚王说："有个人特别宠爱自己的狗，他的狗往井里撒尿，邻居看见了，到他家去告状，却被狗堵在门外，还挨了咬。现在昭奚恤常常阻挠我来见您，就像恶狗堵门一样。"

"再有，"江乙看了楚王一眼，话锋又转到他身上，"大王您只要发现喜欢说别人好话的人，就说'这是君子啊'，便亲近他；只要发现喜欢指出别人缺点的人，就说'这是个小人'，便疏远他。然而人世间有儿子杀父亲、臣下杀君主的恶人，您却始终不知道。为什么呢？原因在于您只爱听对别人的称颂，不爱听对别人的指责呀！"

楚王道："你说得对，今后正反两方面的话我要一样听。"（《资治通鉴》卷2）

⊙ 忠言逆耳利于行，毒药苦口利于病

秦朝末年，沛公刘邦率军进入秦都咸阳，见到秦国的宫室、帷帐、狗马、宝器、宫女，眼花缭乱，便想长住下去。樊哙劝道："沛公您是想拥有天下呢还是想做富翁呢？所有这些奢侈华丽的东西，都是导致秦朝灭亡的原因，您要它们干什么！希望您赶快返回霸上驻地，不要留在宫中！"刘邦不听。

张良说："由于秦朝无道，沛公您才能够来到这里。为天下人铲除残暴的贼子，应当以朴素为资本。如今刚刚进入秦国，就要享受快乐，这就是所谓的助桀为虐。忠实的言论不好听但有利于行动，有效的草药不好喝但有利于治病（忠言逆耳利于行，毒药苦口利于病），希望您听从樊哙的劝告！"于是刘邦率军返回霸上。（《资治通鉴》卷9）

⊙ 诽谤、妖言、反坐

西汉文帝重视听取意见，每次上朝，只要有人进呈奏书，他一定停下辇车接受下来。奏疏中的意见，如果不宜采用的就放到一旁，如果可用的就给予实施，同时表扬进献意见的人。

为了能够听取更多的意见，文帝下诏说："古代明君治理天下，朝廷专门设置用来接受好建议的旌旗，竖立用来接受批评意见的木柱，这样做的目的，是为了保证朝政畅通，鼓励臣民进谏。现在的法律中，有'诽谤罪'和'妖言罪'，这使得群臣不敢畅所欲言地批评朝政，皇帝无从得知自己的过失，怎么能够吸引远方的贤良之士呢！废除这些罪名！"（《资治通鉴》卷13）

唐玄宗时，有人告发天兵军使张嘉贞在军中有奢侈僭越行为，还贪污受贿。经过调查，纯属捏造。玄宗打算以反坐惩处诬告者。张嘉贞上奏说："如果陛下将告发我的人治罪，恐怕会堵住向朝廷进言的渠道，使各地的下情无法上达，因此臣希望陛下对此人特予宽赦。"这个人于是被免除死罪。通过这件事，玄宗认为张嘉贞忠诚可靠，打算重用他。（《资治通鉴》卷212）

⊙ 一次申辩

东汉章帝时，孔僖在太学读书，与同学议论西汉武帝，认为武帝即位后最初的五六年间，政绩突出，超过祖父和父亲文、景二帝，后来却放纵自己，抛弃了从前的善政。这番话被另一个同学听见了，上书告发他们诽谤先帝、讽刺当朝。

孔僖上书自我申辩说：所谓诽谤，指的是无中生有地进行诬蔑。说到武帝，他政绩上的得失都写在前汉史上，清楚得如同日月一般。我们的议论只是陈述史实，没有一句污蔑。身为天子，无论做好事还是坏事，天下无人不晓，那都是能够了解到的，因此不能以污蔑的罪名对议论者进行责备。况且陛下即位以来，治政没有过失，恩德不断增加，这是人所共知的，有什么需要我们讽刺呢！如果我们批评的是事实，那么就应该诚心改正，如果有什么不当，也应该包涵，怎么能够大问其罪！死我们一两个人无所谓，只怕从今以后，人们即使见到不对的事情，也不肯出来说话了。春秋时，齐桓公曾经亲自公布前任国君的罪状，向管仲请教治理国事的办法，自此群臣才尽心为他效力。如今陛下却要为10世之前的武帝掩盖事实真相，这岂不是与齐桓公的做法大相径庭！

奏书呈上，章帝立即下诏停止追究，任命孔僖为兰台令史。(《资治通鉴》卷46)

⊙ 一场辩论

东汉章帝时，朝堂发生了一场辩论。起因是南、北匈奴之间的冲突，此时南匈奴已经臣服汉朝，北匈奴也对汉朝示好，结果南匈奴获胜，劫掠了北匈奴大量人畜而归。有人建议朝廷出面把这些战利品还给北匈奴，章帝让大臣们讨论。

太尉郑弘、司空第五伦认为不应当归还，司徒桓虞和太仆袁安则认为应当归还。双方争执不下，越争越凶，最后都动了怒气，话语也充满了攻击性。郑弘大声斥责桓虞说：凡是主张归还人畜的，都是对国家不忠的人！桓虞也以类似的话回击郑弘。第五伦等人都愤怒得变了脸色。大臣在朝堂上如此失礼实属罕见，负责治安的司隶校尉上书弹劾这几位大臣，郑弘等人交上印信绶带表示谢罪。

章帝下诏回答道:"大事需要集思广益,政策需要众人商定。忠诚、正直、和睦,这才符合朝廷礼义,缄默不语,深藏不露,绝非朝廷福分。你们有什么需要谢罪的?请诸位各自戴上帽子,穿上鞋子!"

最后文帝采纳了桓虞等人的意见,高价买下人畜,还给北匈奴。

(《资治通鉴》卷47)

⊙ 仁君的胸怀

东汉安帝命令大臣举荐有道之士。

尚书陈忠担心到时候推荐来的人直言劝谏,引起皇帝不满,便上书提醒安帝:"我听说,仁君开阔自己的心胸,如同高山和湖泽般博大(仁君广山薮之大),能够容纳恳切直率的批评,使忠臣尽到勇于直言的责任,不怕讲出逆耳的话而遭到迫害。因此,我朝高祖不计较周昌将他比作夏桀、商纣,孝文帝嘉奖袁盎关于警惕'人彘'再现的讥讽,武帝采纳东方朔对他使用宣室殿招待公主宠臣的批评,元帝容忍薛广德以自刎相逼的举动。如今陛下颁布诏书,发扬商王武丁的德行,推广宋景公的真诚,引咎自责,征求官吏的批评。议论政事者看到杜根、成诩世等人新近受到表彰和任用,荣列御史台和尚书台,必定闻风响应,竞相贡献恳切直率的意见。如果是良谋奇策,应当立即采纳;如果是狭隘浅陋的见解,或是狂妄的讥讽,虽然不中听,与事实不符,也应当坦然给予宽容对待,以显示圣明王朝没有忌讳的自信;如果有道之士在对问中有表现高明的,应当留意察看,特别提升一级,以广开言路。" (《资治通鉴》卷50)

⊙ 一个决定的改变

东汉末年，关中营帅许攸不肯归顺魏王曹操，而且口出狂言。曹操大怒，打算发兵讨伐他。

群臣大多主张招抚许攸，曹操很是反感，把刀横在膝上，满面怒容。这时留府长史杜袭请见，曹操说："我的主意已定，你不要再说了！"

杜袭说："如果殿下的决定正确，我将尽力协助您，如果殿下的决定不正确，即使已经确定，也应该更正。殿下不让我说话，怎么对待下属这样不开明啊。"

曹操说："许攸轻慢我，怎么能置之不理？"

杜袭说："如今豺狼挡在路上，却先去捉狐狸，人们会说殿下您欺软怕硬。其实，前进并不一定就是勇，退让也并不一定就是仁。臣听说，千钧之力的硬弩，不为鼷鼠而扣动扳机；万石的大钟，不会被草茎撞响。如今一个小小许攸，哪里值得劳动您的神武呢！"

曹操放弃了原来的决定，招降许攸。（《资治通鉴》卷68）

⊙ 刺耳的话

东晋明帝在西堂聚集大臣们宴饮，微醉未醉之时，明帝借着酒劲儿问大家："今天名臣齐聚于此，比起尧、舜时代如何？"东晋是中原战乱中晋王室在江南建立的地方性政权，在大形势下属于乱世，与尧、舜时代不要说比了，就是联系一下都让人脸红。当时周颛(yǐ)任仆射，起身厉声道："陛下与尧、舜虽然同为君主，然而怎么能够跟圣王之治相提并论呢！"

明帝大怒，回到内室，立即提笔写了满满一张黄纸的诏令，交给廷尉，命令逮捕周颙，想杀掉他。过了几天，明帝又下令释放周颙。大臣们前去看望，周颙说："我早就知道不会死，因为罪行还到不了杀头的地步。"（《世说新语·方正》）

唐高宗时，朝廷决定雇佣雍州4100人修筑长安外城，30天竣工。雍州参军薛景宣上书说："西汉惠帝修筑长安城，不久死去；如今又要修城，一定会带来大祸。"于志宁等人认为薛景宣这番话属于妖言，请求将他斩首。高宗说："景宣虽然出言狂妄，如果因为上书言事而获罪，恐怕会断绝言路。"于是宽赦了薛景宣。

（《资治通鉴》卷199）

⊙ 谤木、肺石、登闻鼓

南北朝南梁武帝时，公车府设置谤木和肺石，表示开言路。武帝又下令在谤木和肺石旁边各安放一只盒子。两只盒子用途不同。谤木旁边的盒子专门用来收集政论，主要是为民间人士准备的，谁对朝政有什么想法而官员却没有想到，这样的意见投入这个盒子。肺石旁边的盒子用来收集不平，有谁因为有功未赏、有才未用而要上告的，可以把申诉书投入这个盒子。（《资治通鉴》卷145）

北朝也有类似措施，西魏在阳武门外放置了纸和笔，鼓励人们评论朝政得失。（《资治通鉴》卷148）

唐朝武则天当政，下令在朝堂设置登闻鼓和肺石，不派人看守，只要有人击鼓或站在肺石上，御史就出来接受诉状，然后上报。后来武则天又命令铸造专门用来收集奏表的铜匦，铜匦内部隔成4间，每间开设一孔，投进去的奏表不能随便拿出来。东边的那间叫"延恩"，接受的是歌颂朝政和要求做官的奏表；南边的那间叫"招谏"，接受的是评论朝政得失的奏表；西边的叫"伸冤"，接受述说冤情的奏表；北边的叫"通玄"，接受解释天象灾异和出谋划策的奏表。同时命令正谏、补缺、拾遗三个部门各出一名官员共同掌管，互相制约，以保证奏表能够上达天听。（《资治通鉴》卷203）

⊙ 兼听则明，偏信则暗

唐太宗问魏徵："君主怎样做是明，怎样做是暗？"魏徵答："听取各方面意见是明，偏信某方面意见是暗。（兼听则明，偏信则暗。）昔日尧体恤下情，询问民间疾苦，故而得以知晓有苗的恶行；舜的眼睛观察四面，耳朵倾听四方，故而共工、鲧、驩（huān）兜无法掩盖罪过。秦二世偏信赵高，酿成望夷宫的灾祸；南梁武帝偏信朱异，自取台城的羞辱；隋炀帝偏信虞世基，导致彭城阁的变故。所以君主听取各方面意见给以广泛采纳，亲贵大臣就无法遮蔽耳目，下情也就能够上达。"太宗说："对！"（《资治通鉴》卷192）

⊙ 吾貌虽瘦，天下必肥

唐玄宗时，韩休经宰相萧嵩引荐，出任另一位宰相。他为人严峻正直，不追求荣誉利益。玄宗在宫中饮宴行乐，或者到后苑游玩打猎，稍有过失，便问左右："这事韩休知道吗？"话刚说完，韩休的谏疏已经送到。玄宗曾经对着镜子闷闷不乐，左右说："自从韩休做宰相，陛下比以前瘦了许多，为什么不赶他走？"玄宗叹息着说："我看上去虽然瘦了，可天下人一定胖了。（吾貌虽瘦，天下必肥。）萧嵩奏事常常顺着我的心意，但退朝后，我睡不着觉。韩休常常跟我力争，但退朝后，我能睡着觉。我任用韩休，是为

了国家，并非为了自己。"（《资治通鉴》卷213）

⊙ 唐宪宗纳言

唐朝有几位善于听取批评的皇帝，唐宪宗是其中一个。

朝廷设立谏官，专事挑刺。宪宗咨询翰林学士李绛：谏官喜欢毁谤朝廷政务，心里根本不存事实观念，我打算挑一两个典型出来给予惩治，警示他人，你看如何？李绛答：这肯定不是陛下您的本意，一定是别有用心的人的挑拨。臣下的生死系于主上的喜与怒，冒着触犯陛下的风险而开口进谏的人能有几个呢？他们哪一个不是经过日日夜夜的思量，朝朝暮暮的反复才决定进谏的呢？所以等到他们开口时，原有的意见已经没剩几条了。即便陛下求着他们进谏，还怕无人答应，何况威吓他们呢！如果弄到人人都闭口不言的地步，国家就麻烦了。宪宗觉得李绛说得对，打消了惩办谏官的念头。

宪宗叮嘱宰相：凭着太宗那样的圣明资质，群臣进献的谏言尚且需要往返三四次，何况对于孤陋寡闻的我呢！从今往后，如果发现我有什么不对的地方，你们应当说10次，而不是仅仅说一两次就打发了。

一次议事，在翰林院供职的诗人白居易在场，他脱口道："陛下错了。"宪宗的脸一下子

白居易
（清）上官周 绘

板了起来，挥手让大家出去。然后暗中把翰林学士李绛叫来，说：白居易这小子出言不逊，让他离开翰林院。李绛说："正因为陛下能够容纳直率的进言，群臣才竭尽诚心，想到什么就说什么。白居易出言不逊，但内心是忠诚的，本意是好的。如果陛下因此而治他的罪，我担心人们将会缄默不语，这可不是开拓视听的办法啊。"宪宗高兴起来，对待白居易还像往常一样。（《资治通鉴》卷237～238）

小结

听取言论，特别是不同意见、刺激性言论，是一件很难的事情，这不仅需要宽阔的胸怀，还需要一心为公的思想境界、敬畏对方的意识和爱人的情操，同时也是一种自信的表现。广开言路是民主的一项内容，也是衡量民主程度的一个指标。它取决于听和说两个方面，对听者而言，要容得下尖锐批评，做到有则改之、无则加勉；对说者而言，要敢于讲真话，敢于讲逆耳之言，真实反映群众心声，做到知无不言、言无不尽。当然，主要方面是听者，听者真心听，虚心听，说者才能放言。

八、信政

　　信政是把信义贯彻于治政所形成的一种作风。信作为行为规范，主要解决的是说与做的关系，就是俗话讲的说到做到。现在常见于报端的"政府公信力"就属于信政范畴。与前面一样，信政也是仁政的延伸。学生子张请教什么是仁，孔子讲了五个方面，即"恭、宽、信、敏、惠"（《论语·阳货》），信是仁爱的一个具体表现。

　　信的功用在于成事。孔子说过这样的话："君子义以为质，礼以行之，孙以出之，信以成之。"（《论语·卫灵公》）意思是，君子以义为本质，通过礼的形式去实行，用谦虚的态度来表现，依靠信用来完成。就治政而言，可以这样说，所有举措最终都是通过信用来兑现的。

　　信政主要是两个方面：施政靠信用，成功靠信任。

（一）信用

要义

子贡问如何治理国家，孔子讲了三条："足食，足兵，民信。"即保证充足的粮食，保持强大的军备，建立政权公信。子贡问，如果必须去掉一项的话，减去谁呢？孔子答："去兵。"子贡又问，如果必须再去掉一项呢？孔子答："去食。"然后总结道："自古皆有死，民无信不立。"（《论语·颜渊》）是说，没有饭吃、没有兵来保卫，是会死人的；然而死人并不可怕，自古以来哪有不死人的？但绝不能丢失信用，一旦民众不再信任政权，统治者就会塌台。与粮食、军队相比，信用更根本。国家制定的政策、方针，发布的法令、政令，推行的决定、措施，是对民众的最大承诺，一定要恪守，给予兑现。古人主张不轻易更改法律和传统，一个考虑就是生怕动摇信用。如果由于种种原因承诺不能兑现，一定要解释清楚，取得谅解，绝不能不了了之。

政权跟人一样，也有一个立身问题，信誉是政权得以站得直立得稳的保证。

故事

⊙ 诺言不可毁

　　齐桓公进攻鲁国。鲁国抵挡不住，请求通过结盟听命于齐国，齐桓公同意了。

　　鲁庄公带着曹刿（guì）登上盟会的高台。鲁庄公突然伸出左手制住齐桓公，右手握剑对准他说："鲁国都城本来距离边境有几百里，现在只剩50里了，没法活了。这跟与你拼命而死是一样的，不拼命是死，拼命也是死，总之是一死，就让我死在您面前吧。"

　　齐国的管仲和鲍叔想冲上高台，曹刿按剑立在两个台阶之间，厉声说："两位君主自然会另行安排，不许打扰他们！"

　　鲁庄公说："齐鲁两国以汶水为界就可以了，否则我求一死。"

　　管仲在台下叫道："应该用领土来保卫国君，而不是用国君保卫领土，请您答应他吧！"

　　齐桓公只好同意，双方签订了盟约。

　　回来后，齐桓公就后悔了，不想把汶水以南的土地还给鲁国。管仲说："不可以。鲁人最初只是想劫持您，订立盟约不过是个

（汉画像石）齐鲁之会

借口，您却没有看出来，这不能说是明智；危难之际，做不到自主，这不能说是勇敢；许下了诺言，却又反悔，这不能说是守信。不明智、不勇敢、不守信，有了这三条，是不可能建立功业的。把土地还给鲁国，虽然有所损失，但得到了信用。用 400 里土地去换取天下人的信任，您还是合算的。"

鲁庄公是仇人，曹刿是敌人，对仇敌都信守诺言，更何况对一般人呢？齐桓公能够多次与诸侯会盟，号令天下，就是由此产生出来的。（《吕氏春秋·贵信》）

⊙ 信用的力量

晋文公征讨原国，只准备了 3 天的粮食，约定 3 天结束战斗。然而到了约定期限，并没有攻下原国，文公下令退兵。

这时，间谍从城里送出消息说："原国人马上就要投降了。"

一个军吏听到了，对文公说："请国君您等一等，原国人已经支持不下去了。"

文公说："信用，乃是国家的珍宝，是民众生存的依靠。（信，国之宝也，民之所庇也。）如果我们不按照说过的话去做，只顾眼前不顾长远，虽然得到了原国民众还会依赖我们吗？得到原国而失信于民，这样的事情我不会做。"

于是晋军撤退。刚刚退出 30 里地，原国人投降了。（《左传·僖公二十五年》）

卫国人听到了这件事，说："晋国的国君如此信守诺言，我们怎么能不归从呢？"也跟着投降了。

孔子记下了这件事，说："进攻原国得到卫国，是因为恪守信用啊。"（《韩非子·外储说左上》）

⊙ 无所畏惧

春秋时期，晋国与楚国争霸，战火连连，殃及其他国家。大家都受不了了，于是各国大夫在宋国聚会，决定休战。楚国参加结盟的代表是令尹（相）子木，晋国的代表是执政大夫赵武。子木贼心不死，动了歪主意，想趁晋军放松戒备之机偷袭对手。子木对楚国大夫们说："此时一击就可以歼灭晋军并且杀掉赵武，这样晋国就会一蹶不振。"

赵武获得了这个消息，心中非常不安，找大夫叔向商量。

叔向瞧了他一眼，说："您慌什么？没什么可担心的。暴力压不住忠诚，谎言压不住信用。如果一个人心怀忠诚，守持信用，说明他的德行很深厚，他做人的根基很牢固，对这样的人，外界任何力量都撼动不了。如今，我们用忠诚对待诸侯，又用信义来证明我们的赤诚；而楚国也信誓旦旦，所以我们根本用不着担心。要是楚国真的袭击我们，就是践踏自己的诺言，背叛自己的忠诚。自食其言的人不会再被人相信，背叛忠诚的人不会再有朋友，这样的人怎么能够伤害晋国？即使楚国偷袭得手，诸侯以后也不会跟它走。事情明明白白地摆在这儿，您怎么就这样顾及个人安危呢？您要是真的死在这儿，晋国的盟主地位就巩固了，您还有什么好怕的呢？"

于是，晋军更加松懈，白天无人瞭望，夜晚也不设岗哨。楚国令尹子木心里发虚，终究没敢行动。（《国语·晋语八》）

⊙ 言如鼎重

齐国攻打鲁国，索要一只鼎。这只鼎是鲁国的国宝，它的形状像一座小山，所以取名岑鼎。鲁国的国君找了一只替代品，装上车派人送到齐国。齐国的国君围着这只鼎绕了一圈，怎么看怎么别扭，怀疑它是冒牌货，把它退了回去。让人带话说："要是贵国的柳下季说这只鼎是岑鼎，我就接受它。"柳下季也被称为柳下惠，是鲁国的大夫，品德高尚，声名远扬。

鲁国国君赶紧找来柳下季，让他出面证明。

柳下季说："您向齐国国君行贿，是想用岑鼎免除国家的灾难。然而——"柳下季话锋一转，"我也有自己的'国家'，这就是我的信誉。以败坏我的'国家'来保住您的国家，这是我非常为难的。"

终于，真的岑鼎装上车送到齐国。柳下季不仅维护了自己的信誉，也保存了鲁国。（《吕氏春秋·审己》）

⊙ 令在于守

孙武以他撰写的兵法十三篇进见吴王阖闾，孙武每陈述一篇，吴王便不由赞叹"好"。听完后，吴王非常高兴，问："先生的兵法是否可以稍稍演示一下呢？"孙武说可以，并说不出后宫即可演习，由宫女担任角色。吴王将宫女交给孙武。

孙武将几百个宫女分成两队，任命吴王的两个宠妃当队长，吩咐她俩每人率领一队。然后让宫女披上铠甲，戴上头盔，手持利剑和盾牌站好。接着，孙武宣布军法，告诉她们必须服从军令，给她们讲解如何随着鼓声前进和后退、向左和向右移动、立定和旋转。孙武最后强调："听到第一次鼓声，大家都要振作起来；听到第二次鼓声，大家都要呐喊前进；听到第三次鼓声，大家排成作战阵形。"宫女们觉得好玩，捂着嘴吃吃地笑。

孙武没有理睬，拿起鼓槌敲响了鼓。没有人当回事，只听到笑声。孙武一连说了几遍，反复声明，宫女们就是笑个不停。

孙武突然怒火冲天，双目圆睁，头发一根根立起来，声如虎吼，命令执法官："取斧头和砧板来！"刑具摆好后，孙武说："军法不明确，军令不守信，罪在将军；禁令已经发布，三令五申之后，士兵置若罔闻，罪在队长。军法官！"孙武大声叫道。"在！"军法官应了一声。"按照军法，该当何罪？"孙武问。"斩首。"军法官回答。

孙武下令杀掉两个宠妃队长。吴王在阅兵台上看到这一情况，立即派人奔驰而至，说："我已经知道将军能够用兵了。请您手下留情，我如果没有这两个妃子，吃东西都觉得没有味道，希望不要杀她们。"孙武说："臣已经受命为将，将军在军队中执法，即使接到君王的命令，也不会照办。"于是，两个妃子被砍了头。

孙武重新拿起鼓槌，擂响战鼓，队伍闻声而动，井然有序，宫女们个个聚精会神，连眼皮都不敢眨一下。孙武向吴王报告，军队已经做好准备，请他检阅。

吴王摆摆手说："我已经看到了，请将军下令解散吧。"（《吴越春秋·卷第四·阖闾内传》）

⊙ 赵孟的说明

吴王夫差被越王勾践包围，吴国危在旦夕。

晋国执政大夫赵孟（赵襄子）把自己的饮食又降了一等，比他在为父亲赵鞅服丧期间的规格还要低。家臣楚隆问："三年守丧是表示亲情的极致，而今您再次降级，请问这是为了什么？"

赵孟说："从前吴王与先父有过盟誓——'共荣共辱'。现在越国围困吴国，作为继承人，我应该率军前往救援；然而以目前晋国的力量，根本做不到。所以我只好通过降低饮食规格来表达心中的内疚。"

楚隆说："为什么不让吴王知道您的难处呢？"一句话点醒了赵孟，便派楚隆前往吴国进行解释。

楚隆见到夫差，说："受敝君赵孟派遣，小臣楚隆前来谢罪。大王与先君赵鞅订立'共荣共辱'的盟约，如今大王陷于危难，敝君赵孟虽然不敢害怕劳苦，但是晋国实力不济，所以无法前来援救，小臣特来禀报。"

吴王夫差跪下叩头表示感谢，说："我才能不够，未能制服越国，由此给您的主君造成忧虑，谨以此答谢他的关怀。"说罢拿出一小篮珍珠，请楚隆转交给赵孟。（《左传·哀公二十年》）

⊙ 齐家和治国

吴起拿起一条丝带给妻子看，吩咐道："你再给我织一条丝带，要跟这条带子一样。"妻子织好了带子，双手奉上。这条丝带织得比原来的那条带子好。不料吴起脸一沉，问："我吩咐得明明白白，命你按照那条带子来织，而今你却织得这样漂亮，为什么不按照我说的去做？"妻子辩解说："用的材料跟那条带子一样，只不过特别下了工夫，所以更好看一些。"吴起说："这不是我所要求的。"

于是吴起叫她穿好衣服，打发她回家。就这样，吴起把妻子休掉了。妻子的父亲来找吴起，请求他让女儿回到吴家。吴起说："我家从来没有空话。"（《韩非子·外储说右上》）

吴起为魏文侯镇守西河郡，秦国在边境上建了一个岗亭。这个岗亭实在讨厌，对魏国农人威胁很大，弄得人心惶惶，而攻打它又不值得征调军队。于是，吴起把一根车辕倚在北门外，发布命令说："谁能够把这根车辕搬到南门外，赐给他上等田地和上等住宅。"哪有这样的好事？开始根本没人响应。终于有一个人按照命令做了，吴起便赏给他上等田地和上等住宅。过了一会儿，吴起又在东门外放了一石赤豆，命令道："谁能够把这石赤豆搬到西门外，可以得到同样赏赐。"人人都抢着去搬运豆子，生怕错过了机会。接着吴起发布命令："明天将进攻那座岗亭，能够第一个登上亭子的人，奖给国大夫的爵位，并赏赐上等田地和住宅。"

人们争先响应。吴起下令进攻，只用了一个早晨，岗亭就被拔除了。（《韩非子·内储说上·七术》）

⊙ 大法宝

战国时期，公孙鞅（商鞅）在秦国主持变法。法令已经准备好了，还没有公布。公孙鞅担心民众不相信，便在都城的集市南门立起一根三丈长的木杆，说谁能把它移往北门，便奖赏 10 金。大家觉得蹊跷，无人响应。公孙鞅又把赏金加到 50 金。终于一个人上前，将木杆移到了北门，当即便获得了 50 金的奖赏。于是公孙鞅下令颁布变法的命令。

司马光评论道："信用，是君主的大法宝（夫信者，人君之大宝也）。国家依靠人民来保证，民众根据信誉来行动（国保于民，民保于信）；不讲信用不能使用民众，不能使用民众便不能维护国家。所以在古代，成就王业的君主不欺骗天下，建立霸业的君主不欺骗邻国，善于治国的君主不欺骗民众，善于齐家的长者不欺骗亲人。恶劣的人反其道而行之，他们欺骗邻国，欺骗百姓，甚至欺骗兄弟，欺骗父母和子女。处于上位的人对处于下位的人不讲信用，那么处于下位的人也就不相信处于上位的人，上下离心离德，一定走向败亡。到了这一步，即使获得的利益再大，也不能医治国家的创伤；所得到的东西再多，也不能补偿国家的损失，岂不悲哀！从前齐桓公不背离曹沫经手的与鲁国的盟约，晋文公不违背讨伐原国时与大夫们的约定，魏文侯不背弃与园林官员的打猎约会，秦孝公不废除对移动木杆者的奖赏。这四位君王都不是纯粹尊奉道义的人，而公孙鞅尤以刻薄寡恩而著称，更何况当时处于战乱年代，天下时兴欺诈和暴力，然而仍旧不敢忘掉信用以收服他们的百姓，就不要说四海太平时代的为政者了！"

（《资治通鉴》卷2）

⊙ 演习变实战

西门豹治理魏国的邺县（今河北省临漳县西南），粮仓里没有存粮，钱库里没有金钱，兵库里没有武器，更糟的是官府里竟连账本都没有。于是有人把状告到魏国君主魏文侯那里。

魏文侯亲自到邺县视察，情况果然跟听到的一样，便皱起眉头对西门豹说："你怎么把好好的一个地方搞得乱七八糟？要是能够改变做法，那就算了；要是不能，就治你的罪。"

西门豹说："我听说追求王业的君主使民众富裕，从事霸业的君主使武士众多，走向亡国的君主使府库充足。您是王霸之业的君主，所以我实行的是储备于民。"

魏文侯看着西门豹，满眼狐疑。

西门豹说："请允许我现在就给您演示。"说完便登上城楼击鼓。一通鼓，百姓身披铠甲拿着兵器走出家门；二通鼓，百姓拉着装满粮食的车相继赶到。魏文侯满意地点点头，说："好了，让他们回去吧。"

西门豹不同意，说："与民众约定，必须守信。信用是逐渐积累起来的，如果一次不兑现，往后就没人听从调动了。燕国曾经占去我们魏国八座城池，今天就让我们借这次机会收复失地吧。"

于是，西门豹下令攻打燕国，收回了被侵占的土地。(《淮南子·人间训》)

⊙ 恩信平叛乱

东汉章帝时，张纡被任命为处理西疆事务的护羌校尉。羌人首领迷吾请求投降，张纡同意，却在宴席上下毒，杀死迷吾及其部下首领 800 多人，接着又趁机进攻，斩杀俘获数千人，引起以迷吾的儿子迷唐为首的羌人各部的叛乱，张纡束手无策。朝廷派邓训替下张纡，担任护羌校尉。

邓训认为，羌人反叛，纯属张纡背信，要平息叛乱，必须以恩信服人。此时羌人大肆攻击劫掠西疆胡人各部，邓训打开城门，收容和保护了许多胡人。胡人深受感动，纷纷投靠邓训。邓训又悬赏招降羌人各部，不少羌人前来归顺。之后，邓训率领汉、胡、羌联军击败迷唐，平定了局势。

邓训去世，许多羌人和胡人悲痛万分，他们用刀刺破自己的身体，杀死家中的狗马牛羊，说：邓使君已死，我们也跟着死吧！邓训的老部属上路奔丧，以至城郭为之一空。当地家家户户为邓训立祠进行供奉，每当瘟疫发生，人们就向邓训祭告祈福。(《资治通鉴》卷 47 ~ 48)

⊙ 天之所助者顺，人之所助者信

东汉末年，曹操聘请何夔（kuí）做僚属，问他对袁术的看法。何夔说："上天帮助顺应潮流的人，民众帮助恪守信用的人。（天之所助者顺，人之所助者信。）袁术既不顺应潮流又不讲信用，却盼望得到上天和民众的帮助，怎么可能呢！"（《资治通鉴》卷62）

三国时期，吴国交趾一带的蛮族首领士徽抗拒交州刺史吕岱。吕岱迅速出击，同时派士辅前往劝降，士徽率领兄弟六人出降，吕岱把他们全部斩首。

东晋学者孙盛评论道：安抚边远地区的人，跟他们接近，最好的办法莫过于恪守信用。吕岱以师友之礼请士辅去劝降，信誓旦旦，士徽兄弟坦露臂膀，诚心诚意归降，吕岱却为了谋取功名和利益杀死了他们，君子由此知道吕氏为什么没有后代延续下来。

（《资治通鉴》卷70）

⊙ 无信不立

三国末期，晋国与吴国对峙。晋国将军羊祜讲究信用，每次与吴国交战，都约定日期，绝不突然袭击。吴国将军陆抗也以诚相待。陆抗送给羊祜酒，羊祜喝起来从不生疑。陆抗生病，向羊祜求药，羊祜把成药送给他，陆抗也马上服下。有人劝阻，陆抗说："怎么会有使用毒药杀人的羊祜？"陆抗对守边的将士说："别人专门行善，我们专门作恶，这是不战而自己屈服。只要能够保住疆界就可以了，不要谋求小利。"吴国君主听说双方关系和睦，责问陆抗。陆抗说："一城一乡都不可以不讲信用，何况一个国家呢！（一邑一乡不可以无信义，况大国乎？）臣要是不这么做，正好彰显了对方的德行，对于羊祜却没有一点损伤。"（《资唐朝中后期，藩镇割据严重。董重质是唐宪宗时淮西节度使吴元济的部将，郭谊是唐武宗时昭义节度使刘稹的部将。二人投降朝廷，后又闹独立，被朝廷剿灭。

司马光评论道："唐宪宗时董重质在淮西叛乱，唐武宗时郭谊又在昭义叛乱，处死他们当然是死有余辜。唐宪宗任用董重质在前，唐武宗诛杀郭谊在后，我认为，两种处置皆为失误。为什么呢？唐宪宗赏赐奸贼董重质，所以是不义；唐武宗杀死降者郭谊，所以是不信。失去了道义和信用，拿什么治理国家！（失义与信，何以为国！）"（《资治通鉴》卷 248）

⊙ 以诚信治天下

唐太宗时，突厥经常骚扰边境。民部尚书裴矩上奏提出，对遭受突厥掠夺的百姓，每户赐给绢帛一匹，以作补偿。太宗说："我以诚信驾驭天下（以诚信御下），不想有抚恤的名声而没有实在的内容。家庭大小不同，赏赐怎么可以雷同呢！"于是以人口作为赏赐的标准。

有人上书请求清除奸臣。太宗问："谁是奸臣？"回答："臣身居草野，不能明确知道，请陛下在与群臣谈话时，假装恼怒给予试探，坚持道理而不屈服的，便是直臣；畏惧威势而顺从旨意的，便是奸臣。"太宗说："君主，是水的源头；群臣，是水的流脉；混浊了源头而去要求流脉的清澈，是不可能的事。君主自己欺诈，又怎么能责成臣下耿直呢！我以至诚治理天下（以至诚治天下），看见前代帝王喜好用权谋小计来对待臣下，私下常常嗤之以鼻。你的建议虽好，但我不能采用。"（《资治通鉴》卷 192）

⊙ 信用缺失，难以补救

唐德宗时，长安发生兵变，唐德宗仓皇出逃。德宗与翰林学士陆贽探讨变乱的缘故。陆贽说："只有信用与忠诚，丧失了便无法弥补。（唯信与诚，有失无补。）人一旦失诚，心地就难以再保持忠实；一旦失信，说出口的话就难以再实行。"又说："用智谋驾驭人，人便会以欺诈来回应；用猜疑对待人，人们便会以凑合来对付。上面实行什么，下面就跟着做什么；上面给予什么，下面就回报什么。如果自己不能诚心诚意，却要求别人诚心诚意，那么所看到的一定是无动于衷，不会有人听从。如果已经有了不忠诚的言行，再向人们许诺今后将忠诚待人，那么人们一定疑心，不会相信。可见，诚信之道，是须臾不可离开的。希望陛下谨慎守持诚信之道，重之更重，这样就不会再有悔恨了！"（《资治通鉴》卷229）

⊙ 信用最大

唐德宗时，有一年遇上好光景，获得大丰收。德宗狩猎，来到农民赵光奇家。德宗问："百姓高兴吗？"赵光奇回答："不高兴。"德宗问："收成这么好，为什么不高兴？"赵光奇说："诏令没有信用。以前说是两税以外再也没有其他徭役，现在不属于两税的搜刮比两税还要多。以后又说是余粮由官府和籴，但实际上是强行夺取粮食，到现在也不曾见过一个钱。开始时说官府买进的粮食只需在路旁交纳，现在却让送往京西行营，远了几百里地，车坏牛死，农户破产不能支撑。百姓如此忧愁困苦，何乐之有！每次颁发诏书都说善待体恤民众，其实不过一纸空文罢了！"德宗命令免除他家的赋税徭役。

司马光评论道：唐德宗真是太难醒悟了！自古深以为患的事情，就是君主的恩泽壅塞而不能下达，小民的情绪郁结而不能上传；结果君主在上面忧心体恤但民众并不感怀，民众在下面忧愁埋怨但君主并不知晓，终于导致民众背离反叛，国家危亡，大约道理就在于此。幸亏德宗因游猎得以来到百姓家中，正赶上赵光奇敢说真话让德宗知道民间疾苦，这真是千载难逢的际遇啊。德宗只免除赵光奇一家的负担，而四海广大，人民众多，又怎能人人都亲自向天子讲明情况，从而户户都得以免除赋税徭役呢！（《资治通鉴》卷233）

小结

古人观念中，信是天经地义。《吕氏春秋》有一编名"贵信"，其中这样说："上天要是不守信，就不能形成岁时；大地要是不守信，万物就不能生长……以天地如此之大，四季如此之变化，都不能不以信用对待万物，更何况人呢？"把信用上升到天理的地位，赋予它最高权威，是为了使所有社会成员恪守信用，从而进一步巩固人间秩序。

这在信用普遍缺失的今天尤为紧迫，当前最突出的问题是政府公信力危机。一个举措出台，一个事件发生，一个数据公布，总要引起不小的质疑，很少有人相信是真的，即使发言人一再说明、再三解释也无济于事，因为光凭嘴说根本没用了，人们已经有了成见。究其缘由，一个主因就是说得多做得少，口号大行动小，不是不落实就是虎头蛇尾，要不就是自生自灭，这样的结果怎么能够维护公信力呢？如果能够像新一届领导集体狠刹浪费之风那样一竿子插到底，做几件实事，用不了多久，公信力就会提升，同时必将带动整个社会信用体系的重建。

（二）信任

要义

公信力其实是个信任问题。信任当然是双方的，但分主次，这里的主要方面是政府，只有官员信任民众，民众才能回报以信任。这说的是官员与民众的关系。就官员之间而言，也存在着信任问题，上下级之间相互信任，同事之间相互配合，事情才会办好。

故事

⊙ 秦穆公的马

春秋时期，秦国君主秦穆公乘车出行，车坏在半道上，右边驾车的马趁机跑脱，被一伙山野农夫逮住。秦室的祖先靠给周天子养马起家，穆公极其看重马，亲自带人前去追讨，在岐山的南面找到了这伙山民。可惜晚了一步，他们已经杀掉了马，正在大口吞吃马肉。穆公愣愣地站了一阵儿，叹了口气说："吃骏马的肉而不立刻喝酒，多半会伤害身体的。"于是便拿出酒来挨个给他们喝，然后便离去了。

一年后，秦国和晋国在韩原（今山西省芮城县）展开激战。秦穆公乘战车突入敌阵，不料被晋军团团围住。

敌军大夫梁由靡扭住了左边拉车的马，晋国君主晋惠公及时赶到，他战车上的卫士路石骁勇善战，一戈便刺穿了秦穆公身上覆盖的六层铠甲。正在危急关头，一伙人突然闯了进来，足有300多人，把秦穆公挡在身后，与敌人展开殊死拼杀。秦穆公认出来了，这帮人就是那伙在岐山脚下分吃马肉的山民。结果晋军大败，连晋惠公也做了俘虏，被押回秦国。

（汉画像石）马

正如《诗》中所说："做君子的君主必须公正，以弘扬他们的美好德操；做卑贱者的君主必须仁厚，以激发他们的最后力量。" 做君主的怎么能不一心一意地实施仁德以使人民获得爱呢？君主行仁德而爱人，民众就亲近他；民众亲近君主，就会心甘情愿地为他去死。（《吕氏春秋·爱士》）

⊙ **乡校中的议论**

春秋时期，子产担任郑国执政大夫。郑国设有乡校，人们喜欢到那里去，仨一群俩一伙地议论政事，评说治政者的得失。

大夫然明看着不顺眼，对子产说："干吗不把这个乡校拆掉？"

"拆掉乡校？"子产反问一句，真不知道这个然明成天想什么，然后说："人们早晨和晚上走到那里散散心，顺便谈谈政事，说说治政的得失，有什么不好？他们认为对的，我就坚持，认为不对的，我就改正。乡校是我的老师，为什么要毁掉？我听说，治理国家应该信任民众以减少抱怨，还从来不曾听说过威吓民众以压制抱怨。这就像防范洪水，河堤决口，伤害的人一定非常多，到时候根本无法救援，不如开个小口放水，使它得到疏导。乡校既可以释放怨气，人们的议论又可以作为医治我失误的良药，怎么能拆掉呢？"

然明说："现在我算是知道跟着您做事是值得的了，我的见识确实低劣。照您说的去做，实乃整个郑国的幸事，岂止仅仅对两三个大臣有好处？"

孔子听到这件事，说："这样看，谁要是再说子产不仁爱，我是不会相信的。"（《新序·杂事第四》）

⊙ 晏子的见识

齐国有一个名叫北郭骚的人，靠结渔网织麻鞋来奉养母亲，但仍旧常常挨饿。他没有办法，便找到晏子家，希望能够得到一些食物供养母亲。

家中的一个仆人对晏子说："这个人是齐国的贤人，他志节高尚，不向天子称臣，不与诸侯交朋友，不为了获得利益而放弃原则，也不为了躲避祸患而屈从邪恶。现在他向您乞求供养母亲的食物，是敬佩您的为人，请您一定不要拒绝。"晏子听了仆人的话，拿出粮食和金钱送给他，他谢绝了金钱留下了粮食。

不久，晏子遭到国君猜疑，出走国外。路过北郭骚门前，下车向他告别。北郭骚洗发浴身，恭恭敬敬地出来见晏子，问："您去哪里？"晏子答："因为国君猜忌，逃出齐国。"北郭骚说："您多保重吧。"

晏子登上马车，长叹一声说："我落到逃亡的下场难道不正应该吗？我也太没有见识了。"便闷闷地去了。

北郭骚找来他的朋友，道："我听说对奉养过自己父母的人，一定要承担他的危难。如今晏子受到猜疑，我将用自己的鲜血为他昭雪，还他清白。"于是，便穿戴好衣冠，让他的朋友捧着宝剑和竹匣跟在身后，来到齐王的官室门前。北郭骚对负责通报的官员说："晏子是天下闻名的贤人，随着他的离去，齐国定然会遭受侵占。既然如此，我还不如先死去。我愿意把头颅交给你，请你转呈大王，以此为晏子洗清冤屈。"说完就自杀了。北郭骚的朋友把他的头装在竹匣里交给了官员，然后说："北郭骚为国难而死，我为朋友而死。"跟着也自杀了。国君知道了这件事，极其震惊，来不及备车，跳上一辆驿车把晏子追了回来。

晏子说："我落到逃亡的下场难道不正应该吗？这越发地证明我太没有见识了。"（《吕氏春秋·士节》）

⊙ 买仁义

战国时期，孟尝君田文担任齐国丞相，喜欢与士打交道，许多人都来投奔他，一时竟达到了 3000 多人。

为了应付巨大开支，孟尝君在他的封地薛邑放了一大笔债款，派冯谖（xuān）前去收债。临行前，冯谖问："债收完后，买些什么回来？"孟尝君回答："先生看我家缺少什么就买什么吧。"

冯谖到了薛地，吩咐官吏叫欠债的百姓前来核对债券。核对完后，他假传孟尝君的命令，把债全都赏给了百姓，当场把契约烧掉了，大家感激得直喊万岁。

回来后，孟尝君问："先生买回些什么东西？"冯谖答："仁义。"随即解释道："您的封地只有小小的薛邑，可您不仅不体恤您的子民，反而像商人一样地从他们身上榨取利益。我替您把他们欠的债都免了，这就是我为您买回来的'仁义'。"孟尝君很不高兴。

一年后，齐王不用孟尝君了，孟尝君只好返回薛邑。离薛邑还有100里地，百姓就站在路边欢迎他了。孟尝君回头对冯谖说："先生替我买的'仁义'，今天看到了。"（《战国策·齐四》）

⊙ 民众不可亵渎

泗水岸边盛产美好的石头，孟尝君派使者前去采买。

人们问使者要这些石头干什么？使者回答：我们君主被封在薛邑，将在那里举行宗庙祭祀，要用到磬这种高雅乐器。磬是用美石制作成的，没有你们的美石，就做不出磬来。所以君主命令我来向你们购买美石，我敬请诸位给予帮助。

泗水人听了非常高兴，向他们的父老禀报，然后举行隆重的斋戒礼，驾驶10辆车子把美石送到孟尝君那里。孟尝君盛情款待泗水人，然而却把美石随便堆在朝堂外面。后来建造宫殿时，用来垫木柱的脚石不够，孟尝君吩咐用泗水石来代替。

泗水人知道了这件事，前去责备孟尝君说：我们那里的石头，是天地生成的。从前大禹治水的时候，命令夔（kuí）前去采集并推荐给宗庙，用来作为众声的标准，使八音和谐。从此，这种美石成为当地上等产品，它可以净化人的心灵，提高人的智慧，人们从来不敢轻慢它啊。君主您派使者来向我们索取的时候，我们害怕君主的威势，不敢违背，又听说君主将要把它用在祭礼上面，我们就答应了。可如今君主却用它来做柱脚石，我们实在不敢相信。

说完，泗水人没有告辞就走了。

孟尝君门下的宾客也都离开了，返回各自国家。诸侯们也瞧不起孟尝君，秦国和楚国合谋讨伐他担任国相的齐国。孟尝君十分惶恐，亲自请来泗水人，将美石迎进庙堂，用它做磬。直到这个时候，宾客们才回来，诸侯的军队也才撤离。（《郁离子》）

⊙ 曾参杀人

战国时期，秦王派甘茂进攻韩国，甘茂不够积极，秦王问他原因。

甘茂说：鲁国有一个跟曾参姓名相同的人杀了人，有人告诉曾参的母亲，曾母照样织布，神情自若。接着又一个人跑来告诉她，她仍旧坐在织机前。第三个人来了，说的还是这件事，曾母扔下机杼，跳墙逃走了。臣的贤良不如曾参，大王您对臣的信任又不如曾母对曾参的信任，猜疑臣的人更不止三个，臣害怕大王也会扔下机杼。此前魏文侯任用乐羊为大将攻打中山国，三年才成功。回来后议论功劳，魏文侯拿出群臣揭发乐羊的书信一筐。乐羊一再叩头行礼，说："攻占中山国不是臣的功劳，而是国君您给力！"而今臣不过是个寄居秦国的外乡人，大臣们一定会利用韩国的事情做文章，而大王您一定会听信他们。

秦王说：放心，我不是曾母！我可以跟你盟誓！于是秦王与甘茂在息壤这个地方立下誓言。之后，甘茂率领大军进攻韩国的战略要地宜阳。

5个月过去了，宜阳没有攻克。秦国的大臣争着指责甘茂。秦王听从了他们，派人去召回甘茂。

甘茂说："息壤还在那里。"秦王醒过味儿来，说："有这

回事。"遂全力动员兵力援助甘茂，最后杀死韩军 6 万人，攻占宜阳，韩国被迫求和。（《资治通鉴》卷3）

⊙ 燕昭王与乐毅

燕国君主燕昭王任用乐毅为上将军攻打齐国，6 个月攻下城邑 70 多座。后来受阻于莒城、即墨，用去 3 年时间，没能拿下。

有人向燕昭王进谗言，说乐毅怀有二心，自己想当齐王，提醒昭王及早防备。昭王大宴群臣，命令进谗言的人出列，斥道："我即位后，对内广泛起用群臣，对外广泛招揽宾客，以报齐国残害我燕国之仇。对于成功的人，我愿意与他共享燕国。如今乐毅先生为我攻破齐国，毁掉了它的宗庙，报了先前的仇恨。齐国不是燕国应当得到的，理应归乐先生所有。如果乐先生能够拥有齐国，那么燕国与齐国这两个诸侯国就可以结为友好邻邦，共同抵御其他国家的发难，这实在是燕国的福分，也是我的心愿。而你却挑拨我跟乐先生的关系，你怎么敢这么做！"便下令把这个人杀掉了。

昭王又以王后服饰赏赐乐毅的妻子，以公子服饰赏赐他的儿子。接着配备了君主车驾，后面跟着上百辆属车，由燕国宰相送到乐毅那里，立乐毅为齐王。乐毅惶恐不安，推辞不受，拜谢后写下辞书，宣誓以死效忠燕王。从此再也没有人敢谋算乐毅了。（《资治通鉴》卷4）

⊙ 约法三章

秦朝末年，群雄并起。楚怀王与各路将领约定："先入关中者为王。"

其时秦军还很强大，常常打得义军四处逃窜。关中是秦朝的根据地，所以将领们没有一个肯站出来的。唯独项羽因为秦军杀了叔父项梁，愤恨不已，挺身而出，愿意担当这一重任。老将们纷纷反对，说秦国人饱受暴政折磨，早就忍无可忍了，如果此刻派一位敦厚老成的长者前往，以仁义为号召，讲明道理，关中是不难就范的。项羽这个人虽然迅捷勇猛，但凶残狡诈，攻破襄城时将城中军民全部活埋，一个活口也不留，所以不能担当这一任务。刘邦一向宽宏大量，有长者气度，是最合适的人选。楚怀王接受了这一意见。

刘邦率军西进，严令军队不得掳掠，秦地百姓都非常高兴，所经过的城邑没有不投降的。大军进入关中，抵达霸上，秦王子婴的脖子上系着表示服罪而应该自杀的绳子，手捧皇帝玉玺和符节，伏在路边向刘邦投降。有人主张杀掉子婴。刘邦说："当初怀王之所以派我前来，是因为认定我能宽容待人。如今人家已经投降了，还要杀掉他，这样做是不吉利的。"于是把秦王子婴交给主管官员处置。

随后刘邦把各县父老和有声望的人召集到一起，说："你们遭受秦朝严刑苛法的苦难和沉重的负担已经很久了，我与各路诸侯约定，先入关中者为王，据此我就应该在关中称王了。如今与父老们约法三章：杀人者处死，伤人者和抢劫者抵罪。秦朝的法律统统废除，官吏和百姓在各自的位置上安然不动。我到这里来，是为了替大家除害的，而不是欺凌你们的，请你们务必不要害怕！"随即派人与秦朝旧吏一起到各处宣讲，民众欢喜异常，争相带着牛、羊、酒食前来慰问刘邦的军队。刘邦辞让不肯接受，说："仓库中的粮食还很多，不能让大家破费。"民众更加高兴，唯恐刘邦不在秦地称王。（《资治通鉴》卷8～9）

⊙ 失误者

东汉桓帝时，有个小偷夜里潜进陈寔（shí）的卧室，伏在房梁上。陈寔察觉了，没有声张。他起身穿好衣服，把儿孙们叫到自己房间，板起脸教训他们说："做人切不可放纵自己。做坏事的人，其本性原本并不坏，只是由于平时对自身要求不严格，习惯成自然，就此沦落下去。"顿了顿，突然提高声音说："譬如那位梁上君子就是这样的人啊！"小偷惊恐万分，跳到地上，跪在陈寔面前磕头请罪。陈寔缓缓地说："看你相貌，不像坏人，应该注重克服私欲，努力向善重新做人。你现在这样做大概是迫于贫困吧。"说罢，吩咐家人送给他两匹可以当钱用的绢。此后很长时间，地方再也没有发生过偷盗事件。（《后汉书·陈寔传》）

东汉末年，王烈居住的地方有人偷牛，被主人捉住。偷牛贼恳求说："甘愿受罚，哪怕掉脑袋，只是千万别张扬出去传进王烈耳朵里。"王烈听说后托人去看望他，并带去一匹布。有人询问原因，王烈说："偷牛贼害怕我知道，说明他还有羞耻心。既然懂得羞耻，就能够改邪归正。我送给他布匹，就是鼓励他从善。"后来一位老人的佩剑丢在路上，一个行人发现了，便守在旁边，一直等到傍晚老人返回找剑。失主大为惊奇，把这件事说给王烈听，原来拾到剑的人就是那个偷牛贼。（《资治通鉴》卷60）

⊙ 没有二心

五代后周世宗时，山南东道节度使安审琦进京入朝。他镇守襄州十几年，世宗授予他太师衔，然后让他回去。安审琦上路后，世宗问宰相："你们送他了吗？"回答说："送到城南，安审琦深深感激皇上的恩德。"世宗说："近代各朝大多不以诚信对待诸侯，诸侯中即便有想要效忠尽节的，也因为朝廷的背信而无法实现。王者但凡不失信用，还用得着担心诸侯有二心吗！"（《资治通鉴》卷293）

小结

信任其实是个诚意问题。只有发自内心，真心实意地对待民众和他人，这样的信任才能打动人，也才能做到恪守信用。缺少这个态度，信任度就会大打折扣，收不到多少效果。诸葛亮说："不诚者失信。"讲的就是这个道理。

政府公信力危机，很大程度上源自官员诚意不够，所以不能做到充分信任民众。一事当前，首先想到的是如何化解责任，而不是在事实真相的基础上与民众相沟通，从而有意无意地站在了民众的对立面上。提高公信力、执行力、应对力，不是技术问题，而是意识、感情、态度问题，缺乏以人为本的理念，缺乏对百姓的感情，缺乏对人民负责的态度，公关技巧再高明，也不会取得民众的理解和支持。

九、勤政

儒家经典《尚书·大禹谟》有句话："克勤于邦，克俭于家，不自满假。"这是舜在选择接班人时说的话，评价的是禹。意思是，恪守勤劳以事国，恪守节俭以持家，恪守谦虚以待己。"克勤于邦"讲的就是勤政。禹是勤政的典型，为了治水大业，为了安顿四方百姓，数过家门而不入，《庄子》说他奔波得连腿上的汗毛都磨光了。

勤政为历代所提倡，所谓"勤于王事"。王事是国事、公事、众人之事，勤奋工作，尽职尽责地完成公务是对官员的最基本要求。勤政主要由两个方面构成，一是勤勉，一是忧患。

（一）勤勉

要义

　　勤字的本意是持续劳作，孔子正是在这个意义上讲勤政的。学生子张问怎样去从事政治，孔子答道："居之无倦，行之以忠。"（《论语·颜渊》）在职位上不要倦怠，执行任务要忠诚。这里的忠可以理解为尽力，就是晚清重臣曾国藩说的："勤，不必有过人之精神，竭吾力而已矣。"（《曾文正公全集·杂著》）尽力也是勉字的本意。连起来，勤勉就是不知疲倦地尽力工作。

　　人的志向有高低，能力有大小，目光有远近，认识有深浅，但只要做到勤勉，基本上就够格了。

故事

⊙　武王不寐

　　周武王率领诸侯推翻商朝，建立周朝，出巡回到都城后，夜不能寐。周公来到武王住处，问他为什么睡不着觉？武王答，因为事情还没有完结。他说："上天不站在殷商一边，我们周族才能成就今天的王业。然而，殷商的影响还远没有消除，上天并没有最后确定保佑周族，我哪有闲工夫睡大觉！要想得到上天的祐护，必须不遗余力地惩办坏人，孜孜以求地招募贤人，使德教大

放光彩。"武王表示，也许真正到了马放南山、刀兵入库的时候，他才能稍稍舒口气。(《史记·周本纪第四》)

⊙ 坚持不懈

宁越是中牟这个地方的草野之民，整天在田间耕作，觉得十分辛苦，就问朋友：怎样才能脱离这样的艰辛？

朋友答道："学习，苦读 30 年就可以发达。"

宁越说："让我用 15 年走完这段路程吧。别人休息，我不休息；别人睡觉，我不睡觉。"

就这样，他苦读 15 年，成了周威王的老师。

箭飞行的速度很快，但射程超不过二里地，因为它会停下来；人用双脚走路的速度很慢，却可以到达几百里以外，因为脚步没有停下来。如今宁越凭着自己的才能，再加上坚持不懈的努力，终于成为诸侯的老师，难道不合适吗？(《吕氏春秋·博志》)

⊙ 陈国的败亡

周天子派单襄公出访诸侯国，路过陈国。这时正是清晨，大火星已经在东方升起，衬着灰蓝色的天幕格外清亮。

然而让单襄公奇怪的是，这里与别的地方很不一样。大路上杂草丛生，人走上去磕磕碰碰的；见不到负责接待宾客的人，也见不到巡察道路的官员，没人知道他们在干什么。再往周围看看，池塘边没有修建堤坝，河流上也不架设桥梁。节令已经到了冬至，收割了的庄稼还堆放在田野里，打谷场刚建了一半。再往前走，路旁连作为标示的树木都不栽种。好不容易问清了路，到了地方，却没人安排住宿，郊县根本就没有旅舍，就连都城也没有宾馆。

然而民众却没有闲着,他们被征调去给陈国大夫夏氏家修建台阁。

单襄公到了都城，等了许久都没有见到陈国的国君陈灵公，这位君主带着他的两个执政大夫溜到夏氏家，正忙着与女主人夏姬寻欢作乐呢。单襄公断言："陈灵公即便不遭受大灾祸，陈国也一定要灭亡。"果然，两年后陈灵公就被夏氏杀掉了；又过了一年，楚国攻占了陈国。（《国语·周语中》）

⊙ 景差的失误

景差当上了郑国的国相。一个百姓在大冬天蹚水过河，上岸后小腿都麻木了。正好景差从后面过来，让侍卫下车，空出地方载上那个百姓，还脱下自己的上衣给他盖上。

晋国大夫叔向听到了这件事，说："景差给人家当国相，这样的做法不是太鄙陋了吗！我听说，优良的官吏在一个地方为政，3个月后沟渠就出现在人们眼前，10个月后桥梁就架在了河上，牛马猪羊鸡犬这些家畜都湿不了脚，就别说人了。"（《说苑·卷七·政理》）

⊙ 为什么赶不上晏子

齐国大夫梁丘据对晏子说："这辈子我是赶不上先生您了。"

晏子答："我听说，成就事业者总是有作为的人，达到目标者总是重行动的人（为者常成，行者常至）。我并没有不同于别人的地方，只是经常做事而不放下，经常行走而不停止，所以才难以赶上啊。"（《说苑·卷三·建本》）

⊙ 敬姜的感慨

公父文伯是春秋时期鲁国的大夫，他下朝回来向母亲敬姜请安。母亲正在绩麻，公父文伯说："像我们这样的人家，主母还要亲自绩麻，我怕这件事传出去会触怒季康子，以为我不能很好地侍奉母亲呢。"季康了是鲁国执政的大夫，与公父文伯同族，都属于季氏。

敬姜叹了口气说："哎，我看鲁国恐怕要完了，怎么让你这样不懂事的孩子治理国家！你给我听好，从前圣明的君主安置人民，总是要他们到贫瘠的土地上去生息，让他们辛勤劳作，然后再加以使用，所以才能够长久统治天下。为什么呢？因为民众经过劳苦就会想到节俭，想到节俭就会产生善心；而安逸就容易放纵，放纵就会忘记善良，忘记善良就会产生坏心思。生活在肥沃土地上的人很少成材，是因为安逸的缘故；生活在贫瘠土地上的人大多向往仁义，是因为劳苦的缘故。"

停了停，敬姜又说："有地位的人用心力操劳，没有地位的人用体力操劳，这是先王留下来的训诫。从上到下，谁敢产生放纵思想，懈怠不出力呢？而你方才却说出'为什么不自求安逸'这样的话，抱着这样的心思来当官，我怕这个家族的人将被灭绝而后继无人了。"

孔子听说了敬姜这番话，对学生说："你们牢牢记住她的话吧，季氏家的媳妇不是一个贪图安逸的人啊！"《国语·鲁语下》

劳动中的妇女
（明）《天工开物》插图

⊙ 生无所息

子贡在孔子门下很长时间，身心疲惫，实在有些撑不住了。

他去见孔子，说："我希望能够休息一下。"

孔子看了他一眼，说："活着就没有休息的权利。"（生无所息。）

子贡说："照您这么说，我端木赐就永远别想休息了！"

孔子说："怎么不可以？可以啊！"说着扬手往远处一指："你看到那一座座坟墓了吗？如水中的高地，如山中的高峰，如湖河的堤坝，如器皿中的蒸锅，那就是休息的地方。"

子贡看过去，说："原来您说的就是死！那里是君子休息之所，也是小人安卧之所。"

孔子叫着子贡的名字说："赐，这下你明白了吧。人们只想得到生的快乐，却不想忍受生的痛苦；只看到了老年的安逸，却看不到老年的衰退；只希望得到休息，不知道这却意味着死亡。"

（《孔子集语·卷一·劝学》）

⊙ 卧薪尝胆

越王勾践被吴王夫差包围在会稽，面对着黑压压的敌军，勾践长叹一声，说："我就完结在这里了吗？"大夫文种劝道："商汤被拘禁在夏台，周文王被囚禁在羑里，晋国的重耳流亡到狄地，齐国的小白逃亡到莒国，他们最后终于成就了帝业和霸业，这样看来，困顿怎么就不是福分呢？"

吴国后来放勾践回越国。勾践有意置身于艰苦条件中，处心积虑思考复兴大计。他把动物的胆囊悬挂在座位上面，无论是坐着还是躺着，都能看到这只胆；吃饭的时候也要尝尝胆汁的苦涩，说："你忘记了会稽的耻辱了吗？"他亲自下田耕作，夫人自己织布，吃饭从来不增加肉食，也不穿华丽的衣服，委曲求全，礼待贤人，给宾客丰厚的待遇，救济贫困，吊唁死者，与百姓同劳苦。

会稽之战 22 年后，越国讨伐吴国，夫差兵败自杀。接着，勾践率军北渡淮河，挺进中原，盟会诸侯，向周王室进献贡品。周天子赐给勾践祭祀时用来供奉的肉，命他做霸主。(《史记·越王句践世家》)

⊙ 勤勉与富强

刘秀是东汉开国君主，帝号光武帝。他每天早晨主持朝会，午后方散，屡屡召见大臣讲经说理，到半夜才睡。太子见光武帝过于辛劳，找个机会劝道："陛下有夏禹、商汤的圣明，却没有黄帝、老子养生的福分。希望您爱惜身体，颐养精神，优游岁月而自求宁静。"光武帝回答："我自己乐于做这些事，丝毫不感到劳累。"光武帝以武力建立帝业，但战事结束后，审时度势，量力而行，措施得当，在有生之年实现了天下太平。(《资治通鉴·卷44》)

杨坚是隋朝开国君主，帝号隋文帝。他天一亮就临朝听政，直到天黑也不感到疲倦，礼部尚书杨尚希进谏说："西周文王因为勤劳而折损寿命，武王则因为颐养而延年益寿。陛下您只要制定国家大政方针就可以了，政务可以交由宰相处理，至于繁碎杂务，更不是帝王分内的事情。"隋文帝认为杨尚希说得对，但没有能够去做。隋文帝爱护百姓，重视农桑，轻徭役薄赋税。自己生活务求俭朴，车驾及用具旧了坏了都是修理一下接着使用；如果不是宴会，吃饭不过一个肉菜；后宫衣着都洗旧了。天下人纷纷效仿，男子身穿绢布衣服，不着绫绮，衣带用铜铁骨角制作，不饰金玉。

由此国家财富日益增长，仓库丰盈。隋文帝即位之初，民户不满 400 万，到他去世的时候，超过了 890 万户，仅冀州一个州就达到 100 万户。（《资治通鉴》卷 176、180）

⊙ 不休不止

东汉末年，荀彧和荀攸都担任过朝廷尚书令。荀攸深沉明智，善于保护自己。自从跟随魏公曹操征战，经常参与谋划，当时的人包括他的子弟，都不知道他进献过什么建议。曹操曾经称赞说："荀彧进献好建议，不被采纳不罢休（不进不休）；荀攸劝谏错误，不达目的不停止（不去不止）。"又说："荀彧和荀攸两位尚书令对人物的看法，时间愈久愈令人信服，我这辈子都不会忘记。"

（《资治通鉴》卷 67）

⊙ 鞠躬尽力，死而后已

三国时，魏国大将曹休被东吴的陆逊击败，关中空虚，消息传到蜀汉，丞相诸葛亮打算趁机出兵伐魏。群臣对于能否获胜大多持怀疑态度，不赞成出兵。

诸葛亮上书后主刘禅，从自己的使命讲起，说先帝刘备最大的愿望就是消除汉魏并立的局面，恢复汉家的一统天下，因此绝不能偏安于蜀地一隅，必须主动出击，先帝正是这样把大业托付给自己的。所以尽管敌强我弱，困难重重，仍然必须出击，否则便是主动放弃复兴汉家的大业，这等于自取灭亡，与其等死还不如放手一搏。

诸葛亮说："我自从接受托付的那一天起，睡觉不安稳，吃饭没滋味。为了集中力量进行北伐，必须首先安定南方，于是五月渡过泸水，深入偏远荒蛮地区。不是我不爱惜自己，是考虑到帝王的基业不能只在蜀国都城成都，所以顶着危难来继承先帝的遗志。"接着，诸葛亮历数了他不敢懈怠的六个原因，最后说："当时先帝在楚地战败，曹操高兴地拍手说，天下已定。然而令曹操想不到的是，先帝东连孙吴，西取益州，挥师北伐，斩杀夏侯渊。眼看着复兴汉家的大业就要成功了，不料吴国又违背盟约，关羽败亡，秭归受挫，曹丕称帝。世上事情都竟是如此曲折，实在难以预料。我只有鞠躬尽力，死而后已，至于成败得失，就不是我的见识所能预料的了。"（《资治通鉴》卷71）

⊙ 珍惜光阴

东晋明帝时，朝廷任命陶侃为征西大将军、荆州刺史。荆州民众交相庆贺。陶侃聪明、敏锐、恭敬、勤奋，整日收拢双膝正襟危坐，督察统摄军务和民政中诸多事务，无一遗漏，很少有闲暇时候。

陶侃时常对人说："大禹这样的圣人，尚且珍惜每寸光阴，至于一般人，更应当珍惜每分光阴。怎么可以浪费在闲游、嬉戏和沉醉中！活着的时候对时世没有贡献，死了以后也无人记得，这是自暴自弃啊！"

当时陶侃帐下的参佐和府中的幕僚，喜欢游戏，空谈老庄，以致荒废业务，陶侃没收了他们的酒具和游戏用具，全部扔进长江，对将领和官吏们则给予鞭打的惩罚。他说："樗蒲这种游戏不过是放猪的奴仆们玩耍的！老子、庄子崇尚虚浮，他们的学说不效法先王，对实际没有益处。君子应当端正其凛凛仪容，怎能整天蓬头垢面，光脚赤足，却自以为宏阔放达呢！"（《资治通鉴》卷93）

⊙ 三个勤勉大臣

南北朝时，南梁武帝曾重用过三个人，一个叫范云，一个叫徐勉，一个叫周舍。

范云精力过人，全心全意地从事公务，只要知道的事情没有不办理的，总是处于繁忙紧张之中。范云去世后，梁武帝起用徐勉，与右卫将军周舍一同治理国政。周舍的气量不如徐勉，但是在清简方面略胜一筹，两人同被时人誉为贤相。他们经常留在朝中办公，下朝休息的时候不多。徐勉家养了几条狗，由于他很少回家，狗当他是生人，只要见到他便狂吠不止。徐勉和周舍忠于职守，徐勉起草奏折，誊写后立即把初稿烧掉。周舍参与朝政 20 多年，一直在武帝身边，国史、诏诰、仪礼、法律、军旅等机密大事几乎没有一件不经他的手。他喜欢跟人聊天说笑，整天嘻嘻哈哈，然而从来没有泄露过一星半点，这让大家尤其佩服。（《资治通鉴》卷145）

⊙ 能吏刘晏

唐朝安史之乱后，全国户口散失了十之八九，国库消耗殆尽。朝廷任用刘晏治理财政，没用多长时间，便扭转了困难局面。之所以能创造这样的奇迹，除了指导思想明确、善于用人以及措施得当外，最重要的就是勤勉。他亲力亲为，掌握第一手资料，无论是清闲还是繁忙，公事一定要在当天做出决断，不让事情过夜。后来主管财政的官员，政绩没有一个能够赶得上他的。（《资治通鉴·卷226》）

⊙ 业荒于嬉

唐朝敬宗皇帝即位，每次上朝都很晚。一天，太阳已经很高了，皇帝还未出现，百官在紫宸门外列班等候，年老和有病的臣子几乎坚持不住。上朝结束后，左拾遗刘栖楚独自留下，进言说："陛下您年富力强，即位之初，应当早起晚睡，勤奋治理国事。但您却喜好音乐女色，太阳很迟了才起身。先帝的棺木还未下葬，治丧的鼓乐不绝于耳。您勤政的名声尚未彰显，不孝的恶名却已传播。我担心国运难以长久，请求死在陛下面前，作为对我这个谏官失职的谢罪。"说罢，用前额叩击台阶，流血不止，声音大得连宫殿外面都能听见。（《资治通鉴》卷 243）

唐朝僖宗皇帝喜欢骑马射箭、舞剑弄槊，还喜欢阴阳算学，对音律、掷色子博彩也非常精到；喜欢蹴鞠、斗鸡，与诸王赌鹅，一只鹅押 50 缗钱。尤其善于击马球，曾经对陪伴他玩乐的艺人石野猪说："如果有击球进士考试的话，我参加，一定拿状元。"石野猪说："如果尧、舜做礼部侍郎，陛下恐怕不免要遭到放逐。"

（《资治通鉴》卷 253）

⊙ 警枕

五代时，吴越国主钱镠深得人望。他在军队中长大，黑夜从未在床上睡过，实在困了就头枕圆木，或枕在一个大铃铛上，休息一下。睡着后，枕的东西一斜，就醒了，他把这种枕头叫"警枕"。他还在卧室里面放了一个粉盘，有要记的，就写在粉盘上，一直到老都这样孜孜不倦。他睡觉很轻，有时正在酣睡，外面有人来报告，事先安排好侍女振动纸张，就能叫醒他。有时他把铜丸弹到楼墙外面，用以提醒打更人。有一次他悄悄出去，夜里敲打北城门，守门官吏不肯开，说："就是大王来了也不能开门。"结果他从别的城门进去。第二天，他召见北城门守官，赏给他的

东西很丰厚。（《资治通鉴》卷 270）

小结

　　古语说"天道酬勤"，说白了，就是老话"人勤地不懒"，告诉我们，勤勉一定带来收获，这是颠扑不破的天理。譬如孔子，被尊为万世师表，论对中国人的影响，没有一个人能够超过他，直到今天，他仍然是中国的一张通用名片，其成就便源自勤。楚国的叶（shè）公曾向子路打听孔子是怎样一个人，子路没能答来。事后孔子说："女（rǔ）奚不曰：'其为人也，发愤忘食，乐以忘忧，不知老之将至云尔。'"（《论语·述而》）孔子交代子路应该这样回答：老师在做人的道路上，用起功来经常忘了吃饭，快乐得忘记了忧愁，以至于连自己的生命走向衰老都没有察觉到。这是古人。今人也一样，譬如鲁迅，他说自己不是天才，其实不过是把别人喝咖啡的时间用在写作上罢了。这绝非谦虚之词。人在天分上当然存在着差别，但对事业的影响绝没有想象的那么大。事实证明，成功者大多不是天资超人，而是勤勤恳恳、踏踏实实工作的人。不怕慢，就怕站，只要肯付出并且坚持下去，任何一个官员都完全可以交上一份令民众和上级满意的答卷。

（二）忧患

勤勉很大程度上来自忧患。忧，忧虑；患，祸患，引申为不好的事情。忧患就是为可能发生的坏事而担心。正因为心存这样的意识，人们才不敢懈怠，从而更加努力地去工作。坏事是客观存在，你想，或者不想，它就在那里，不离不去。所以孔子劝人们要早做准备，说："人无远虑，必有近忧。"（《论语·卫灵公》）人不去做长远谋划，就会有即将到来的忧患。

忧患意识应该成为治政者的一个职业素养，影响事业的成败，孟子说："生于忧患而死于安乐。"（《孟子·告子下》）这里的生死不妨理解得宽泛一些，不仅指人也包括事。由此可以这样解释：心存忧患的人，事业常青；迷恋安乐的人，事业衰败。

故事

⊙ 想想窘迫的时日

齐桓公与管仲、鲍叔牙、宁戚一起饮酒。齐桓公喝得高兴，得意洋洋，对鲍叔牙说："您为我祝愿吧！"

鲍叔牙双手捧起酒杯，站起身对齐桓公说："祝愿国君不要忘记当年出逃莒（jǔ）国的日子！"那时，齐桓公还是公子，叫小白，他的哥哥做国君，鲍叔牙辅佐小白。国君荒淫无道，小白怕受到牵累，逃到莒国，度过了一段最倒霉的日子。

鲍叔牙接着说："管仲不要忘记被人绑着从鲁国送回来的日子！"当时从齐国出逃的还有另一个公子，名字叫纠，逃到鲁国，管仲辅佐他。后来齐国发生内乱，公子小白和公子纠同时赶回齐国，谁先到谁就是新国君。为了使公子纠抢先登上君位，管仲半路设伏，亲自放箭射杀小白，幸亏小白机智，躺倒装死，才逃过一劫。公子纠以为小白死了，放慢了速度，结果让小白抢了先，登上了国君大位，是为齐桓公。管仲一行只好重返鲁国。齐桓公发兵进攻鲁国，鲁国人害怕，杀了公子纠，把管仲绑起来送回齐国。齐桓公不记私仇，把国家行政大权托付给管仲。从鲁国被送回齐国的那段时间，是管仲最倒霉的日子。

鲍叔牙接着说："宁戚不要忘记在车旁边喂牛的日子！"宁戚是卫国人，想投奔齐桓公，可是家里穷得拿不出盘缠，只好替商人押送货车到齐国去。到了齐国都城门外，宁戚在车旁边喂拉车的牛，正好赶上齐桓公到郊外迎接客人。宁戚不禁悲上心头，敲着牛角唱起歌来，声调激越悲怆，引起了齐桓公的注意，这样宁戚才见到了齐桓公。替人赶车喂牛是宁戚最倒霉的日子。

齐桓公听了鲍叔牙的祝辞，离开座位，向鲍叔牙拜了两拜，说："我与两位大夫都不会忘记您的话，齐国的社稷一定不会荒废。"

（《新序·杂事第四》）

⊙ **胜利者的忧虑**

春秋时期,晋国执政大夫赵襄子派兵进攻翟国,打得非常顺手,占领了老人、中人两座城池。前方将领派使者回来报捷。赵襄子正要吃饭，听了报告后，一点也不高兴，脸上现出愁云。

身边人大惑不解，问："一个早晨就攻占了两座城，这实在是令人高兴的事，可您却忧心忡忡，为什么呢？"

赵襄子回答："长江黄河涨大水，不出三天就会回落；天空起狂风降骤雨，不满一天就会停歇；太阳当空照，一过中午就会偏斜。如今我们赵氏的德行并没有积累那么多，一下子攻占两座城池，说不定灾祸会接踵而至吧？"

孔子听到了这件事，说："赵氏大概要昌盛了！"（《吕氏春秋·慎大》）

⊙ 螳螂捕蝉，黄雀在后

吴王打算进攻楚国，告诫身边的人说："有人胆敢前来劝阻，立即处死！"大家都怕他，谁也不敢多嘴。

有一个门客叫少孺子，想劝说吴王改变决定，但又怕掉了脑袋，就手持弹弓，怀里揣着弹丸，跑到宫廷的后园中转悠，清晨的露水打湿了他的衣襟。一连三天，天天如此。

吴王看着奇怪，叫他说："你过来！有什么事儿这么吸引你，值得把自己的衣服弄得湿漉漉的？"

少孺子说："后园里有一棵树，树上有一只蝉，它趴在高高的树枝上，发出一声声快乐的鸣叫，吸吮甘甜的露水，然而却不知道一只螳螂正在它的身后！螳螂低低伏下身子，曲圈起双臂就要砍下来，然而它却不知道一只黄雀正等在一边！黄雀探出脖子，坚硬的喙悄悄地伸上前，然而却不知道我的弹弓已经瞄准了它！蝉、螳螂、黄雀都沉浸在眼前利益中，全然不顾及自己身后的灾难。"

"太对了！"吴王说。停止了出兵。（《说苑·卷九·正谏》）

⊙ 死于安乐

东汉桓帝时,京都洛阳发生地震。桓帝诏命举荐有独到见解的人士,以应答策问。崔寔被举荐,写了一篇题为《政论》的文章。其中说:"凡是天下不能治理的原因,通常在于君主继承太平盛世为时太久,风俗已经逐渐凋敝但仍旧不觉悟,政治已经逐渐衰败但仍旧不更改,对乱象习以为常,视危险为平安,对眼前的一切麻木不仁。"(《资治通鉴》卷53)

三国时期,吴王派五官中朗将薛珝(xǔ)前往蜀汉。回来后,吴王问他蜀汉的政治得失。薛珝说:"蜀汉的君主昏暗而不知晓自己的过错,臣子顺从只求免罪自保,进入朝廷听不到忠直之言,途经田野看到的民众面带菜色。我听说,燕雀把巢筑在堂屋梁上,母子欢乐,认为这里是最安全的地方。不想烟囱破裂,栋梁焚烧,而燕雀仍旧怡然自得,不知大祸将至。这种状况说的就是蜀汉!"

(《资治通鉴》卷77)

唐朝时,太宗对大臣说:"我有两件喜事一件忧事。连年丰收,长安城里一斗粟仅值三四钱,此为一喜;北方部族服顺已久,边境没有战争,此为二喜。国泰民安容易滋生骄奢淫逸,骄奢淫逸会立刻导致危亡,此为一忧(治安则骄侈易生,骄侈则危亡立至,此一惧也)。"(《资治通鉴》卷196)

唐穆宗即位之初,黄河南北不服从朝廷的藩镇大体平定,宰相们认为,天下已经太平,应当逐渐减裁兵备,建议穆宗给各地军镇下密诏,每年每100个兵士中,允许有8人逃走和死亡。当时穆宗整日游宴,根本不把国政放在心上,便批准了这一建议。结果被注销军籍的士兵很多,他们无处可去,纷纷落草为寇。到了朱克融、王庭凑叛乱时,他们加入其中,成为叛军。朝廷调集军队进行镇压，由于士兵大多为临时招募，战斗力极差。虽然兵员达到 15 万，挂帅的裴度是很有威望的老臣，乌重胤、李光颜也都是名将，然而收效甚少，国家财力却耗尽了。（《资治通鉴》卷 242）

五代时，楚王马希范喜爱奢侈靡费，陪伴他游乐谈笑的人无不赞颂盛况。荆南节度使高从诲对僚佐说："像楚王那样可以称得上是大丈夫了。"孙光宪说："天子与诸侯，礼节上有等级差别。他一个乳臭未干的小儿，骄傲奢侈，排场超过诸侯，自比天子，快意于一时，不为长远而忧虑，说不定哪天就面临危险，遭到灭亡（不为远虑，危亡无日），有什么值得羡慕的！"高从诲半天说不出话，良久才道："先生的话是对的。"

司马光评论道："孙光宪看到细微兆头而能够进谏，高从诲听到正确意见而能够改正。如果掌握国家大权的人都能这样做，亡国、败家、丧身的事情就不会发生了。"（《资治通鉴》卷 279）

⊙ 内忧外患

东汉桓帝时，太尉陈蕃上书说："外面的盗贼，不过是人体四肢的毛病；内政不能治理，才是心腹的祸患。我寝不能安，食不能饱，真正忧虑的是，陛下的左右亲近越发受到宠信，忠言却越发稀少，内患一天比一天严重，外忧一天比一天加深。"（《资治通鉴》卷 55）

⊙ 忧患与国运

东汉末年，魏王曹操立曹丕为太子。有人向曹丕的母亲卞夫人祝贺，建议她赏赐大家。卞夫人说："魏王只是因为曹丕年长，才立他为继承人。我只是为免去了教导无方的过失而感到庆幸罢了，有什么理由赏赐别人呢！"曹操听说后，道："发怒时脸不变色，高兴时不忘节制，是最难做到的。"

曹丕见到议郎辛毗，一下子抱住了他的脖子，说："辛君，你知道我多么高兴吗？"辛毗回家，对女儿宪英谈起曹丕的表现。宪英叹息着说："太子，是代替君王主持宗庙和社稷的人。代替君王的人，不可以不忧虑；主持国政的人，不可以不畏惧。太子本来应当忧虑和畏惧，却反而兴高采烈，怎么能够长久！魏是不会昌盛的！"（《资治通鉴》卷68）

⊙ 守成难

三国时，魏国兵分两路征讨蜀国，其中一路由司隶校尉钟会率领。行前，钟会去拜访王戎，问："您有什么好主意？"王戎说："道家有句话：'为而不恃'，说的是，获得成功并不难，保持成功却很难（非成功难，保之难也）。"（《资治通鉴》卷78）

唐朝时，太宗问大臣们："帝王创业与守成哪个更难？"房玄龄说："事业草创之初，与群雄并起，通过比拼实力而使他们臣服，创业更难！"魏徵说："自古以来的帝王，没有一个不是从艰难中创业，然而却在安逸中失去大业，守成更难！"太宗说："玄龄与我共同夺取天下，百死一生，所以知道创业的艰难；魏徵与我共同安定天下，时常担心富贵导致骄奢，麻木产生祸乱，所以知道守成更难。然而创业的艰难已经成为过去，守成的困难正是我应当与诸公慎重对待的问题（守成之难，方当与诸公慎之）。"房玄龄等人行礼说："陛下的这番话，是四海的福分。"

太宗对大臣们说："我虽然平定了天下，但守卫它却很艰难。"魏徵接道："臣听说战胜敌人容易，守卫胜利困难（战胜

易，守胜难）。陛下的这番话，正是宗庙社稷的福分！"（《资治通鉴》
卷195）

⊙ **生于忧患**

西晋初期，镇南大将军杜预上表请求讨伐吴国。表章送到时，
晋武帝与张华正在下棋。张华推开棋盘说："陛下圣明英武，国
富兵强；吴主荒淫凶残，诛杀贤良。现在讨伐吴国，可以不用付
出过大的代价而一举成功，希望您不要再犹豫了！"晋武帝接受
了他的意见。仆射山涛退朝回来跟人说："古人云，唯有圣人能
够做到内外均无祸患，假如不是圣人，外部安宁了，内部一定出
问题（外宁必有内忧）。如今保留吴国作为外部威胁，难道不是
好事情吗！"（《资治通鉴》卷80）

唐朝宪宗时，久旱无雨，宪宗打算通过行善祈雨。翰林学士
李绛与白居易进言，认为要想使实惠落实到民众身上，最好的办
法是减轻他们的租税。还提出，宫中人员过多，应给与裁减，以
节省开支；禁止以横征暴敛的方式采集贡物；禁止掳掠良民，将
他们卖作奴婢。宪宗接受了他们的建议，颁布制书，减轻对囚犯
的处罚，免除本年租赋，外放宫中妇女，杜绝进奉，禁止掠卖人口。
10天后，天降雨水。李绛上表祝贺，说："由此可知，事情没有
出现而忧虑，就能够消除忧虑；事情发生了才忧虑，不能避免祸
患的到来。（忧先于事，故能无忧；事至而忧，无救于事。）"（《资
治通鉴》卷237）

五代时，后唐皇帝李嗣源与冯道闲聊。冯道说："臣时常回
忆起从前在先帝的幕府任职时候的事。一次奉命出使中山，经过
太行山的井陉险要之地，臣担心胯下的马匹跌倒，极其小心地抓

牢缰绳，幸好没有出事。后来到了平地，放开缰绳，让马匹自己行走，不一会儿就跌倒了。大凡治理天下的道理也跟这差不多。"李嗣源深以为然。（《资治通鉴》卷276）

⊙ 存不忘亡

西晋时，嵇绍上奏惠帝，说："生存而不忘败亡（存不忘亡），是《易经》提出的良好警言。臣希望陛下不要忘记金墉城的围困，大司马不要忘记颍上的失败，大将军不要忘记黄桥的失败，那么祸乱的发端就无从肇始了。"（《资治通鉴》卷84）

⊙ 居安不思危

西晋惠帝时，齐王司马冏独揽朝纲。他大兴土木，建造府第；沉湎于宴饮玩乐，不上朝进见，在自己的府第里接受百官叩拜，用符节发号施令；任用官吏不公正，喜欢用亲信办事。南阳隐士郑方上书司马冏，指出他有五大失误，说："大王您居安不思危（安不虑危），宴饮玩乐超过限度，此乃失误一。皇族骨肉之间应当没有细小的芥蒂，现在却矛盾重重，此乃失误二。四方蛮夷不安分，大王您却认为功成业就，天下太平，不把蛮夷放在心上，此乃失误三。战乱过后，百姓贫穷困乏，却没有听说朝廷有过赈济救援，此乃失误四。大王您曾与讨伐叛臣的各路勤王之师盟誓，承诺大功告成后及时给予奖赏，然而直到今天也未兑现，此乃失误五。"

（《资治通鉴》卷84）

⊙ 王恭的叹息

东晋安帝时，兖、青二州刺史王恭回来参加孝武帝葬礼，每当谈到朝政，便面色严肃，直言不讳。执掌朝政的会稽王司马道子非常忌惮他。一次退朝后，王恭叹道："房屋的大梁和椽子虽然是新的，我却有了国家即将灭亡的叹息！"（《资治通鉴》卷108）

⊙ 个人安危与国家命运

十六国时，东晋太尉刘裕北伐后秦，大胜。后秦并州牧姚懿打算袭击后秦都城长安，废掉国主姚泓，自己当皇帝。为了收买人心，树立个人恩威，他把粮食发放给黄河以北的夷人和汉人。左常侍张敞、侍郎左雅劝阻他说："殿下以当今皇帝同母弟弟的身份坐镇一方，您个人的安危悲喜，与国家是共同的（安危休戚，与国同之）。现在晋军入侵，四州已经丧失，西边的强盗不断骚扰边境，秦州和凉州倾覆失败，朝廷的形势就像是摞起来的鸡蛋那样岌岌可危。粮食，乃是国家的根本，殿下无缘无故地把它散发掉，国家储备空虚，将来怎么办？"姚懿大怒，将他们鞭打至死。

（《资治通鉴》卷117）

⊙ 食人之禄者忧人之忧

南北朝时，北魏设置殷州，任命崔楷为刺史。崔楷上表要求朝廷拨给兵器和粮食，朝廷什么也没给。有人劝崔楷留下家眷，单人匹马前去赴任。崔楷答道："我听说拿人家俸禄的人，人家的忧虑就是自己的忧虑（食人之禄者忧人之忧）。如果我独自前往，那么将士们有谁还愿意坚守心志呢！"于是便带着全家去上任。后来敌寇逼近州城，有人劝崔楷把家中幼子送出城躲避，崔楷便在夜间把幼子和一个女儿送了出去，但很快就后悔了，又追了回来。敌寇到了，强弱悬殊，城中又缺少防守抵御的器具，但将士无不奋勇争先，都说："崔公尚且不顾惜家中上百口人的性命，我们又怎能爱惜个人的身体呢！"州城失陷，崔楷殉职。（《资治通鉴》卷 151）

⊙ 不能没有畏惧

唐朝太宗时，突厥势力遭受重创，突利可汗请求归降唐朝。太宗对侍臣说："突厥强盛时，拥有百万兵马，侵凌中原，于是骄横放纵而失去民心。如今请求归附，如果不是穷途末路，能这么做吗！我听到这个消息，又高兴又畏惧。为什么呢？突厥的衰败就是大唐边境的安宁，所以高兴。然而我一旦违背治国之道，那时也会像突厥一样，能不畏惧吗！希望你们不惜直言苦谏，来弥补我的不足。"（《资治通鉴》卷 192）

朱俱波、甘棠派遣使节入朝进贡。朱俱波在葱岭以北，距离瓜州 3800 里。甘棠在大海以南。太宗说："中原已经安定，四方少数族群自然归服。但是我不能没有畏惧，昔日秦始皇威震北方的胡人、南方的越人，然而仅仅两世就灭亡了，希望各位匡正我做得不够的地方。"（《资治通鉴》卷 194）

⊙ 居安思危

唐太宗曾对大臣们说："治理国家如同治病，病虽然好了，还应当调养一段时间。如果立即放纵自己，疾病便会复发，那时就无可救药了。如今中原有幸得到安定，四方夷狄顺服，实在是自古以来少有的景象。然而我却一日比一日谨慎，唯恐不能持久下去，所以想多听到你们的劝谏和诤言。"

魏徵答："国内国外都达到安宁，臣并不以为是喜事，唯一欢喜的是陛下您能够居安思危啊（唯喜陛下居安思危耳）。"（《资

治通鉴》卷193）

☉ 怎么能说天下无事

　　唐朝宪宗时，宰相李吉甫对皇帝说："天下已经太平，陛下您应该享受欢乐。"另一个宰相李绛反驳道："汉文帝时，兵器没有锋刃，家家富裕，人人丰足，贾谊尚且认为当时好比是火种放在柴堆下面，不能说天下已经安定。如今朝廷的法令不能够控制的地区，黄河南北就有50多个州；异族的势力已经与泾州和陇州相接，烽火屡次报警；再加上水旱灾害时常出现，仓库空虚。这正是陛下勤于政务，废寝忘食之时，怎么能够说是天下太平，应该忙着作乐呢！"退朝以后，宪宗对身边的人说："李吉甫专门阿谀献媚，像李绛那样人才是真正的宰相！"（《资治通鉴》卷238）

　　唐宣宗时，左补阙赵璘请求将来年元旦的朝会典礼，改为在宣政殿召见群臣。宣宗就此咨询宰相。宰相们说："元旦朝会大礼，不可以废除。况且现在天下无事。"宣宗说："最近华州奏称，盗贼猖獗，竟然光天化日之下抢劫下邽，关中地区少雪，这些都是我的忧虑，怎么能说无事！即使是让我到宣政殿举行典礼，也是不可以的。"

（《资治通鉴》卷249）

唐宪宗

小结

　　官员的忧患可以分出小忧患和大忧患，小忧患的对象是个人差事，大忧患的对象是国政。譬如范仲淹的《岳阳楼记》中所说的滕子京为治理巴陵郡操心，就是小忧患，而"居庙堂之高则忧其民；处江湖之远则忧其君"，就属于大忧患，忧的是天下。上世纪六七十年代有个口号，叫"胸怀祖国，放眼世界"，发轫于体育界，之后推广到各行各业。运动员都有这么大的心怀，何况代表权力机构的干部呢？没有忧患的官员不是合格的官员，仅仅有小忧患而没有大忧患的官员不是好官员。在改革开放的今天，官员更应该关注党事、国事、天下事，把自己的本职工作与大局联系起来，更勤奋、更自觉、更有创造力。

　　无论是小忧患还是大忧患，都有一个方向问题，就是孟子讲的民意。他这样说："乐民之乐者，民亦乐其乐；忧民之忧者，民亦忧其忧。"（《孟子·梁惠王下》）谁以民众的快乐为快乐，民众就会以他的快乐为快乐，谁以民众的忧愁为忧愁，民众就会以他的忧愁为忧愁。这样的忧患心系民众，更有内涵，分量更重，具有安定社会的意义，正如孟子接下来说的"乐以天下，忧以天下，然而不王者，未之有也。"快乐因天下而起，忧愁因天下而生，这样还不能够使天下归顺，是从未有过的事情。

十、和政

　　和政，简要地说，就是和谐政治，安定、团结、和睦、协调、融洽都是它的追求。和谐是仁爱的一种表达和发挥，朱熹说"仁是和底（的）意"（《朱子性理语类·卷第六》），指出和的本质是仁爱。仁爱一定导致和谐，正如爱一个人就会跟他和睦相处一样，关爱民众就会与他们同呼吸共命运。和是全方位的，为政者与民众、人与人、族群与族群、国家与国家、文化与文化、人与自然，等等，都要和谐。

　　儒家经典《中庸》第一章中说："和也者，天下之达道也。"和是万事万物普遍遵循的规律。治政也不例外，以和政为规则。

　　和政的内容很丰富，这里着重谈两个方面，一个是贵和，侧重于对内；一个是和平，侧重于对外。

（一）贵和

要义

贵和一词来自《论语》中的那句名言："礼之用，和为贵，先王之道斯为美，小大由之。"意思是，礼的运用，以形成和谐最为可贵。从前君主的治政之道，以这一条最英明，无论大事还是小事，都贯彻这一理念。

古人之所以看重和，有其深厚的哲学背景。古人观念中，万物的产生是和的结果。大致过程是这样的，先有元气，然后分化出阴阳二气，它们相冲撞而形成和气，和气也叫精气，精气演化出包括人类在内的万物，这才有了我们面前的这个世界。和具有"生"的意义，主导着事物的产生、存在和发展，是一种活力，用时下流行的话说，是正能量。这种观念用在治政上就是，和谐是政治的生命。

和谐是一种关系，可以概括为三个层面，即与自然和，与理和，与人和。理，天理，道理；也就是规则、原则、价值；人们常说的符合游戏规则就属于与理和，这样的行为叫合理。

古人贵和，但特别强调这种和是存在着差异的和，甚至认为差别是和谐的前提和条件。孔子说："君子和而不同，小人同而不和。"（《论语·子路》）君子协调差异而不强求一致，小人强求一致而不允许差异。二者有原则区别，不容混淆。

故事

⊙ 和的真谛

姬友是周厉王的小儿子，担任周王朝的司徒，主管天下教化。他向史官伯阳咨询周朝的命运，问："周朝将要衰败了吗？"

伯阳点点头，说："是的，已经进入衰败了。如今的周王不喜欢光明正大的忠臣，一味接近阴险邪恶的奸臣，他抛弃了和谐，而一味地追求相同。"

姬友问："和谐与相同不一样吗？"

"不一样。"伯阳答。"不同事物之间的相互调和叫和谐，性质一样的事物之间的互相结合叫相同。相互协调才能生养万物，互相一样则不能促进事物发展。耳旁只有一种声音就没有什么可听的，眼前只有一种颜色就没有什么可看的，食物只有一种味道就没有什么可品尝的，事物只有一个种类就没有什么可比较的。现在的周王抛弃和谐法则，一味追求相同，这样下去，周朝能不衰亡吗？"

姬友听了伯阳的话，设法离开周朝，在自己的封地建立郑国，是为郑桓公。（《国语·卷十六·郑语》）

⊙ 分担压力

春秋时期，晋国与齐国交战，双方大军在齐国的靡笄（jī）山（今济南市千佛山）一带对峙，大战一触即发。

担任晋军中军主帅的是郤（xì）克（郤献子），韩厥（韩献子）任司马，执掌军法。仗还没打起来，有人触犯了军纪，被韩厥判处死刑，立即处决。郤克不同意，驾车急驰赶来营救，不想还是迟了一步，那个人已经被韩厥砍掉了脑袋。

郤克叹了口气，请韩厥把那个人的尸首拿到军前示众。车夫问他："这个人不是您要救的吗？"

郤克说："不错，但是我怎么可以不分担韩将军因杀错人而带来的怨恨和流言呢？"（《国语·卷十一·晋语五》）

⊙ 君子比而不别

叔向看见司马侯的儿子，不由想起了他的父亲，悲从中来，抚摸着他的脊背哭泣着说："自打他父亲死后，我就再也找不到可以共同侍奉国君的人了！从前他父亲在前面倡导，我在后面响应；我在前面开头，他父亲在后面完成。我们俩联手，没有做不成的事情。"

一个叫籍偃的人正好在旁边，问："怎么，君子也有同党吗？"叔向是闻名诸侯的晋国贤大夫，一向被视为君子。

叔向正色道："君子只讲团结，不结为同党。（君子比而不别。）"

"团结与结党有什么区别吗？"籍偃问。

"区别很大。"叔向答道。"以道义为准则合作共事，为国家出力，这叫团结；互相援助以加强自己的力量，为自己谋利而把国家抛在一边，这叫结党。"（《国语·卷十四·晋语八》）

⊙ 敬畏天地

东周灵王的时候，河水泛滥，竟然漫进了王城，威胁王宫的安全。周灵王打算填塞河道，堵住河水。太子名字叫晋，不同意这么做。他说："我听说古代的君主，不铲除高山，不填平沼泽，不堵塞河流，不掘开湖堤，因为这一切都是自然形成的，是天地的本性。后来出了一个叫共工的统治者，他丧失了理智，竟然想堵塞河道，铲平高山填埋低谷，结果招致天怒人怨，天灾人祸一起发生，共工因此败亡。到了尧帝的时候，又出了个鲧（gǔn），犯了与共工同样的错误，结果被诛杀。鲧的儿子禹从事物的天性出发，采取疏导的方法，他按照地势的走向，疏通河道，把水流引入大海。上天赞许他的功绩，护佑他得到天下，于是禹建立了夏朝。"停了停，太子晋接着说："不管他的祖先是有功还是有罪，只要能够顺应天地本性，就一定能够兴盛，相反则必然衰落。我们周朝掌管天下，大概确实有做得不对的地方，上天才通过河水威胁王宫来警示我们，提醒我们一定要顺应天地本性。这个时候我们应该检查自己，而不是堵塞河道，再去做违背天性的事情。"

（《国语·卷三·周语下》）

三国时，魏国明帝曹睿打算铲平洛阳的北芒山顶，在上面建造观景台。卫尉辛毗劝道：

"天地的本性，本来就是高高低低，如今却要反其道而行，已经违背了天理。加上耗费人工，民众无力承担。如果九河涨满，洪水肆虐，那时丘陵将被夷为平地，我们靠什么来抵御灾难呢？"明帝这才作罢。（《三国志·魏书·辛毗传》）

⊙ 通达根本道理

儒家学说中有一个说法，叫成人，指的是人之所以为人的那个人，用哲学语言表达，成人是人的根据，或者说是人的理念。

颜回问孔子："成人的行为是怎样的？"

孔子说："成人的行为，出自人的本性真情，与万事万物的运行变化相一致，上合乎天道下符合人道，通达天地人间的根本道理，这样的人可以称为成人了。"

见颜回有些茫然，孔子解释道："所谓成人，从认识上说，就是掌握了天道；从行动上说，就是实践仁义；从修身上说，就是用礼乐修养自己。"

孔子最后总结道："成人的行为，始终贯穿仁义礼乐。达到自己的行为与天道合一，才是道德的最高境界。"（《孔子集语·卷三·五性》）

⊙ 团结就是力量

春秋末期，晋国的赵、魏、韩三家卿大夫瓜分了晋国，周威烈王分封三家的赵籍、魏斯、韩虔为诸侯国君主，是为赵烈侯、魏文侯、韩景侯。韩国想攻打赵国，派使者到魏国借兵，魏文侯说："我与赵国是兄弟之邦，不敢从命。"赵国也想攻打韩国，也派使者到魏国借兵，被魏文侯用同样的话回绝了。双方使者怒气冲冲地离去。后来两国得知魏文侯跟自己讲的话与跟对方讲的话一样，都来朝拜魏国。于是魏国开始成为魏、赵、韩三国之首，各诸侯国都不能与之争雄。（《资治通鉴》卷1）

三国时，吴国镇军大将军陆抗上疏道："臣听说德行相等的条件下，人力多的战胜人力少的；人力相等的条件下，团结的制服不和的（德均则众者胜寡，力侔则安者制危）。这就是战国时

的六国之所以被秦国吞并，楚汉相争时的楚军之所以屈服于汉军的原因。"（《资治通鉴》卷79）

十六国时，前秦国主苻坚会见群臣，议论道："我继承大业已有30年，四方大体平定，只剩下晋朝所处的东南一隅，还没有归附。粗略计算我的兵卒，大约有97万，我想亲自为将，率领他们去讨伐晋朝，如何？"尚书左仆射权翼认为不妥，说："昔日商纣王无道，但微子、箕子、比干三位仁人在朝为臣，周武王因此收兵返还。如今晋朝虽然衰微弱小，但并没有大的罪恶而造成离心离德；再者，主事的谢安、桓冲又都是长江一带的俊杰，君臣和睦，内外同心。以我之见，不可图谋！"苻坚不听，大败于淝水之战，狼狈而归。（《资治通鉴》卷104）

唐高宗时，吐蕃与唐朝屡次发生冲突。吐蕃赞普去世，高宗得知消息，命令裴行俭乘机进攻。裴行俭说："吐蕃宰相钦陵掌权，大臣团结和睦，不能打这个主意（大臣辑睦，未可图也）。"于是没有行动。（《资治通鉴》卷202）

⊙ 将相和，天下安

刘邦去世后，吕氏家族依靠吕后的势力掌握朝廷大权。丞相陈平深感忧虑，担心往后控制不了局面，灾祸会波及自己身上，便闭门不出，思谋对计。陆贾来看望陈平，陈平向他讨教计策。陆贾说："天下安定，人们注意的是宰相；天下危急，人们注意的是将领。将相和谐，士人就会顺从归附，届时天下即使出现变故，权力也不会败乱。国家的安危就掌握在丞相您和太尉周勃将军二人手中。"陆贾建议陈平与周勃沟通。陈平接受了这一建议，拿出500金为周勃做寿礼，并准备了丰盛的酒席宴请他。周勃也用

同等厚礼来回敬陈平。将相二人的交情日益深厚，为后来平息诸吕、安定刘氏天下奠定了基础。（《资治通鉴》卷13）

⊙ 上和与下和

西汉武帝时，征召官吏和百姓中的贤能到朝廷任职。公孙弘在考试时回答："对于民众，只要能够从业就不会发生争斗，只要办事合理就不会怨恨，只要遵守礼制就不会暴乱，只要实施仁爱就不会背叛，这是掌握天下的人急需知道的……我听说，气相同就能相互带动，声相同就能相互呼应。君主与道相和于上，百姓与君主就会相和于下（人主和德于上，百姓和合于下），这就是心和导致气和，气和导致形和，形和导致声和，而声和则与天地之和相互呼应。到了这一步，阴阳和谐，风雨适时，甘露降临，五谷丰登，六畜兴旺，禾苗茂盛，瑞草萌生，山丘不荒，湖泽不涸，这是和谐的极致状态。"

当时参加考试的有100多人，考官把公孙弘列为下等。武帝见到公孙弘的文章，将他提至第一，授为博士。（《资治通鉴》卷18）

⊙ 二虎不相争

东汉初年，执金吾贾复的部将在颍川杀人，被颍川太守寇恂逮捕，在街市上处死。贾复深以为耻，回师经过颍川时对左右说："我和寇恂并列将帅，他却如此欺侮人。今天我见到寇恂，非一剑刺穿他不可。"寇恂听说后，不想跟贾复见面。寇恂的外甥谷崇自告奋勇，届时带剑随侍。寇恂说："不能这样，战国时赵国相国蔺相如不畏惧秦王，却受屈于赵国将军廉颇，为的是国家。"于是下令所属各县，提前做好充足准备，供应米酒。贾复的军队进入颍川，每人全都是两份饮食。寇恂出城在大路旁迎接贾复，随后声称有病返回。贾复想要率兵追击，官兵们都喝醉了，只好过境而去。寇恂派谷崇向光武帝刘秀报告情况，刘秀召见寇恂。贾复先到，听说寇恂来了，想起身回避。刘秀说："天下尚未平定，两虎怎么能私下相斗！今天我为你们二人调解。"于是寇恂和贾复并肩而坐，都非常高兴，之后同乘一辆车出宫，结为好友。

（《资治通鉴》卷40）

寇恂
（清）张菊如 绘

　　五代时，后周大将张永德与李重进关系不和，张永德曾经向周世宗秘奏，说李重进有二心。当时两位将领各自手握重兵，众人为他们的不和深感忧虑。一天，李重进单人匹马来到张永德营帐，神态从容。二人一起喝酒，李重进对张永德说："我与您有幸共同被皇上视为心腹，做了将帅，为什么要相互疑忌以至于成见如此之深呢？"张永德的敌意消除了，众人心里也踏实了。（《资治通鉴》卷293）

⊙ 和而不同

　　东汉光武帝刘秀任命任延为武威太守。刘秀亲自接见他，告诫说："好好侍奉长官，爱惜自己的名誉。"任延答道："臣听说，忠实的臣子与人不和同，与人和同的臣子不忠实（忠臣不和，和臣不忠）。履行正道，一心奉公，是臣子的节操；

下级与上级雷同，绝不是陛下您的福分。陛下叮嘱好好侍奉长官，我不敢奉召。"刘秀叹息着说："你讲得对呀！"（《资治通鉴》卷43）

东汉和帝举行朝会，召见诸儒，让中大夫鲁丕与侍中贾逵、尚书令黄香等就儒家经典中的难点互相质疑。和帝赞同鲁丕的观点，散朝后，特意赏赐他衣服和帽子。鲁丕上书道："我听说，讲解经书的人，只是传述先师的言论，并非发表个人见解，所以不能相互谦让。要是相互谦让，道理就不能明白（相让则道不明），就像规、矩、权、衡，不可以任意变化一样。质疑者的根据一定要明确，回答者的论点务必要清楚，不在人前卖弄华而不实的无用之言，这样道理才会因为精神思想没有过多耗费而愈发彰显。所以遇到意见分歧时，应该各自论说先师的理论，以便广泛把握要义，不因言辞不当而获罪，不让罕见或独到的见解有所遗漏。"

（《资治通鉴》卷48）

唐文宗时，宰相李固言举荐崔球为起居舍人，另一个宰相郑覃不同意，再三反对。文宗说："在公事上不要相互矛盾！"郑覃说："要是宰相的意见都一样，其中一定有欺骗陛下的人！"（《资治通鉴》卷245）

⊙ 班超的劝告

东汉和帝时，朝廷同意西域都护班超返回内地，派任尚接替。任尚对班超说："君侯您在外30多年，我的见识短浅，希望能够得到您的教诲！"

班超说："我年纪大了，智力不济，您屡任要职，我班超怎么比得上！一定要我提建议，我就进献一点浅见：到塞外驻守的官吏士兵，本来就不是什么孝子贤孙，都是因为各种罪过而被迁到塞外屯垦戍边的；我们与之打交道的西域蛮夷，也不是孝子贤孙，他们心如鸟兽，难于归依，易于叛离。而您的性子严厉又急躁，水至清无鱼，为政苛刻达不到与下面和谐的效果（察政不得下和），所以应当采取宽松简易的态度，不过是宽容小过失，把握大纲要罢了。"

班超走后，任尚私下对亲信说："我以为班超一定有奇策，不想今天听他一番话，却如此平常。"没有接受班超的劝告。

任尚最终断送了西部边疆的和平，正如班超所说的那样。任尚的结局很惨，被指控虚报杀敌数量和贪赃枉法，在闹市斩首，财产遭到没收。（《资治通鉴》卷48、50）

⊙ 以自然定人事

东汉时，章帝下诏说："二千石官员应大力劝勉百姓从事农桑，除非犯有该当斩首罪的案件，其他案子一律放在秋后审理。各部门要审慎任命官吏，提拔温和善良之士，排除贪婪奸猾的小人，顺应天时节令，清理冤案。"又下诏说："《春秋》重天、地、人'三正'，而慎'三微'，'三微'是'三正'的开始。现颁布法律：只能在进入冬季的十月判决罪人，到了十一月、十二月，终止判决。"

（《资治通鉴》卷46～47）

东汉安帝时，司徒鲁恭上书说："以往制度规定，立秋之日才开始审理轻刑案件。但自从永元十五年以来，将时间改到了孟夏四月，而州刺史、郡太守便在盛夏时节传讯农民，拘捕、审讯、拷问、核实，各个环节连续不断。这种做法，对上违背天时，对下伤害农业。考查《月令》所说'孟夏四月判决轻刑'的含意，是说对于罪行轻微并已定案的犯人，不可以使他们长期遭受关押，要及时判决。我认为，如今的孟夏四月判决制度，可以照此施行；而其他案件都应该定在立秋开始。"朝廷采纳了他的建议。（《资治通鉴》卷49）

东汉灵帝时，中郎将张奂主张与羌人和解，建议采取招降策略。他曾说："羌人和汉人都是上天所生，不能赶尽杀绝，山高谷阔，不能无人居住，血肉污染原野，伤害和气，招致天灾。"

（《资治通鉴·卷56》）

南北朝时，北魏太原王尔朱荣喜爱打猎，不分寒暑，驱使士兵列队包围搜索猎物。太宰元天穆对尔朱荣说："大王您已经建立了丰功伟业，四方安定无事，正应当改善治理，休养民众，顺应季节行围打猎，为什么一定要在盛夏时节驱逐鸟兽，伤害和谐之气呢？"（《资治通鉴》卷154）

唐朝太宗时，有关部门建议在二月的吉日为皇太子举行冠礼，请求赐予兵备仪仗。太宗说："二月耕作刚刚开始，应当改为十月。"太子少傅上奏说："根据阴阳历书，二月为好。"太宗说："吉凶祸福在于人。如果什么都遵从阴阳，不顾礼义，能够得到吉祥吗？依循正理而行，吉祥自然就会到来。农耕时节最为繁忙，怎么好在这个时候劳师动众耽误农事？"（《资治通鉴》卷193）

⊙ 一支箭与一捆箭

南北朝时，西疆有个部族叫吐谷（yù）浑，有位首领叫慕容阿柴。阿柴有20个儿子，病重时把弟弟和儿子们召集到病榻前，指定堂弟慕容慕璝（guī）为继承人。随后命令每个儿子献上一支箭。

阿柴从中拿出1支，叫他的弟弟慕容利延折断它。慕容利延一下就把它折断了。阿柴又把剩下的19支箭合在一起，叫慕容利延再折。他用尽力气，也不能折断。

阿柴告诫大家："你们知道吗？孤单则容易折断，合起来便难以摧毁。（孤则易折，众则难摧。）你们应当同心协力，然后才可以保国宁家。"说完就去世了。

继任的慕容慕璝富有才略，安抚了来自秦州、凉州的失业民众，以及羌族、氐族等五六百个群落，兴盛了自己的部众。后来被北魏任为大将军，封西秦王。（《资治通鉴》卷120）

⊙ 一笑泯恩仇

南北朝时，北朝的东魏与南梁互通友好。东魏任用魏收兼任中书侍郎，编修国史，自此东魏的国书上总要写上这样一句话："料想彼境内安宁平静，此间平安祥和。"梁武帝复信时，保留原话，仅仅去掉了一个"彼"字。于是魏收起草国书便确定了这样的用语："料想境内清明平静，如今天下平安祥和。"梁武帝接受了这一格式，把它写在国书上。（《资治通鉴》卷158）

也是南北朝时，北周进攻北齐都城晋阳。北齐国主高延宗在作战中力量用尽，被北周军队活捉。北周国主宇文邕下马握住他的手，高延宗推辞说："我这死人的手，怎么敢靠近天子！"宇文邕说："两个国家的天子，没有恩怨仇恨，都是为了百姓而来。我永远不会加害于您，不必害怕。"遂请高延宗重新穿戴衣帽，以礼相见。见此情景，北齐宰相唐邕等都投降了北周。（《资治通鉴》卷172）

⊙ 亡国之政

唐太宗对黄门侍郎王珪说："国家设置中书省、门下省，本来就是为了相互检查监督,中书省起草诏令有不恰当和错误之处,门下省进行驳斥和纠正。每个人的心思不一样,看到眼里的也就不一样,人们之间的辩论、质疑,务求恰当,这种情况下,放弃个人意见去服从别人,又有什么害处!最近有人维护自己的短处,发展成怨恨仇隙,或者因为回避私人恩怨,明知错误也不给与纠正,这都是为了个人的面子和情绪,不顾亿万民众的利益,这是导致亡国的政治啊(此乃亡国之政也)。前朝隋炀帝时代,内外官吏相互顺从,都自以为是明智做法,想的是灾祸不会波及自己身上。到了天下大乱的时候,家国两亡,虽然其中偶尔有人得以幸免,但也遭到舆论的贬斥,到死也不会停止。你们每个人都应当徇公忘私,不要走同样的道路。"(《资治通鉴》卷192)

唐太宗又对群臣说:"中书、门下省,都是机枢部门,发现诏令敕书有不妥当的地方,都应该进行争论。近来看见的只是顺从,听不见相反意见。如果只是起草文书,谁又干不了,何必一定要选择人才来做呢!"房玄龄等人都磕头谢罪。(《资治通鉴》卷193)

⊙ **怎样做同事**

唐高宗时,狄仁杰曾经任并州法曹。同事郑崇质应当去荒远之地任职,他的母亲年老多病。狄仁杰说:"他母亲这样一种情况,怎么能够让儿子在万里之外为母亲担忧呢!"便去见长史蔺仁基,请求代替郑崇质的职务。蔺仁基一贯与司马李孝廉不和,这时两人不禁互相说:"难道咱们不感到惭愧吗!"从此二人和睦相处。

(《资治通鉴》卷202)

⊙ 水与土

唐朝武则天当政时，吉顼受到重用，遭到武氏子弟的忌恨，被排挤出朝廷。出京那天，武则天召见吉顼。他流着泪说："臣如今远离朝廷，永远没有再见到陛下的机会了，希望能够进一言。"

武则天让他坐下，问他要说什么。吉顼问："水与土合在一起成为泥，二者还有争斗吗？"

武则天答："没有。"

吉顼又问："那么分成两半，一半给佛家，一半给道家，有争斗吗？"

武则天答："有。"

吉顼叩头说："李氏皇族、武氏外戚各守本分，则天下安定。如今已经立李氏为太子，而武氏外戚依然保留王位，陛下如此安排，只能使他们日后发生争斗，双方都得不到安宁。"

武则天说："我也知道这些，但事已至此，没有办法了。"（《资治通鉴》卷206）

⊙ 斗则两伤

唐朝玄宗时，韩休与萧嵩共同担任宰相，韩休多次当着皇帝的面与萧嵩发生争执，揭他的短处，玄宗很不高兴。

萧嵩请求告老还乡。玄宗说："我又没有厌恶你，你为什么急于离去？"萧嵩回答说："我承蒙陛下您的厚爱担任宰相，富贵达到了顶点。趁着您现在还没有厌恶我，我能够从容不迫地退休；等到您厌恶的时候，我别说退休了，恐怕连脑袋也保不住！"说着眼泪便流了下来。玄宗让他下去，说要好好想想这件事。

不久诏令下达，萧嵩和韩休一起受到降职处理，京兆尹裴耀

卿和前任中书侍郎张九龄担任宰相。（《资治通鉴》卷213）

⊙ 安定带来的奇迹

唐僖宗时，东都洛阳经过黄巢之乱，又遭到秦宗权、孙儒的蹂躏，只剩下了残垣断壁。河南尹张全义刚到这里时，累累白骨遮蔽了大地，满目凄凉，居民总共不到一百户。张全义竖起旗帜，张榜布告，招收安抚流民，号召他们种植耕作。除了杀人者处死外，其余罪犯只是给予鞭打杖击，再加上减免租税，来投奔的民众就像市场上的人那么多。不过几年工夫，河南各地的城市、店铺、小巷，便恢复到了原来的水平，各县户口，大多也达到了原来的数量，庄稼和桑麻一片茂盛，看不见空旷的土地。各地供养的军队，大县7000人，小县也不下2000人。（《资治通鉴》卷257）

唐僖宗和唐昭宗两朝，淮南一带连续6年遭受战乱，当地百姓几乎跑光了。淮南节度使杨行密刚到这里时，赏赐将领官吏，能拿出来的布帛不过几尺，银钱不到几百。他曾经打算采取强制百姓与官府交易的办法来聚敛钱财，被掌书记高勖劝住。高勖的意见是，可以跟别的地方做生意赚钱，对淮南当地只能督促农桑，发展生产，说用不了几年，仓库自然就会充实。杨行密听从了高勖的建议，招收安抚流民，减轻徭役降低赋税，只用了几年时间，官府和人民都富裕起来，几乎恢复到了太平盛世时的光景。（《资治通鉴》卷259）

五代时，后梁进攻河东潞州，守将李嗣昭在围困中坚持了一年多，士兵百姓挨饿受冻，死了一大半，市井一片萧条。解围后，李嗣昭奖励督促生产，减租宽刑，没用多久，潞州便恢复了元气，繁华再现。（《资治通鉴》卷266）

小结

故事中伯阳的论述，分出两种和，用原话说，一种叫"以他平他"，另一种叫"去和而取同"。所谓"去和而取同"，就是抛开各自独立条件下的相互促进，一味追求相同。"以他平他"则不是这样，"他"，他者，意味保持独立性，平的意思是调和，也就是双方彼此相适应。伯阳赞成"以他平他"，认为这种和才是真正的和，才是治政者应该坚持的和。

可以说，和政是为政的目标。前面的仁政、德政、法政、善政、廉政、简政、宽政、信政、勤政，它们的实施，都是为了创造和谐局面，就是古典小说喜欢说的国泰民安、海晏河清、时和岁丰，按照《孝经》的用语，叫"天下和平"。具体到今天来说，就是全面贯彻和谐理念，在经济建设、政治建设、文化建设、社会建设、生态文明建设、党的建设各个领域推进协调发展，同时协调各领域建设之间的平衡，特别是通过加强和创新社会管理，保持社会的和谐稳定，从而全面实现中国的可持续发展。

（二）和平

要义

东汉学者许慎在他的《说文解字》中这样解释儒："儒，柔也。"这就告诉我们，儒是以柔的方式与世界打交道。孔子一向不喜欢兵战，见不得好勇斗狠，视其为"恶勇"，反对以强权压人的暴政，追求温和的仁政，凡此种种都可以看做是柔的注脚。用在为政上，就是倡导和平，与四邻和睦相处。

故事

⊙ 化剑为犁

孔子北游时向东登上农山，子贡、子路、颜回跟在后面。孔子站在山顶，叹息道："登高远望，常使人心中涌起悲怆。"他转头对三个学生说："我想听听你们的志向。"

子路豪情万丈，说："我希望能够统领手持月亮般白色箭羽、太阳般红色箭羽的战士，出现在钟鼓之声响彻天空、旌旗翻飞覆盖大地的战场上。我命令全军向敌人大举进攻，夺取千里土地，这样的壮举只有我子路能够担当！"他骄傲地望了子贡和颜回一眼，补充道："到时候请两位同学做我的副官。"

孔子说："真是勇士啊！多么激昂的场面！"

子贡心潮澎湃，说："在齐国和楚国这两个大国即将决战于莽莽苍苍大地上的时候，两军相对，旌旗相望，尘埃相接，战争一触即发。关键时刻，我希望我头戴白冠身着白衣，乘一辆车，在凶光闪耀的锋利兵刃中奔走于双方，化解两国纠纷，这样的善举只有我子贡能够做到！"他骄傲地望了子路和颜回一眼，补充道："到时候请两位同学做我的助手。"

孔子说："真是辩士啊！多么神奇的场面！"

轮到颜回了，他只是笑了笑，没有说话。

孔子问："你为何不谈自己的志向？"

颜回说："文的和武的这两个方面已经让两位同学说尽了，我哪里敢再掺和呢？"

孔子看了他片刻，说："我看你是心存鄙薄，不愿意走他们的路子，我想听听你的想法。"

颜回说："我听说，咸鱼与兰花、白芷不能装在同一个匣子里，尧、舜二位圣主与桀、纣二位暴君不能在同一个国家施政。我与两位同学的志向不同。我希望遇到英明的君主而辅佐他，不去加高加厚内城和外城，不去加宽加深护城河，化剑为犁，使天下千秋万代永无战争。"他平静地望了子路和子贡一眼，补充道："那时候，还用得着子路慷慨激昂地奔赴战场，子贡风尘仆仆地周旋于双方吗？"

孔子说："真是贤士啊！多么美好的场面。"

子路说："我们想听听夫子的志向。"

孔子道："颜回的志向就是我的志向。到时候，我将背上行李，

去做颜回的家臣。"《孔子集句·卷九·论人》

⊙ 孔子避战

孔子为推行自己的政治主张，前往卫国游说国君卫灵公。卫灵公对德治不感兴趣，问起了作战布阵的方法。孔子对答说："礼制方面的事我曾经听说过，军旅之事却不曾学习过。"于是很快离开了卫国。

后来，他的学生冉求给鲁国的执政大夫季康子做家臣，带兵与齐国打了一仗，赢了。季康子挺惊讶，便问冉求："你的这个本领是天生的还是学来的？"冉求说："跟孔子学的。"季康子问："孔子是怎样的人？"冉求答道："使用他一定要有正当的理由，让他把德政传播给百姓，这样做即使询问鬼神也不会有所遗憾。但如果让孔子像我一样带兵打仗，就是封给他 25000 家人口，先生也绝不会干的。"

孔子走了几个诸侯国后，又回到卫国。卿大夫孔文子打算用兵，问孔子计谋。孔子说自己不懂军事，推掉了。回来后立即吩咐准备车子离开，孔文子坚决挽留，可一点用也没有。就这样，孔子结束了周游列国的行程，回到了鲁国。（《史记·孔子世家》）

⊙ 孔子退兵

孔子周游列国，前往宋国，路过匡这个地方。

孔子的故国鲁国有一个人叫阳虎，与孔子长得很像。他曾经率军攻打过匡，当地人非常恨他。他们看到孔子，以为是阳虎，认为报仇的机会来了，就派兵包围了孔子居住的屋子。

子路好武而性格急躁，举起戟要冲出去与匡人拼命。孔子训斥说："讲仁义的人难道也不能避免世俗习气吗？《诗经》《尚书》传播不开，礼乐不能振兴，是我孔丘的过错；而我的相貌像阳虎，却不是我的罪过，是天命啊！"

然后他叫着子路的字说："仲由来唱歌，我来和你。"

于是，子路亮开嗓子唱起歌来。孔子跟着唱。唱完三遍，士兵就退走了。（《说苑·卷十七·杂言》）

⊙ 孔子对战争的另一面

齐国进攻鲁国。孔子的不少学生参加了战斗。

鲁国先国君鲁昭公的儿子公为也参加了战斗。他带着一个名叫汪锜的小僮乘战车一起战死。按照礼制规定，未成年人死去，下葬时穿的服装的规格要低于成年人。孔子认为汪锜可以穿成年人服装，说："未成年人拿起武器保卫国家，战死的可以不按夭折来对待。"

学生冉求作战非常勇敢，使用长矛刺杀敌人。孔子说："他这么做是符合道义的。"（《左传·哀公十一年》）

四年后，齐国发生内乱，执政大夫田常杀死了国君齐简公。孔子听说后，斋戒三天，然后三次进见鲁国国君鲁哀公，要求鲁国出兵讨伐田氏。鲁哀公问："鲁国已经被齐国削弱很久了，您建议讨伐强大的敌人，能行吗？"

孔子说："田常杀害了他的国君，民众反对他的有一半。以我们鲁国全国的民众，加上齐国民众的一半，是有把握取胜的。"

鲁哀公让孔子找执政大夫季康子商量。孔子告辞出来，对别人说："我曾经位列鲁国大夫，不敢不把自己的意见报告国君。"

（《左传·哀公十四年》）

⊙ 战争是最大罪恶

　　孟子曾经对罪恶等级进行过划分。他从孔子批评学生冉求说起。当时冉求帮助鲁国大贵族季氏敛财，孔子断绝与冉求的师生关系，号召学生们群起而攻之。孟子说："由此可见，不促进君主实行仁政而帮助他敛财，是遭到孔子鄙弃的，就别说是帮助君主发动战争了。为争夺土地去作战，杀死的人遍布原野；为争夺城池去作战，杀死的人遍布街巷，这就叫硬让泥土吃人肉，死刑都容纳不下这种罪行。所以，好战的人应该遭受最重的刑罚，鼓吹连横合纵的人应受次一等刑罚，破坏草场私分土地的人应受再次一等的刑罚。"（《孟子·离娄上》）

⊙ 不能以邻为壑

　　白圭说："我治理水患比大禹高明。"

　　孟子说："你错了。大禹治理水患，是顺着水的本性进行疏导，从而将水引入四海。而你呢，却把水引向邻国那里去。水逆流而行叫做洚水，洚水就是洪水——这是仁人最为厌恶的事情。你错了。"（《孟子·告子下》）

⊙ 好战者必亡

　　战国时期，齐湣（mǐn）王灭掉宋国后十分骄傲，便向南侵入楚国，向西攻打赵、魏、韩诸国，还想吞并周国，自立为天子。齐湣王一意孤行，谁劝他，他杀谁。各国苦于齐湣王的骄横暴虐，争相参加燕国大将乐毅讨伐齐国的战争。乐毅长驱直入，齐国大乱，湣王出逃，落脚莒地。楚国派淖齿率军前去援救，被齐湣王任命为相国。淖齿反水，抓住湣王，历数他的罪过，质问道："千乘、博昌之间的方圆几百里地，天降血雨浸湿衣服，你齐王知道吗？"滑王答："知道。"又问："嬴、博之间，大地塌陷，泉水上涌，你齐王知道吗？"回答："知道。""有人堵着宫门哭泣，却不见人影，离开时声音又响起，你齐王知道吗？""知道。"淖齿最后说："天降血雨，是上天警告你；地裂涌泉，是大地警告你；人堵着宫门哭，是人警告你。天、地、人都发出警告，而你却不知悔改，你还想不死吗！"于是杀掉了齐滑王。（《资治通鉴·卷4》）

　　三国时，吴主孙亮倚重诸葛恪，把军政大权托付给他，让他都督中外诸军事。诸葛恪准备对魏国大举用兵。丹阳太守聂友与诸葛恪很有交情，写信劝他打消这个念头，说这违背天时地利人和，纯属个人意气用事。诸葛恪不听。滕胤也劝诸葛恪体恤民力，给百姓以休养生息的机会，说大家都不想打仗，就你一个人要打，能胜利吗？他还是不听。于是诸葛恪倾全国之力率领 20 万大军进犯魏国。魏国汝南太守邓艾认为诸葛恪必败，因为他不顾民众死活，热衷于对外战争。果然，诸葛恪大败而归，被吴主诱杀，诛灭三族。

（《资治通鉴》卷 76）

⊙ 用兵的目的

　　战国时期，一个叫陈嚣的人问荀况（即荀子）："先生您议

荀子

论用兵，总是以仁义为根本。然而仁者爱人，义者循理，怎么能够把仁义用于兵战呢？要知道，凡是用兵都以争夺为目的。"

荀况说："仁者爱人，正是出于爱人，所以才去憎恶那些害人的人；义者循理，正是出于循理，所以才去憎恶那些作乱的人。因此用兵的目的在于阻止残暴、清除祸害，而不是为了争夺。（彼兵者，所以禁暴除害也，非争夺也。）"（《资治通鉴》卷6）

西汉文帝时，匈奴经常挑起边界战争。晁错上书文帝，主张少用兵，说："刀兵是不祥之物，战争是凶险之事；战争损耗巨大，一场大战下来，国力立刻就会由大变小，由强变弱。用人的生命去决胜负，失利就难以重振国威，后悔都来不及了。"之后再次上书说："臣听说秦朝起兵攻打北方的匈奴和南方的百越，不是为了保卫边境安宁、保护民众的生命，而是出于残暴贪婪，一心想扩大国家疆域，结果功业还没有建立，自己的天下已经大乱了。"

（《资治通鉴》卷15）

⊙ 和胜于战

西汉惠帝以宗室女子做公主嫁给匈奴冒顿单于。当时匈奴势头强健，冒顿很是狂妄，写信派使者送给吕太后，措词极为亵污傲慢。太后大怒，召集将相大臣，商议要杀掉来使，发兵攻打匈奴。樊哙自告奋勇，说给他10万大军，就可以横扫北疆。中郎将季布说："樊哙真该杀！从前匈奴在平城围困高帝（刘邦），那时汉兵有32万，樊哙身为上将军，束手无策。如今四方百姓哀苦之声尚未断绝，受伤兵士刚能起身，樊哙就说什么以10万军队横扫匈奴，纯粹是吹牛皮，想搞乱天下！况且，匈奴野蛮，什么也不懂，听了他的好话不必高兴，听了他的谩骂也不值得生气。"吕太后被季布说服了，派使者送去回信，十分谦逊地致以歉意，并送给匈奴 2 乘车、8 匹马。冒顿接信后派使臣前来道歉，说："我们从不知道中国的礼义，感谢陛下的宽恕。"于是献上马匹，与汉朝和亲续好。（《资治通鉴》卷12）

五代时，吴越国与吴国交战。吴国将领提出袭取苏州，主帅徐温体恤士卒劳累，没有答应。时值大旱，水路干涸，将领们又提出，吴越国军队主要依靠的是船只，此乃天赐良机，应该发挥吴国的骑兵和步兵优势，一举全歼敌人。徐温体恤百姓的困苦，没有答应。之后，徐温归还了吴越国的俘虏，吴越王也表示友好。自此吴国停止了作战，30 多个州的百姓享受了 20 多年安居乐业的日子。（《资治通鉴》卷270）

自唐末黄巢进犯长安以来，天下血战几十年，其后战事稍安。五代时南唐（前身是吴国）建立，自认唐朝宗室后裔。李灏即位时，长江、淮河一带连年丰收，日子好过了许多。这时群臣争着上言，主张出兵北伐，恢复往昔盛唐的疆域。李灏说："我从小就生活在军旅中，目睹兵灾对民众造成的深深伤害，不忍心再提战争。让别国的百姓安宁，我的百姓也就安宁了，还有什么需要索求的呢！"南汉国主刘龚派使者前来，谋求共同夺取楚国，平分疆土，李灏也没有答应。（《资治通鉴》卷282）

李灏的继任者李璟因连年出师无功，商议停止用兵以休养生息。有人说：希望陛下几十年不用兵，这样就可以实现小康了。李璟说："我将终身不再用兵，何止几十年呢！"（《资治通鉴》卷291）

⊙ 战争是凶险之事

西汉时，主父偃上书武帝，谈了九件事情，其中八件是律令，一件是建议停止对匈奴用兵。关于后一件事，开头是这么说的："《司马法》说：'国家虽然强大，喜好战争必定灭亡；天下虽然太平，忘掉战争必定危险。'愤怒是逆德之举，兵器是不祥之物，争斗是下等品性。那些追求战争胜利、穷兵黩武的人，没有不悔恨的（夫务战胜，穷武事者，未有不悔者也）。" (《资治通鉴》卷18)

东汉和帝时，大将军窦宪决定发兵讨伐匈奴。群臣纷纷劝阻，认为匈奴并未侵犯边塞，此举纯属劳民伤财。窦宪不理。侍御史鲁恭上书说："现在正值盛春时分，却大兴战事，征发兵役，为远征匈奴而搅扰全国，实在不符合恩待自己国家的原则。万民百姓，乃是上天所生。上天爱护其所生者，如同父母爱护自己的子女一样。天下万物中，只要有一物不能安适，天象就会为之发生错乱，何况不得安适的是人呢！（一物有不得其所，则天气为之舛错，况于人乎！）所以对于爱民者，上天必有回报。" (《资治通鉴》卷47)

东汉顺帝时，朝廷对羌人用兵。安定郡上计掾皇甫规上书说：马贤等人统军四年，没有得到成功，出兵远征的费用，已将近一百亿，这些经费出自齐地百姓，不少流入贪官污吏之手。民众走投无路，许多人沦落为盗贼，青州和徐州一片荒芜，百姓背负孩子四散逃亡。我每每想到战事，便叹息不已。 (《资治通鉴》卷52)

唐昭宗时，藩镇割据日益严重。西川诸将劝说节度使王建乘凤翔节度使李茂贞衰弱的机会，攻取凤翔。王建就此询问节度判官冯涓，冯涓说："兵战是凶器，残害百姓，消耗钱财，不可穷兵黩武。（兵者凶器，残民耗财，不可穷也。）不如与李茂贞和亲，缔结婚姻。无事时发展农业生产，训练军队，保卫巩固边界；

有事时则观测时机，看准破绽而行动，可保万无一失。"王建说：

"好。"（《资治通鉴》卷265）

⊙ 五兵

西汉宣帝时，匈奴插手西域，与汉朝发生矛盾，有人主张对匈奴用兵。

丞相魏相上书劝阻道："我听说，为解救危乱、诛除凶暴而起兵，称为'义兵'，兵行仁义，可称王于天下。受到敌人的侵略，不得已起兵应战，称为'应兵'，也可以取得胜利。为了一点微小仇恨，忍不住愤而起兵，称为'忿兵'，忿兵往往失败。贪图别国的土地、财富而起兵，称为'贪兵'，贪兵必破灭。自恃国家强大、人口众多，在敌方面前显示自己的威力，称之为'骄兵'，骄兵必彻底完蛋。以上五种结果，不仅是人事，更是天理。

"近些年来，匈奴向我朝示好，未曾犯我边境。虽与我国争着在车师屯田，我认为不足为虑。现在听说各位将军打算兴兵攻入匈奴境内，恕我愚昧，不知此兵名义何在！如今边境各郡都很困乏，百姓们父子共穿一件狗皮或羊皮衣服，靠野草野果充饥。《老子》说：'军事行动之后，必然会出现灾年。'是说民众的愁苦怨恨之气伤害天地间的阴阳谐调，所以即使取得胜利，也会带来后患，导致灾变发生。如今各郡太守、各封国丞相多不称职，风俗尤为不正，水旱灾害不时出现。就在今年，儿子杀父亲、弟弟杀哥哥、妻子杀丈夫的罪犯共有222人，我认为这绝不是小事。现在陛下左右的人不为这些事担忧，却想着发兵到遥远的蛮夷之地去报复微小的怨愤，恐怕正如孔子所说：'我担心季孙氏的忧患，不在颛臾国，而在萧墙之内。'"

宣帝接受了魏相的劝告。（《资治通鉴》卷 25）

⊙ 和亲

汉朝始终坚持与匈奴的和亲政策，从高帝刘邦立国开始，经过诸帝，每一朝都有汉家女子以宗室的身份嫁给匈奴首领为妻。到了元帝时，匈奴呼韩邪单于前来朝见，请求准许他当汉家女婿。元帝把后宫女子王嫱（别名王昭君）嫁与呼韩邪单于。单于称王嫱为宁胡阏氏。她生下一个男孩，取名栾提伊屠智牙师，被封为右日逐王。（《资治通鉴·卷 29》）

南北朝时，宋文帝刘义隆出兵讨伐北魏，北魏国主拓跋焘率军反击，连连获胜，兵锋直指刘宋都城建业（南京），举国震惊。拓跋焘派人给刘义隆送去骆驼、骏马等礼物，要求和解，提出与刘宋皇室联姻。刘义隆也派使者田奇送去水果和美酒，拓跋焘拿起黄柑就吃，端起酒来就喝，侍从低声提醒他酒食里可能有毒。拓跋焘没有理会，把他的孙子叫过来给田奇看，然后手指苍天，说："我从很远的地方来到这里，不是想成就功业，传播自己的名声，而是想维持过去两国之间的友好关系，让百姓安定下来。我愿意与贵国永远缔结婚姻，永远相互援助。宋国皇帝如果把他的女儿嫁给我这个孙子，我也把自己的女儿许配给贵国的武陵王为妻，如果这样，从今往后将不会再有一匹马南下骚扰。"（《资治通鉴》卷 125）

隋朝初年，突厥沙钵略可汗数次被隋朝打败，提出与隋朝和亲。隋朝取代的是北周宇文氏，北周武帝有一个侄女封千金公主，她要求改姓杨氏，做隋文帝的女儿。文帝改封千金公主为大义公主，把他嫁给沙钵略可汗。可汗致书文帝说："皇帝陛下，您是我夫人的父亲，也就等于是我的父亲。我是您的女婿，自然应该算是您的儿子。我们两国的礼俗虽然不同，但人们的情义却是一样的。从今往后，子子孙孙以至万世，亲好不绝。上天为证，永不违负！我国的牛羊驼马，都是皇帝陛下的牲畜；贵国的缯彩绢帛，也都是我国的财物。"沙钵略可汗去世，隋朝为他罢朝三天，以示哀悼，

（《资治通鉴》卷 176）

唐太宗时，敕勒（铁勒）族的薛延陀部崛起，形成对唐朝的威胁。太宗问大臣："薛延陀部在漠北称雄，现在制御它有两个方针，如果不发兵消灭他，就跟他通婚以进行安抚，二者挑选哪一个？"房玄龄回答："中国刚刚安定，兵意味着凶，战意味着危，臣以为应当选择和亲。"太宗说："对。朕既然是民众的父母，如果对百姓有利，何必吝惜一个女儿。"（《资治通鉴》卷 196）

⊙ 刘秀罢兵

东汉开国皇帝刘秀长期从事兵战，厌倦了战事，深知天下疲惫损伤，渴望得到休息。自从陇、蜀平定之后，除非情势危急，不再谈论军事。皇太子曾经向他请教攻战之事，刘秀说："从前卫灵公请教陈兵布阵，孔子不接话。这不是你应该问的。"

汉朝的宿敌匈奴遭受旱灾和蝗灾，又流行瘟疫，人和牲畜多有死亡。有人主张趁机出兵攻打匈奴。刘秀下诏书回答："《黄石公记》说：'柔能克刚，弱能胜强。舍弃近处而图谋远方，劳累而无功效；舍弃远方而图谋近处，轻松而有成果。所以说：一心扩充地盘就会筋疲力尽，一心推广恩德就会壮大强盛。拥有本来属于自己东西的人安宁，贪图本来属于别人东西的人凶残。暴政可以取得一时的成功，但最终一定失败。（务广地者荒，务广

德者强，有其有者安，贪人有者残。残灭之政，虽成必败。）'
如今国家还没有建立起善政，灾变不断，百姓惊恐不安，自己尚
且不能保全，难道还要再去管边寨外面的事情吗！"从此将领们
不敢再提用兵之事。（《资治通鉴》卷44）

⊙ 战争不是根本利益所在

东汉顺帝时，发生与匈奴的边境冲突。大将军梁商上书说：
"匈奴背叛，自知罪大恶极。连走投无路的鸟兽都知道求生，何
况更加繁盛的人类呢，匈奴是不可能消灭殆尽的。如今对匈奴作战，
粮秣运转日益增加，三军疲劳困苦，耗尽国内人力物力而用于对外，
不是中国的利益之所在（虚内给外，非中国之利）。应当命令度
辽将军马续采用挖深沟、筑高垒的办法，以恩德和信义招抚匈奴
归降，公布悬赏，明确期限，如此匈奴便可归服，国家便可安全。"
顺帝同意了。梁商又给马续等人发送文书，说："中国境内安宁，
忘掉战争的日子已经很久了。骑马夜袭，交锋射箭，决胜于一时，
乃是戎狄的长处，中国的短处；使用强弩凭借城墙，依靠坚固的
营垒防守，将敌人拖垮，乃是中国的长处，戎狄的短处。务必首
先发挥我们的长处，静观待变，设立奖赏，启发匈奴人的反悔之心，
千万不要因为贪图小功而扰乱大方向。"不久，匈奴右贤王部下
13000人投降马续。（《资治通鉴》卷52）

⊙ 亲仁善邻

十六国时，段辽多次与前燕的慕容皝互相攻击。阳裕劝段辽
道："以亲近、仁厚、友善的态度对待邻人，是国家之宝。（亲
仁善邻，国之宝也。）何况慕容氏与我们世代通婚，有甥舅关系，

慕容皝又德才兼备，我们却与他结怨，没有一个月不打仗，弄得百姓凋敝，获取的利益弥补不了遭到的伤害，臣担心国家的忧虑就此开始了。希望双方都能追悔以往的过失，和好如初，以使国家安定，百姓休息。"（《资治通鉴》卷95）

唐初，太宗李世民在汉代未央宫旧址侍奉太上皇李渊饮宴。李渊命突厥颉利可汗起舞，又命南蛮酋长冯智戴吟诗，随后笑着说："胡人、越人成为一家人，这是自古以来都没有的事情！"（《资治通鉴》卷194）

林邑国向唐朝进献火珠，有关部门认为其所上表章的文辞桀骜不驯，请求出兵讨伐。太宗说："尚武好战者自取灭亡，隋炀帝、颉利可汗的例子就在眼前。打败一个小国并不能表明勇武，更何况不一定保证取胜。遣词造句的事情，何必去计较。"（《资治通鉴》卷193）

唐高宗时，百济国派使者进献贡品。高宗告诫来使：百济国与新罗国、高丽国之间不要进行战争，如果不听，我大唐将征发大军讨伐你们。（《资治通鉴》卷199）

唐朝武宗时，天德军节度使田牟等人想攻击回鹘以捞取功名，奏称回鹘国的叛将没斯等人侵逼天德边塞。武宗命百官商议。大家都认为应当批准田牟的请求，出兵驱逐回鹘。武宗又询问宰相们。李德裕认为："走投无路的鸟撞入人的怀里，尚且应当救他的命（穷鸟入怀，犹当活之），何况回鹘曾经帮助国家平定安史之乱，屡建大功。如今回鹘被邻国击破，部落离散，穷途末路，无所归依，远来投靠天子，于边塞秋毫无犯，为什么要乘他们无路可走而进行攻击呢！这时应当派遣使者前去镇抚，运送粮食赈济他们，这也就是当年汉宣帝之所以能够征服匈奴呼韩邪单于的方略。"

武宗接受了李德裕的意见，没有出兵。（《资治通鉴》卷246）

⊙ 以战促和

唐朝初年，边界战事不休。高祖问群臣："突厥入侵，但又来求和，和与战哪个更有利？"太常卿郑元玮 (shú) 说："交战会加深仇怨，不如讲和有利。"中书令封德彝认为："突厥仗着兵力众多，轻视大唐王朝，如果不战而和，是向他们显示软弱，明年还会重来。以臣的愚见不如出兵给予打击，取胜以后再讲和，这样就恩威并重了。"高祖听从了封德彝的意见。（《资治通鉴》卷190）

⊙ 绥之以德

唐太宗问大臣们："自古以来帝王虽然能够平定中原，却不能制服戎、狄。我的才能比不上古人，取得的成果却超过了他们，你们说说其中的原因。"大家歌功颂德，没有说出什么。太宗讲了五条原因，其中一条是："从前的帝王都尊贵中原人，鄙视夷人和狄人，唯独我爱护他们像爱护中原人一样，所以他们各个族群、部落依赖我如同父母。"

太宗的对外政策收到了很好效果，四面八方无论是大国还是小国的君主和首领都争先恐后派使者进贡朝见，路上连绵不绝。每年正月初一，朝贺的人常常是成百上千。在召见各国使者的朝会上，太宗对身边的大臣们说："汉武帝穷兵黩武 30 多年，造成中原疲惫凋敝，收获却寥寥无几；怎么能跟今日以德服远（绥之以德）、使不毛之地都成为大唐编户的局面相比！"（《资治通鉴》卷198）

⊙ 忘战必危

五代时，南唐臣服后周，南唐国主李璟派礼部侍郎钟谟前往后周朝贡。

周世宗问："江南还在操练军队、进行战备吗？"

钟谟回答："我国已然臣事天朝，不敢再这样了。"

世宗说："不对。昔日是仇敌，今日成一家，我朝同贵国的名分已经确定，我担保不会出现变故。然而世事难料，至于后世，更不可知晓。回去对你家君主说，可以趁着我在的时候加固城郭，修缮武器，据守要塞，多为子孙后代着想。"

钟谟将世宗的话禀告李璟。于是南唐修建金陵（南京）城墙，各地凡是破损城墙都进行了整治，守卫士兵也补充增加了不少。(《资治通鉴》卷294)

刘向编撰的《说苑》中有一篇文章，内容是这样的：《司马法》说："国家虽然强大，好战必定灭亡；天下虽然安宁，忘记战备一定危险。"（国虽大，好战必亡；天下虽安，忘战必危。）《易经》也说："君子应该修整武器，以防备不测。"可见武力是不可以随意使用的，随意使用便失去了威力；兵备是不可以荒废的，荒废了便会招致敌寇。从前吴王夫差由于好战而导致灭亡，徐国的偃王由于荒疏武备也遭到灭亡。所以圣明君王治国，官员不随意动用武力，百姓不荒废武备。《易经》这样说："生存的时候不忘记危亡。"（存不忘亡。）做到这一点，就可以使自身安全并且保住国家。(《说苑·卷十五·指武》)

小结

中国历朝历代都坚持和平，和平早已成为中华民族的一种心理意识，不只是国家关系，也是一种处世态度，如今人们常说的"不惹事但也不怕事"就是这一态度的通俗表达。它要求人们，任何情况下都不去主动挑起争端，如果有人非要找麻烦，我们绝不退缩，必迎难而上，给予回应。怎样才能不怕事？光有胆量不行，两手空空只能助长对方气焰，必须有实力，这不仅是为了保护自己，也可以制止对方在错误的道路上滑得更远。

和平对于今天的中国具有特殊意义。中国走的是一条和平发展的道路，这既是根据我国根本利益作出的战略选择，因为中国的生存和发展需要和平的国际环境；也符合各国的利益，因为中国的和平崛起将给其他国家带来更多的合作机会。中国的和平发展是共赢的发展，是建设和谐世界的重要力量。和平从来都是双方的事情，光有我们一方的和平，对方却不要和平，那么我们想和平也和平不了。这种情况下，我们越是坚决维护自己的正当权益与核心利益，和平被破坏的可能性也就越小。这就是和平的底线。

（京）新登字 083 号

图书在版编目（CIP）数据

政道／高路著 . —北京：中国青年出版社，2013.11
（读历史 正衣冠）
ISBN 978-7-5153-1972-8

Ⅰ . ①政… Ⅱ . ①高… Ⅲ . ①中国共产党－干部教育－学习参
考资料 Ⅳ . ① D 262.3

中国版本图书馆 CIP 数据核字（2013）第 243627 号

写作顾问：李　李
作　　者：高　路
责任编辑：王钦仁
装帧设计：瞿中华

出版发行：中国青年出版社
社址：北京东四 12 条 21 号
邮政编码：100708
网址：www.cyp.com.cn
编辑部电话：（010）57350507
门市部电话：（010）57350370
印刷：三河市世纪兴源印刷有限公司
经销：新华书店

开本：880×1230　1/32
印张：10.25　插页：2
字数：228 千字
印数：1-6000 册
版次：2013 年 11 月北京第 1 版
印次：2013 年 11 月河北第 1 次印刷
定价：38.00 元

本图书如有印装质量问题，请凭购书发票与质检部联系调换
联系电话：（010）57350337